Q.M 学习型组织研修丛书

逻辑思维训练

LUO JI SI WEI XUN LIAN

石国亮　主编

中国出版集团
研究出版社

图书在版编目（CIP）数据

逻辑思维训练 / 石国亮主编.

——北京：研究出版社，2010.12

ISBN 978-7-80168-605-3

Ⅰ.①逻… Ⅱ.①石… Ⅲ.①逻辑思维－训练 Ⅳ.①B80

中国版本图书馆CIP数据核字（2010）第227086号

出版发行 研究出版社

北京1746信箱（100017）

电话：010-63097521（总编室）　　010-58815837（发行部）

010-64045699（编辑部）　　010-64045067（发行部）

网址：www.yjcbs.com　　E-mail:yjcbsfxb@126.com

经　　销	新华书店
印　　刷	三河市金兆印刷装订有限公司
版　　次	2025年1月第2次印刷
规　　格	787毫米×1024毫米　1/16
印　　张	14.5
字　　数	240千字
书　　号	ISBN 978-7-80168-605-3
定　　价	48.00元

前　言

纵观当今世界，高科技日新月异，新知识方兴未艾，知识总量呈几何级数增长，可谓瞬息万变。近50年来人类社会所创造的知识比过去3000年的总和还要多。作为领导干部，如何应对目前多变的信息世界及信息爆炸带来的公共危机、信任危机和自身面对的庞大压力是亟待解决的重要课题。

我们国家历来讲究读书修身、从政立德。传统文化中，读书、修身、立德不仅是立身之本，更是从政之基。古人讲，治天下者先治己，治己者先治心。治心养性，一个直接、有效的方法就是读书。同理得证：读书学习亦是领导干部加强党性修养、坚定理想信念、提升精神境界的一个重要途径。

孔子曰："工欲善其事，必先利其器。"领导干部在党内和社会上处于重要位置，具有强大的行为导向和风气引领作用。领导干部既要做读书的自觉实践者，又要做学习型政党、学习型社会建设的积极倡导者，身体力行、率先垂范，并知行合一、付诸实践。当下，我们的各级领导干部承担着执政兴国、执政为民的重要职责，肩负着为官一任、造福一方的重要使命。因此，读书学习是领导干部胜任领导工作的必然要求。领导干部如果不加强读书学习，知识就会老化，思想就会僵化，能力就会退化，就难以担当领导职责，就会贻误党和国家的事业。

新的历史时期，领导干部若要不断提高自己、完善自己，经受住各种考验，就得坚持在读书学习中坚定理想信念、提高政治素养、锤炼道德操守、提升思想境界，坚持在读书学习中把握人生道理、领悟人生真谛、体会人生价值、实践人生追求。所以，读书是新形势下做一名称职的领导干部的内在要求和必经之路！

然而，建构合理的知识结构绝非读书数量的简单叠加，就像运动健将的体魄不是蛋白质与脂肪的综合一样，他需要科学的、合理的"营养搭配"，要遵循知识的整体性、层次性、比例性及动态性的原则。基于这些原则，研究出版社出版了一套《学习型组织系列教程》系列，从知识的种类、内容的广度及深度做了科学的遴选。入选的内容都是与领导工作相关度较高的基础知识，是领导干部的知识结构中不可或缺的构件。因此，《学习型组织系列教程》应是一套"温故"并"知新"又系统规范的现代实用知识丛书。

这套《学习型组织系列教程》，包括《从政要论》《科技发展简史》《世界国体政体要览》《世界经济与国际贸易》《影响人类文明的主要学说导论》《中国法律知识释要》《电子政务管理》《现代金融理论与实务》《现代经济学理论》《中国历史文化通览》《逻辑思维训练》《领导干部压力缓解与心理健康调适》。内容涉及当下的理论热点、公共危机、地方经济、领导艺术等方方面面。从帮助领导干部提高理论水平，认清当前形势，综合提升施政的实践能力来说，此套丛书可视为重要的参考读物。

CONTENTS

第一章

逻辑学的定义及其研究对象

第一节　逻辑和逻辑学

　　人们在生活中常常将逻辑与智慧联系在一起，聪明的人总是具有善于逻辑思考的头脑。案件侦探中的逻辑推理，谈判、辩论中的逻辑斗智，文章写作中的逻辑艺术，外事公关活动中的逻辑技巧等，都足以说明日常生活中充满了逻辑。就案件侦探来说，许多人都对福尔摩斯高超的推理能力和推理技术惊叹不已。例如，福尔摩斯在第一次遇到自己后来事业的亲密合作者华生时，就大胆地做出了"华生是来自阿富汗的一位军医"的断定。当华生吃惊地追问福尔摩斯凭什么这么说时，福尔摩斯将自己的认知和推理过程做了如下描述："这位医生既有医生的风度，又有军人的气概，显然是一位军医。脸色黝黑，而手腕部分黑白分明，那么肯定是刚刚从热带来。面容憔悴、弱不禁风说明他久病初愈。左臂负过伤，活动起来不太方便。一位这样的英国军医，还能到过哪儿呢？只有阿富汗了。"可是，逻辑又常常给予我们非常高深的感觉。那么，逻辑到底是什么呢？

　　汉语"逻辑"一词，是从英语中 logic 音译过来的，有"规律"、"法则"等意思。中国古代称逻辑这门学问为"名"或"辩"。中国近代学者有的使用日本人西周翻译的"论理学"，即议论、论证的条理的学问；有的使用孙中山先生倡导的"理则学"，即"思想之门径""诸学之准则"。"逻辑"这个名称最初由严复翻译过来，后经章士钊提倡得以普遍使用。目前，中国学者通用"逻辑学"，日本学者惯用"论理学"，中国台湾、中国香港及东南亚学者还在用"理则学"这个名称。

　　当人们在语言中使用"逻辑"这个词时，通常有以下四种含义：①客观事物发展的规律性，如"经济建设的逻辑""市场经济的逻辑"等。②人们思维的规律和规则，如"写文章要讲逻辑""说话要合乎逻辑"等。

③某些特殊的理论、观点和看问题的方法，如"某人的议论真是强盗逻辑"。
④逻辑学，即关于推理和论证的学问，如"这是一本逻辑书""他是我们的逻辑老师"等。

逻辑学经历了古代、近代到现代的发展历程。古代逻辑有三个发源地：①中国先秦的名辩学。主要代表人物有墨子、荀子和和韩非子等。②古代印度的因明学。代表人物有陈那、法称等。③古希腊的逻辑学。主要代表人物是亚里士多德，被称为"逻辑之父"，发展了三段论的逻辑，代表作是《工具论》。另外，还有斯多葛学派的克里西普斯，发展了命题逻辑，研究了条件命题及其推理等。

逻辑学在近代的发展主要是培根等人所创立的归纳逻辑。培根在《新工具》一书中，贬演绎，倡归纳，认为归纳是逻辑学的基础和根本。爱因斯坦曾经说："西方科学的发展是以两个伟大成就为基础，那就是：希腊哲学家发明形式逻辑体系（在欧几里得几何学中），以及（在文艺复兴时期）发现通过系统的实验可能找出因果关系。"爱因斯坦所说的形式逻辑体系即体现在欧几里得几何学中的实质公理化方法，是一种逻辑的应用，它的理论形式就是由亚里士多德创立的三段论演绎逻辑公理系统。爱因斯坦所说的"通过系统的实验可能找出因果关系"，就是指由培根、穆勒等人所创立的归纳逻辑。逻辑学在近代的另一个发展方向是由黑格尔创立的辩证逻辑。一般认为，归纳逻辑和辩证逻辑作为学科都还不很成熟，都还属于科学方法论的范畴。古代逻辑和近代逻辑的内容，通常也称为传统逻辑或普通逻辑，其特点是使用自然语言，具有歧义性和不精确性，与自然语言和日常思维有密切联系。

现代逻辑又称符号逻辑、数理逻辑等，其先驱人物首先是300年前的莱布尼茨，他提倡用数学方法来研究逻辑，之后是200年前的布尔，他创立了逻辑代数又称布尔代数，本质上是一种二进制数学。一般地，一种具体的逻辑只有在它的一阶演算建立之后才能说它存在。正是在这个意义上，我们通常认为数理逻辑的真正创立者是100年前的弗雷格和罗素。弗雷格在1879年出版的《概念文字》中构造了第一个公理化且完全的命题逻辑演算系统，构造了第一个近乎完全的谓词逻辑公理系统。罗素则在1910年出版的《数学原理》中，建立了完全的命题演算系统和一阶谓词演算系统。弗雷格和罗素所建立的是逻辑的对象理论，而逻辑的元理论则是由希尔伯特和歌德尔等人完成的。希尔伯特在1928年证明了一阶谓词逻辑的一致性定理，即凡一阶谓词逻辑的定理都是普遍有效式。歌德尔则在 1930 年证明了一阶谓词逻辑的完全性定理，即凡一阶谓词逻辑的普遍有效式都是它的定理。歌德尔还在 1931 年证明了形式算术系统的不完全性，又称歌德尔不完全性定理，即一个足够丰富的形式数学系统，如果它是一致的则不是完全的。邱奇在 1936 年证明了一阶谓词逻辑不存在能行可判定方法。此后，现代逻辑的发展基本上沿着基础研究和应用研究两个方向发展，基础研究包括公理集合论、模型论、递归论和证明论四论；应用研究则包括两个方面：一是非经典逻辑分支的研究如多值逻辑、弗协调逻辑、相干逻辑和直觉主义逻辑等；二是应用已有一阶逻辑工具于哲学、语言学，产生了模态逻辑、时态逻辑和问题逻辑等。整个现代逻辑学科可以看作是一棵参天大树，其中两个演算是树干，元逻辑是树干的皮，四论是树的根，树还有枝有叶，这就是应用逻辑的各个分支，如模态逻辑、道义逻辑、时态逻辑等，以及各种非经典逻辑，如多值逻辑、直觉主义逻辑、模糊逻辑等。整个现代逻辑学科这棵参天大树可以说是根繁叶茂、干大枝粗，构造了现代逻辑科学大厦。

数理逻辑与传统逻辑相比，充分地使用人工语言或符号语言，具有精确性和严格性，与数学和科学的发展联系十分密切。现代逻辑是现代科学，尤其是计算机科学发展的实践需要，它的一个重要作用是推动了计算机的发明和创造。现代逻辑的先驱人物莱布尼茨制造了世界上第一台手摇计算器，而 1946 年发明第一台计算机的冯·诺依曼也是重要的逻辑学家。然而，一阶逻辑虽然可以圆满地解决日常思维中的逻辑推理问题，但是由于充分使用了数学工具，对于一般需要掌握逻辑的人来说，存在着非常大的困难，不懂数学或者数学素养不深的人被堵在了逻辑学科之外，而且数理逻辑对于日常思维论证也不太实用，现代逻辑的严格化、形式化、数学化对于解决日常推理论证问题往往存在着许多不便之处。例如，要论证"喝酒好不好"，我们会列举出论据：喝酒有害健康、喝酒导致不必要的支出等。如果我们根据数理逻辑，只能宣布这个论证不是有效的。但这样的做法显然不合适，因为我们不能怀疑这个论证的结论获得的前提在某种程度上的支持，我们通常接受这样的论证。现代逻辑的专业化和技术化发展趋势让人们不得不重新思考逻辑究竟是用来做什么的。所以，我们也许需要重新考虑"有效性"这个概念的定义。除了形式的有效性，还需要有非形式的有效性；除演绎有效之外，还需要有证据支持度等不同的标准。进入 20 世纪 70 年代以后，北美及西欧越来越多的学者在考虑建立一门新的逻辑课程，即非形式逻辑或批判性思维。逻辑的非形式有效性问题得到越来越深入的研究。

第二节　逻辑学的研究对象

美国逻辑学家皮尔士说："关于逻辑的定义有一百个之多"，但从主要的观点看，逻辑还是关于推理的学说。逻辑属于思维学科。人们的思维活动主要就是推理活动，即当我们知道一些知识之后，就从已经知道的知识中推出新的知识来。已知的知识是前提，新的知识是结论。善于思维就是要善于推理，学习逻辑也就是要学习怎样进行推理。例如：

（1）室内物体的颜色是白的；

（2）室外物体的颜色与室内一样；

（3）所以，室外物体的颜色是白的。

在上述推理中（1）和（2）都是前提，（3）是结论。一般来说，"所以"后面的语句是结论，"所以"前面的语句是前提。

严格说来，推理是一个命题系列，其中被称为结论的命题是根据被称为前提的其他命题而得到肯定的。推理的前提和结论都是命题（有时也称为判断、句子或陈述等）。

命题是通过语句表达的，但语句未必表达命题。作为命题必须具有两个基本性质：一是必须对事物情况有所断定，二是必须有真和假的区分。

命题是一个陈述，像疑问句、祈使句、感叹句等，通常不表达命题，因为它们一般对事物情况没有肯定什么，也没有否定什么。如"您身体还好吗？"只是在问候，不表达命题。作为命题还必须能够确定其真假，即必须有意义，否则称不上命题。如"星期三在楼梯上"，没有意义，不表达命题。如果命题的断定与客观实际相符合，则真；否则该命题就是假的。如命题"有些犬是牧羊犬"真，因为它与客观实际相符合；命题"所有犬不是牧羊犬"假，因为它与客观实际不相符合；命题"某条犬重 124 磅"可能真也可能假，它是一个具体命题，需要根据该条犬的实际情况来确定其真假。

【案例 1】"他或者是工人，或者是干部。"

上述判断是以下哪种情况？

A. 无所谓真假　　　　　　B. 真的

C. 假的　　　　　　　　　D. 或者是真的，或者是假的

解析：既然是一个判断，则肯定有真假，所以，不能选 A。题干所断定的是一个"或者……或者"的句子，不能直接说它是真的或者是假的，需要看各个组成部分的情况如何，即他到底是一个什么样身份的人。如果他确实是工人，或者他确实是干部，则真；如果都不是，则假。所以，正确选项只能是 D。

【案例 2】某体操队有些队员来自湖南。

以上判断的对象是：

A. 某体操队　　　　　　　B. 某体操队的有些队员

C. 体操队员　　　　　　　D. 某体操队的所有队员

解析：题干中判断的对象即它所断定的事物情况，显然是指体操队的队员而不是体操队，所以，不能选 A。当然也不是泛泛地指一般的体操队员，而是指具体的某个体操队的队员，所以不能选 C。那么，是指某体操队中的所有队员还是有些队员？显然是所有队员，因为只有在所有队员中才能说"有些如何如何"。因此，正确选项是 D。

命题有真假之分，推理也有有效和无效的区别。一个推理是有效的，当前提真时结论不可能假。即当一个推理的前提真而结论为假时这个推理肯定是无效的，推理必须具有保真性，假定推理的前提为真时结论一定是真的。下列推理都是有效的：

（1）所有生物学家是科学家；

张三不是科学家；

所以，张三不是生物学家。

（2）如果李四偷自行车，那么他是贼；

李四偷自行车；

所以，他是贼。

（3）小王学习不好的原因或者是基础不好或者是学习方法不对头；

小王并非基础不好；

所以，小王的学习方法一定不对头。

需要注意的是，当我们要判定一个推理的有效性时，并不知道这个推理的前提实际上是否真实。我们仅仅断定了假设前提真时结论一定真。这里，也许有人会问，要是实际上推理的前提假而结论真，或者前提假而

结论假时这个推理是否有效？显然是有效的。因为我们在做具体推理时仅仅是假设前提真时结论会怎么样？比如，当实际上前提假而结论也假时，我们在进行推理时就相当于假设这个推理实际上虚假的前提为真时，则这个推理实际上虚假的结论也应该是真的。例如，"所有鸟是猫。有些狗是鸟。所以，有些狗是猫"。该推理的两个前提都假，结论也假，但整个推理却是有效的。同样，当前提假而结论为真时推理也可以是有效的，例如，"所有狗是蚂蚁。所有蚂蚁是哺乳动物。所以，所有狗是哺乳动物"两个前提都假，结论为真，但当前提真时，结论不可能是假的。

语句有简单句和复合句，命题也可分为简单命题和复合命题。简单命题即原子命题，是本身不再包含其他命题的命题；复合命题即分子命题，是本身还含有至少一个原子命题的命题。如"玫瑰是红色的""中国是一个人口大国"等是简单命题，而"张山和李斯是大学生""并非张二是小偷"等则是复合命题。关于复合命题的推理即复合句推理，简称复合推理或命题推理。例如：

（1）如果张三是作案者，则他有作案动机；

（2）张三无作案动机；

（3）所以，张三不是作案者。

上述推理中的（1）是一个复合命题，即充分条件的假言命题。整个推理就是根据这个命题的基本性质来进行的。因为充分条件假言命题要求我们在否定了其后面部分（后件）以后一定也要否定其前面部分（前件），即充分条件假言命题的逆否推理。

如果用 p 表示"张三是作案者"，用 q 表示"张三有作案动机"，上述推理就可以用公式表示为：

如果 p，那么 q；

非 q；

所以，非 p。

对于充分条件的假言命题来说，肯定其前件必须肯定其后件，同时否定其后件必须否定其前件，但肯定其后件并不能因此肯定其前件。

【案例3】国际田径邀请赛在日本东京举行，方明、马亮和丹尼斯三人中至少有一人参加了男子 100 米比赛。而且：①如果方明参加男子 100 米，那么马亮也一定参加；②报名参加男子 100 米的人必须提前进行尿检，经邀请赛的专家审查通过后才能正式参赛；③丹尼斯是在赛前尿检工作结束后才赶来报名的。

根据以上情况，以下哪项一定为真？

A. 方明参加了男子 100 米比赛

B. 马亮参加了男子 100 米比赛

C. 丹尼斯参加了男子 100 米比赛

D. 方明和马亮都参加了男子 100 米比赛

解析：正确选项是 B。根据题干中的条件（1）可知，如果马亮不参加，则方明不参加。但根据条件（2）和（3），丹尼斯不可能参加比赛，这就和题干开头的说法相矛盾，所以假设马亮不参加比赛是不成立的。马亮一定参加了男子 100 米比赛。但是，马亮参加，方明不一定参加。所以，不能选 D。另外，如果选 D，则意味着也要选 A 和 B；如果选 A 则必须选 B 和 D。所以，A 和 D 都是不能选的。

关于简单命题的推理即简单句推理。例如，"有些专家有真才实学"这个语句是真的，还是假的呢？如果说是假的，那么我们来反驳一下，必须用"所有专家都没有真才实学"才能驳倒它，这显然是荒谬的。所以，上述语句一定真。我们可以进行下面的推理：

（1）所有专家都有真才实学；

（2）所以，有些专家有真才实学。

由于上述推理中的（1）是真的，所以（2）也一定是真的。你既然可以说"所有专家都有真才实学"，那我为什么就不能说其中"有些专家有真才实学"呢？要考察该推理的有效性，就必须考察"专家"和"真才实学"这两个概念之间的关系，即需要对简单句进行分析。由于"专家"和"真才实学"两个概念之间是一种真包含于关系，既然所有专家都有真才实学，当然可以说专家中的"有些"人有真才实学。那么什么我们又总觉得"有些专家有真才实学"这样的句子假呢？原因就在于我们日常思维通常容易将"有些"理解为"仅仅有些"，以为"有些是"就意味着"有些不是"，这其实是日常语言的陷阱所在。"有些"的真正含义是"至少有一个""至少存在一个"，也可能是"所有"，它所指称的对象可以是从 1 到 ∞ 中的任何一种情况，只有下限，没有上限。所以，包含"所有"这样的句子，最容易被反驳（只要有一个反例就能将"所有"驳倒），而包含"有些"的句子则最难以被驳倒（必须指出一个也没有，必须突破下限）。而且，包含"至少""有些"的断定最可能是一个推理的结论（当然，包含"可能"的断定更可能是结论）。作为结论不能太强,因为过强了就不容易被推导出来。

【案例4】以下是一份统计材料中的两个统计数据。第一个数据:到2003年底为止,"希望之星工程"所收到捐款总额的82%来自国内200家年纯赢利1亿元以上的大中型企业;第二个数据:到2003年底为止,"希望之星工程"所收到捐款总额的25%来自民营企业,这些民营企业中,4/5从事服装或餐饮业。

如果上述统计数据是准确的,那么以下哪项一定是真的?

A.上述统计中,"希望之星工程"所收到捐款总额不包括来自民间的私人捐款

B.上述200家年纯赢利1亿元以上的大中型企业中,不少于一家从事服装或餐饮业

C.在捐助"希望之星工程"的企业中,非民营企业的数量要大于民营企业

D.有的向"希望之星工程"捐款的民营企业的年纯赢利在1亿元以上

解析:正确选项是D。该项中包含概念"有的",最可能是结论。从题干中看,"希望之星工程"捐款总额的82%来自国内200家年纯赢利在1亿元以上的大中型企业,25%来自民营企业,两项加在一起超过了100%,说明它们之间具有交叉关系。所以,肯定有些向"希望之星工程"捐款的民营企业的年纯赢利在1亿元以上,或者说有些向"希望之星工程"捐款的年纯赢利在1亿元以上的企业是民营企业。选项A不一定真,因为两个百分比的交叉部分可能大于7%。选项B比选项D强。选项C不一定真,因为由非民营企业捐款的数量大,不能推出非民营企业的数量就大于民营企业。

第三节 逻辑学的性质和作用

逻辑学是一门基础性学科。列宁说:"任何科学都是应用逻辑"。人类的一切思维活动和知识领域都离不开逻辑。1974年联合国教科文组织把逻辑置于七大基础学科(数学、逻辑、物理、化学、天文、地理、生物)的第二位,1977年英国大百科全书把逻辑列为五大学科之首,肯定了逻辑学的基础性地位。

逻辑学也是一门工具性学科。逻辑学自古以来就被视为工具性的学科,是人们表达和论证思想的必要工具。逻辑学的工具性也决定了它的全人类

性。语言没有阶级性，但却具有民族性。而逻辑既没有阶级性也没有民族性，是全人类的。不同的阶级、不同的民族在逻辑思维上是相通的。不过，不同民族的思维却可以表现为不同的特点。如西方逻辑注重推理形式，中国名辩则重视论证的内容。西方哲人为逻辑而逻辑，中国哲人则为政治而逻辑，中国逻辑的政治性太强。所以，逻辑是多元的，同时这些逻辑又是一致的，互不矛盾。透过不同的语言现象可以把握其深层次的逻辑结构。

逻辑是认识事物的重要工具。日常思维是这样，科学研究也是这样。墨子曾经指出，通过逻辑推理，可以达到"以见知隐""以往知来"。在现实生活中，不能只靠亲知和闻知来解决知识问题，不能仅仅依靠实践，还需要逻辑论证和逻辑推理。比如，不能因为我没有亲自经历过得艾滋病而死亡的情况，所以就认为得艾滋病之后不会死亡。所以，《墨经》说："藏也今死，而春也得之，其死可也。""藏"这个人得了某种致命的疾病死了，而"春"这个人也患上了同样的疾病，所以"春"也必死无疑。

《福尔摩斯探案集》中的主人公福尔摩斯曾经著文说，一个善于观察的人，如果对他接触的东西进行细心观察，那么就会有很大的收获。从一个人瞬间的表情动作，甚至肌肉的牵动，眼睛的转动，都能推测出这个人在想什么。一个逻辑学家可以从一滴水推测出大西洋或尼亚加拉瀑布的存在，尽管他没有亲眼见到过；看见一人马上就能说出他的历史背景和职业状况。逻辑对于科学认识的作用在其中得到了十分精彩的描述。

逻辑是论证思想的必要工具，毛泽东说：写文章要注意准确性、鲜明性和生动性。其中，准确性就是逻辑问题。准确性包括概念明确、判断恰当、推理有逻辑性、思维有规律性、论证有说服力。尼克松曾经赞扬周恩来："他讲话很有逻辑性，很有说服力。""当他要扩大他发言的范围或者进行概括时，就用只胳膊在前面扫动一下；当他要把一个论据的各个要点组成结论时，就把双手的手指交叉到一起。"

逻辑是进行反驳的有力工具。在日常思维中，谬误和诡辩大量存在，需要我们运用逻辑工具进行反驳。

在20世纪50年代，曾经有个外国记者向周恩来提问："请问总理，中国现在还有没有妓女？"周总理略加思索，便回答说；"有。"听了周恩来总理的回答，当时在场的人无不感到惊讶。当然，如果说解放前烟花酒巷有妓女出没，人们并不觉得奇怪，因为妓女在当时的社会生活中作为社会的一个黑暗面，经常出现于西方抹黑中国的报道中。但是，当时的情况就不一样了，中华人民共和国刚成立，毛泽东就亲自下令，封闭了所有妓院，遣散了所有的妓女。这个外国记者听了周恩来的回答，也感到非常意外，他不解地问："中国哪里有妓女？"周恩来微微一笑，然后回答说："台湾省有。"听了总理的回答，在场的人顿时恍然大悟，立即迸发出一阵欢快的笑声，都对总理的巧言妙语赞叹不已。

总理的回答是一语双关的。一方面他证明了自己的观点，即中国现在是有妓女的。论据是：台湾省有。"有"是一种存在性的语句，只要有一个事实，就可以说明"有"。一般来说，对于存在性的语句不能轻易加以否定。周恩来在这里先是肯定事实的存在，然后再通过列举事实来证明自己观点的正确性。另一方面，周恩来总理同时也借此机会指出：台湾是中国领土不可分割的一部分。试想，如果回答"没有"，那么该怎样才能解释得清楚呢！

人们在认识过程和交际过程中，会由于缺乏逻辑和其他科学知识的修养而犯这样或那样的逻辑错误；还会有人故意利用逻辑错误进行诡辩，以混淆视听、颠倒黑白。我们自己应尽量不犯或少犯逻辑错误，应能发现、指明别人所犯的逻辑错误，更要捍卫真理，同诡辩作坚决的斗争。逻辑学还专门研究了包括诡辩在内的谬误，是批判的武器。只要我们立足于马克思主义原理，结合具体科学知识，运用逻辑的理论武器，就能准确地识别、批驳各种谬误，有力地揭露、驳斥诡辩。

总而言之，逻辑学在训练人们的思维能力，开发人们的智力，提高人们的科学文化水平方面发挥着积极的作用。

第四节　逻辑学的研究与学习方法

一、逻辑学的研究方法

逻辑的研究主要有形式化和非形式化两种方法。

传统逻辑以非形式化的方法进行研究。在传统逻辑中，使用符号表示逻辑变项，如前面我们涉及的命题变项就是以符号 p、q 等表示的。但仍使用自然语言来表示与刻画逻辑常项，即基本上是用自然语言来描述命题形式和推理形式的。自然语言即人们日常使用的语言，如汉语、英语、俄语、日语等等，含义十分丰富，具有很强的表达能力，容易接受。但是，自然语言又有多义性、模糊性的缺点，无法将逻辑学对语形、语义的研究完全分开来进行。而且传统逻辑对思维形式及其规律的研究，仅仅停留在分别针对具体类型逐一进行的阶段，没有形成系统从整体上加以把握。例如，对每一具体类型的推理都要求找出规律，给出规则，不仅繁琐，也无了结。以上两方面的局限，无不与研究方法相关。

现代逻辑以形式化和系统化的方法研究推理规律。形式化首先要求符号化，现代逻辑为此先构造形式语言。形式语言是一种人工语言，先用特制的初始符号分别表示各种不同的逻辑常项和逻辑变项，这些初始符号相当于自然语言中的字、词；再制定形成规则，用来生成刻画各种命题形式的合式公式，它相当于自然语言中的遣词造句规则。形式语言具有单义性，精确而简明，而且直接对应于思维形式，从而我们就可以撇开符号或公式的意义，独立进行语形研究，只考虑符号形态及其在空间上的关系，进行操作演算，对思维形式特别是推理形式的研究也就更为纯粹。现代逻辑还在此基础上构成形式系统，系统内的所有推演组成有机整体，统一考察。不仅如此，现代逻辑更进一步地将子系统容纳于母系统之中，从一个系统去推另一个系统，在更高层次上实现了系统化，并能从整体对这些系统加以研究。在对同样问题的研究上，现代逻辑之所以能比传统逻辑更为深刻、更为严密，很大程度上归功于其所采用的方法。

运用形式化方法和系统化方法构成的逻辑系统，有公理系统与自然推理系统之分。两者异曲同工，主要差别在于是否以称之为公理的命题作为推演的出发点。

二、逻辑学的学习方法

要学好逻辑学，就要根据其特点，采取正确的学习方法。根据逻辑学的作用，我们首先要明确学习目的与意义，端正学习态度，提高学习的自觉性和积极性。有人会认为，逻辑学固然有用，但那是理论上的，我不学逻辑照样思维，照样与人交流。我们应该认识到，学与不学逻辑是不一样的。不学逻辑学，其思维、言谈也可能合乎逻辑，但这是不自觉、不稳固的。有时，我们会感到自己或别人说话、写文章缺乏逻辑性，甚至存在问题，但是由于没有相应的逻辑知识，仅凭直觉而难以识别、分析和指出。中国历史上宋玉与登徒子的一次辩论就说明了这个问题，结果登徒子背上了好色的骂名。而学习并掌握了逻辑知识，就能把自发地遵守、运用逻辑变为自觉地遵守和运用逻辑来分析和解决问题。

　　根据逻辑学的对象，在学习中，我们要真正从逻辑领域及其角度入手。思维形式指的是逻辑形式；它一方面相对思维内容而言，另一方面又相对语言形式而言。常有初学者在学习时或者没有撇开思维内容，分析、解决问题总是言不及义，掺杂许多非逻辑因素；或者将语言形式等同思维形式，只是从语言学的角度来考虑问题，牛头不对马嘴。这两种错误若不纠正并注意避免，就会事倍功半，收效甚微。

　　根据逻辑学的内容，我们在学习时要抓住重点，系统掌握。逻辑知识本身具有很强的逻辑性、系统性，一环扣一环，由浅入深，由简及繁，构成整体。有人喜欢借重点之名，完全撇开所谓非重点内容来学习。逻辑知识固然也有其重点，但如果前面的知识未弄懂或不扎实，必然严重影响后面知识的学习。例如，三段论是逻辑学习的一个重点，其知识以性质命题知识为基础，性质命题知识又以词项知识为铺垫，怎么可能割裂它们，有所偏废，还想掌握三段论知识呢？同样的道理也适用于其他部分知识的学习。

　　根据逻辑学的研究方法，我们在学习时要克服困难，把握符号与公式。逻辑的研究离不开符号公式，现代逻辑则更进步，有符号逻辑之称。我们应通过对逻辑的学习，不仅学到知识，更要学到方法。在这两点上，现代逻辑都优于传统逻辑。面对逻辑现代化的发展趋势，面对提高思维能力以适应学习、工作的需要，即使是专科学校的学生，也不能以只学习传统逻辑知识为满足，要尽可能多地努力掌握一些现代逻辑知识和方法。

　　根据逻辑学的性质，我们在学习时要注意多练、多用，理论联系实际，切忌死记硬背。往往有这样的情况，经过阅读或听讲，有关知识似乎懂了，其实只是识记了，一做练习，就不知从何下手，做完后也不能肯定对错。这就说明，要通过多做练习来达到真正的理解。理解是为了运用。练习题通常是经过选择、加工的，而人的思维实际是十分复杂、生动的。会做练习题而不能灵活运用知识，还不能说完全掌握了知识。因此，应在做练习的基础上，自觉联系日常学习、生活、工作中的实际思维，将所学知识运用于其中，以取得更好的效果。

第二章

推理概述

　　推理（尤其是推理形式）是逻辑学研究的主体，不同的逻辑系统正是由于所研究的推理及其形式不同、用于研究推理及其形式之方法的不同而形成的，逻辑的学习重点也因此而包含上述两个方面的内容。为此，首先应了解推理的种类、构成成分以及逻辑性质等一般性知识，为进一步的学习打下基础。在这些知识当中，有关概念、命题的知识是预备知识，因为推理主要由命题构成，而命题归根结底又由概念构成。

第一节　推理的构成成分

　　推理主要由命题构成，而命题归根结底又由概念构成。例如，"金属是导体，铜是金属，所以铜是导体"这个推理，从中可分析出"金属是导体"，"铜是金属"，"铜是导体"等命题这种构成成分，还可进一步分析出"金属""导体""铜"等概念这种构成成分。

一、概念与词项

1. 概念概述

　　概念是反映对象特有属性的思维形态。

　　概念所反映的对象，指人所能思维的一切事物。自然界的山水花鸟，人类社会的商品货币；具体的门窗，抽象的阴阳；物质领域的引力磁场，精神领域的主义学说，甚至子虚乌有的神仙魔鬼等等，它们都能被人所思维，都是概念所反映的对象。

　　每一事物都有自身的性质，如颜色上的黑白、形状上的方圆、质地上的软硬、品格上的高低等等。每一事物又都同其他事物发生关系，如时间上的早晚、空间上的邻接、经济上的剥削、情感上的爱慕等等。事物自身的性质以及与其他事物的关系，统称为事物的属性。事物与属性是

13

不可分离的，事物都是具有一定属性的事物，属性也总是一定事物的属性。

特定事物的属性是很多的。有些属性为它们都具有，并且只为它们所具有，是区分一事物同其他事物不同的根据，这些属性称之为该事物的特有属性。而有些属性不为它们都具有，或者也为别的事物所具有，这些属性就是该事物的非特有属性。事物由于特有属性的同异而形成各种不同的类。例如，人能制造并使用生产工具、有四肢五官、会生老病死、懂音乐美术等属性中，能制造并使用生产工具的属性是人的特有属性，而有四肢五官、会生老病死的属性其他动物也具有，懂音乐美术的属性并不是每个人都具有的，也就不是人的特有属性。

概念作为一种思维形态，不言而喻具有思维的性质。因此，概念反映事物与感觉、知觉等不同，它舍去事物的非特有属性，只抽象出其特有属性来反映，并凝结于一定的语言形式之中。

人们对事物的认识是一个不断深化的过程，因而概念在反映事物时也会不断深化。例如，古希腊的柏拉图认为人的特有属性是两足、无羽、直立行走的动物，并反映在概念中，但这一认识是不深刻的，相应的概念称为初步概念。人能制造并使用生产工具的特有属性则是本质属性。本质属性是决定一类事物之所以为这类事物的特有属性，相应的概念可称为深刻概念。本质属性虽有决定意义，但还是特有属性，因此，逻辑学一般不去研究初步概念与深刻概念的区别及其发展。

对于同一事物，人们又可以从不同角度去认识它们，抓住不同方面的特有属性而形成不同的概念。例如，对同一个三角形，可以从三条边长度相等来认识并形成相应概念，凝结于"等边三角形"之中；也可以从三个角度数相等来认识并形成相应概念，凝结于"等角三角形"之中。概念的这种不同是逻辑学所要区分并研究的。

概念是思维形态的基本单位。由概念可组合构成命题，又可进而组合构成推理。逻辑学主要是从这个角度对概念进行研究的。

2. 概念与语词

语词是词和词组的统称。概念与语词既紧密联系，又有根本区别。

概念是语词的思想内容，语词是概念的语言形式。概念的形成与存在必须依附于语词，概念的表达与交流必须借助于语词。脱离语词的赤裸裸的概念是不存在的，虽然我们可以分别研究它们。

概念与语词分属思维领域与语言领域，而且它们之间也不是一一对应的。

（1）任何概念都必须通过语词来表达，但并非所有的语词都表达概念。实词都是表达概念的，而虚词尤其是叹词、疑问词等一般不表达概念。

（2）不同语词可以表达同一概念。如"玉米"与"苞米"、"唯物论"与"唯物主义"、"日光灯"与"荧光灯"等，其中的每一组语词都表达同一概念。

（3）同一语词可以表达不同概念。如"杜鹃"在不同的语境中，可以指一种花，也可以指一种鸟，表达不同的概念。

3. 词项

词项是概念及其语言形式的统一体。

无论是分析命题还是分析推理，最终都可以分析出两种词项：

逻辑词项和非逻辑词项。逻辑词项就是前面我们所讲的逻辑常项，而非逻辑词项在命题形式和推理形式中，我们都用符号来表示，因此，非逻辑词项归属于逻辑变项领域，它表达的概念是关于其他科学或日常生活具体内容的。在不致引起混淆的情况下，我们将其直接简称为词项。例如：

［1］实践是检验真理的唯一标准。

［2］有些哺乳动物不是胎生的。

共有七个同项："实践""是""检验真理的唯一标准""有些""哺乳动物""不是""胎生的"，其中"是""有些""不是"为逻辑词项，"实践""检验真理的唯一标准""哺乳动物""胎生的"是非逻辑词项，或直接说是词项。

逻辑词项是逻辑的研究重点，但对非逻辑词项的一般性研究也构成传统逻辑较有特色的内容之一。

二、命题与判断

1. 命题概述

命题是反映对象情况的思维形态。

命题所反映的对象情况，从对象来说，就是概念所反映的对象，即人所能思维的一切事物。从情况来说，包括事物的性质情况，事物之间的关系情况以及事物情况的程度与关系等。下面句子所表达的都是命题：

［1］太阳不是宇宙的中心。

［2］武汉位于郑州之南。

［3］物极必反。

［4］商品不但有使用价值，还有交换价值。

［5］鲸是鱼。

例［1］、例［5］反映事物的性质情况，例［2］反映事物之间的关系情况，例［3］反映事物情况的程度，例［4］反映事物情况的关系。

由于命题是反映对象情况的，就有是否符合客观实际的问题，即命题有真假。有真假是命题逻辑特征。凡是反映的对象情况符合客观实际，命题就是真的；凡是不符合客观实际，命题就是假的。例［1］至例［4］都是真命题，例［5］是假命题。

命题的真假性质统称为命题的真值。如例［1］的真值为真，例［5］的真值为假。具体命题的真假如何，归根结底要靠社会实践去检验，是相应的各门科学所要研究解决的，逻辑不可能也不需要去包办这些。逻辑只研究命题的真假条件以及命题间的真假关系，为进一步研究推理与论证打下基础。

2. 命题与语句

命题与语句密切联系又相互区别。

命题是语句的思想内容，语句是命题的物质载体。二者之间的联系和概念与语词的联系相同。

命题与语句也不一一对应。

（1）命题都要用语句来表达，但并非所有语句都表达命题。

语句根据其内容、语气和作用，分为陈述句、疑问句、祈使句和感叹句四种。

陈述句陈述的内容，直接表示出事物情况如何，其内容有真假，因而表达命题，如我们前面所举的例句。

疑问句一般是提出问题，不表达命题，例如："借问酒家何处有？"没有陈述出酒家具体地理位置，其内容无真假可言，也就不表达命题。但是，疑问句中的反诘句是用反问的方式来表示对事物情况的陈述，其内容有真假，也表达命题。例如："对传统文化采取全盘否定的态度难道是正确的吗？"是说"对传统文化采取全盘否定的态度不是正确的"，不过口气更强硬而已。

祈使句提出要求或命令，不表达命题。例如："请把门关上。"这一句子本身所表达的内容是不能用真假去评断的。

感叹句一般是抒发感情，不表达命题，例如："啊，长江！"没有陈述出长江情况如何，也就无从对照客观实际而说是真的或假的。

但是，如果在陈述的基础上再抒发感情而加以强调，则表达命题，例如："今天天气真好！"因为它也直接表示出事物情况，有真假。

（2）不同语句可以表达同一命题。例如："内因是事物发展的源泉和动力。"与"难道内因不是事物发展的源泉和动力吗？"句类不同，与"内因既是事物发展的源泉，也是事物发展的动力"句型不同，表达的命题相同。

（3）同一语句可以表达不同命题。例如："小王在火车上画画"可以表示小王以火车为处所画画，也可表示小王以火车为受体画画，还可表示小王既以火车为处所，又以火车为受体画画。

3. 陈述与判断

如前所述，既然词项是概念及其语言形式的统一体，也就相应地有命题及其语言形式的统一体，这个统一体可称为陈述。但由于习惯的原因，"命题"就身兼二职了，在一些情况下，实际上是指称这统一体的。

至于判断，则是被断定了的命题。或者说，判断是肯定或否定事物情况的思维形态。前面所举的 5 个例句中的命题，如果得到了思维主体的断定，便成了判断。

判断都是命题，但命题不一定是判断。例如，"太阳围绕地球转"所陈述的内容是假的，对于我们来说，都不会断定它，它就仅仅是命题而不是判断。而"太阳不围绕地球转""地球围绕太阳转"等语句所表达的内容，我们则会断定它们，对我们来说，就不仅是命题，而且是判断。

命题与判断的语言形式都是语句。因此，孤立地从语句来看，我们不能判定表达的是命题还是判断，这需要结合语境来区分。

例如，本书中直接陈述的内容都为我们所断定，都是判断。

逻辑学主要研究命题，只在一定方面涉及判断。为了明显区分它们，我们引用断定符号⊢，即不带断定号⊢的语句，其表达的思想内容为命题，带断定号⊢的语句，其表达的思想内容是判断。在一般地讨论判断时，对断定主体不作分析。

4. 命题的种类

逻辑学从命题形式方面对命题进行分类，不同种类的命题具有不同的逻辑性质，并由此产生不同的推理及其系统。

命题有内容与形式两个方面。命题内容是命题对具体事物情况的反映，命题形式是命题内容的联系方式。如"所有金属是导体"反映关于金属的事物情况，"所有商品是劳动产品"反映关于商品的事物情况，内容不同，但形式相同，其内容的联系方式为：所有 S 是 P。这就是它们的命题形式。

对命题的主要分类有：

（1）一般而言，根据命题本身是否包含其他命题，将命题分为简单命题和复合命题。前面所举9个例子中，除例［4］为复合命题外，其余均为简单命题。

（2）根据命题中是否含有模态词，将命题分为模态命题和非模态命题。如："他可能参加这次考试"就是模态命题，而前面所举5个例子中，除例［3］外都为非模态命题。

上述两种分类是交叉的，即简单命题与复合命题可以是模态命题，也可以是非模态命题，反之，模态命题与非模态命题可以是简单命题．也可以是复合命题。为了简便，我们将模态命题单独处理，在谈到简单命题、复合命题时，若不另加说明，均指非模态命题。

第二节 推理的组成部分

推理是从若干命题直接得出一个命题的思维过程或思维形态。例如：

［1］有的水生动物是哺乳动物，所以，有的哺乳动物是水生动物。

［2］所有的客观规律都不以人的意志为转移，所有的经济规律是客观规律，所以，所有的经济规律都不以人的意志为转移。

［3］如果1971能被9整除，那么1971能被3整除；1971能被9整除；所以，1971能被3整除。

［4］小说创作需要运用形象思维，诗歌创作需要运用形象思维，散文创作需要运用形象思维，剧本创作需要运用形象思维，所以，所有文学作品的创作都需要运用形象思维。

［5］太阳是天体，有氧、氮、硫、磷、钾、氦元素；地球是天体，有氧、氮、硫、磷、钾元素；所以，地球上也有氦元素。

［6］真理必然战胜谬误，所以，真理可能战胜谬误。

以上例子都是推理。除了例［1］和例［6］是由一个命题推出另一个命题之外，其余的推理都是由两个或更多的命题推出另一个命题。

任何推理都包括三个组成部分：前提、结论和推理联项。作为推理依据的命题叫做前提，从前提推出的命题叫做结论。推理不是命题的任意组合。在推理中，前提与结论之间必须要有一定的推出关系。推理联项就是反映、标志这种关系的逻辑词项，如上例的"所以"。

推理的存在与表达也离不开语言。推理的语言表达形式是因果复句或句群。但并非所有的复句或句群都表达推理，只有分句或句子所表达的命题之间有推出关系的复句或句群才表达推理。这类复句或句群一般包含有"因为……所以……"、"由于……因此……"、"……由此可见……"之类的关联词语。这些关联词语在语言表达中有时可以省略。推理及其语言形式的统一体可称之为推论，同样出于习惯及简便的原因，我们在一些地方也简略掉了。

第三节　推理的逻辑性质

一、推理的内容与形式

推理有内容与形式两个方面。

推理内容是由前提与结论的命题内容构成的，即前提与结论对具体事物情况的反映构成的。如前面所举推理各例中，作为前提与结论的命题，有反映文学方面具体情况的，有反映数学方面具体情况的等等，它们就是推理的内容。推理内容不属于逻辑研究范围，其真实与否的问题是其他各门科学所要解决的。

推理形式是前提与结论的命题形式之间的联系方式。以例［1］来说，前提的命题形式为：有 S 是 P，结论的命题形式为有 P 是 S，该推理形式为：

有 S 是 P

所以，有 P 是 S

表示了命题形式"有 S 是 P"和"有 P 是 S"之间的推出关系，其中结论与前提除了 S、P 的位置互相交换之外，没有其他不同。推理形式是逻辑要着重研究的。

二、推理的有效性

推理的有效性即推理形式的有效性，作为推理的逻辑性质，指推理形式能否保证从真前提必然得出真结论。如果一个推理形式能保证从真前提必然得出真结论，该推理形式就是有效的，否则就不是有效的。如果一个推理内容真实并且形式有效，那么这个推理就称为正确的推理。如第二节的例［1］是一个正确的推理，它不仅内容真实，而且形式有效。内容真实表现为前提是真实的，结论也是真实的。形式有效表现为结论的真实不是偶然的，而是从给出的前提一定能得出这样的结论，前提真，结论就一定真。如前所述，其推理形式为：

有 S 是 P

所以，有 P 是 S

其中 S 与 P 可以理解为位置不同的两个空位，我们可以填入其他任何内容的词项。但无论填写什么词项，只要套用这个形式，都不会出现前提真而结论假的情况。但下面这个推理就不一样了：所有等边三角形是等角三角形，所以，所有等角三角形是等边三角形。

推理形式为：

所有 S 是 P

所以，所有 P 是 S

这个推理的前提、结论虽然都真，但形式不是有效的，即结论的真是偶然有，如果换上别的例子，会出现前提真而结论假的情况。

例如：

所有金属是导体，所以，所有导体是金属。

那么，一个推理形式究竟是有效的还是无效的，怎么去具体认定呢？逻辑对此进行了专门的研究，在分析推理种类与结构的基础上，提供方法，制定规则，以识别推理的有效性，辨析推理中可能出现的逻辑错误，提高运用有效推理形式的自觉性，使我们能在思考问题时作出合乎逻辑的结论。

三、推理的可靠度

有效的推理如果前提真实，结论必然真实。但人们在认识过程中尤其是科学探索时还要用到其他一些推理，这些推理前提真实，结论可能真实，并因类型不同、条件不同，结论的可靠程度也不同，这就是推理的可靠度问题。可靠度是推理的另一逻辑性质。

可靠度的值可投射到（0,1］上，即可靠度的值一定大于 0，否则就无可靠性；可小于 1 或等于 1，如果等于 1，则相应的推理实际上就是有效的。

如果我们要通过部分同学对某节课知识的掌握情况来得出全班同学掌握情况如何的结论，我们可以少数同学情况为前提，也可以多数同学情况为前提；可以任意同学情况为前提，也可以有代表性的同学情况为前提。显然，所得出的结论其可靠程度是不一样的。因此，可靠度虽然不像有效性那样，纯粹是形式问题，但与推理形式及条件密切相关。

某类型的推理形式的可靠度怎样，提高可靠度的一般条件有哪些，这些问题也属于逻辑的研究范围。可以说，推理的有效性与可靠度是逻辑研究推理的两个基本出发点，具有同样重要的地位。逻辑也像对待推理有效性问题那样，提供方法，制定规则，以指导人们在需要运用这些推理时，尽可能选择可靠度高的，并尽可能提高其可靠度。

第四节　推理的分类

逻辑从推理形式方面对推理进行分类。根据不同的标准将推理分成不同的种类。

传统逻辑对推理的一个主要分类是根据推理方向的不同，将推理三分为演绎推理、归纳推理和类比推理。一般而言，演绎推理是从普遍性命题推出具体性命题，如第二节中的例［1］、例［2］、例［3］、例［6］；归纳推理是从具体性命题推出普遍性命题，如例［4］；类比推理是从具体性命题推出具体性命题，如例［5］。

现代逻辑对推理的一个主要分类是根据推出关系的不同，将推理二分为必然性推理与或然性推理。必然性推理是前提真结论一定真的推理，如第二节中的例［1］、例［2］、例［3］、例［4］、例［6］；或然性推理是前提真结论可能真的推理，如例［5］。

现代逻辑的分类抓住了推理的逻辑性质，更为科学，但传统逻辑的分类历史长、影响大。在这个问题上，我们采取以现代逻辑分类为主，兼顾传统逻辑分类的做法，即二分为必然性推理、或然性推理，将演绎推理归为必然性推理，将归纳推理（除例［4］那种完全归纳推理外）、类比推理归为或然性推理。在名称上则采用传统逻辑术语。

推理的其他主要分类与命题的分类配套。如简单命题推理、复合命题推理；模态推理、非模态推理。我们只在演绎推理中区分简单命题推理与复合命题推理，并按照现代逻辑的观点，先介绍如第二节中的例［3］那样的复合命题演绎推理，再介绍如例［1］、例［2］那样的简单命题演绎推理。对于如第二节中的例［6］的模态推理，我们作为特殊演绎推理单列章节介绍，未列其中的都为非模态推理，如例［1］、例［2］、例［3］、例［4］、例［5］。

推理根据前提数目的不同分为直接推理和间接推理。直接推理是只有一个前提的推理，如第二节中的例［1］、例［6］；间接推理的前提至少两个，如例［2］、例［3］、例［4］、例［5］。这一分类意义不如前面分类重要，我们只是在需要时提及。

第三章

复合命题演绎推理

复合命题演绎推理是传统逻辑的重要组成部分。传统逻辑以非形式化的方法，首先研究了复合命题的种类、结构及其逻辑性质，在此基础上进而研究复合命题推理的形式、规则等，以使人们识别、分析复合命题及其推理运用中的逻辑错误，并在日常思维中自觉运用有效的复合命题推理形式，得出合乎逻辑的结论。现代逻辑的一些符号和真值表也将在本章内简略介绍。

第一节 复合命题

一、复合命题概述

复合命题是包含其他命题，并且其真假由所包含命题决定的命题。例如，"唯物主义者认为世界统一于物质，而唯心主义者认为世界统一于精神"就是一个复合命题，除它自身是个命题外，其中还包含有"唯物主义者认为世界统一于物质"与"唯心主义者认为世界统一于精神"这两个命题，而且它们的真假情况决定这个复合命题的真假值。

复合命题所包含的命题叫做肢命题（或支命题）。不同的复合命题，其肢命题在种类、数量上都可以有所不同。肢命题若是不包含其他命题的简单命题，如"地球是行星"之类，就不再对它进行分析，作为复合命题形式中的变项，以 p、q、r 等符号表示。而如果肢命题也是复合命题，一般要对它们做进一步分析，直至简单命题为止。

将肢命题联系起来形成复合命题的词项叫做命题联结词，简称为联结词，如上例中的"而"，就是表示命题联结词的语词。在传统逻辑的研究中，虽然要以特定的语词专门来表示一定的联结词，但一方面由于未完全脱离自然语言，也就不能把命题完全形式化；另一方面又不考虑这些语词的所有含义，而是主要着眼于其所反映的真假方面的联系，即对它们进行了逻辑抽象。命题联结词是复合命题形式中的逻辑常项，它决定复合命题的种类、逻辑性质综上所述，复合命题归根到底是由简单命题与命题联结词组合而成的。根据命题联结词的逻辑性质，复合命题分为联言命题、选言命题、假言命题和负命题四种类型。

1. 联言命题

联言命题是反映若干事物情况共存的复合命题。例如：

　〔1〕光有波动性，同时光又有粒子性。

　〔2〕读书是学习，使用也是学习，而且是更重要的学习。

例〔1〕反映了两种事物情况共存，例〔2〕反映了三种情况共存，其中第三种情况是"使用"与"读书"的比较情况。

联言命题的肢命题简称为联言肢，联言肢至少有两个。根据联言肢的数量，相应的联言命题分别称为二肢联言命题、三肢联言命题等。我们主要考察二肢联言命题，其逻辑性质与多肢的联言命题相通。

联言命题的联结词简称为联言联结词。汉语中"……并……"，"既……，又……"，"不但……而且……"，"虽然……但是……"等都是表示联言联结词的语词。我们以"并且"作为联言联结词的代表，这样，二肢联言命题形式为：p 并且 q。

在日常生活中，联言命题常以省略的形式出现，例如：

　〔1〕虚心使人进步，骄傲使人落后。

　〔2〕世界是多样的，又是统一的。

　〔3〕学习理论与调查研究都很重要。

例〔1〕省略了联结词，例〔2〕与例〔3〕省略了相同的部分以免重复表述，而且例〔3〕凝缩成单句形式。

联言命题由于反映事物情况共存，因此，它要求联言肢反映的事物情况都分别存在。换句话说，一个联言命题只有在联言肢都真的情况下，它才是真的，否则就是假的。这就是联言命题的逻辑特征。例如：

　〔1〕事物是普遍联系、不断发展的。

　〔2〕事物是普遍联系、静止不变的。

　〔3〕事物是彼此孤立、不断发展的。

　〔4〕事物是彼此孤立、静止不变的。

上述四个联言命题除例〔1〕为真外，其余都为假。

现代逻辑将二肢联言命题形式刻画为 p ∧ q，其中 ∧ 为合取号，并用下列表格反映上述联言命题的真假情况或条件（T 表示真，F 表示假）：

p	q	p ∧ q
T	T	T
T	F	F
F	T	F
F	F	F

2. 选言命题

选言命题是反映若干事物情况中至少有一个存在的复合命题。例如：

［1］或者选修德语，或者选修法语。

［2］定居在外国的中国公民，要么保留中国国籍，要么取得外国国籍。

［3］一个三角形，或是锐角三角形，或是直角三角形，或是钝角三角形。

选言命题的肢命题简称为选言肢。与联言肢一样，选言肢也至少有两个，根据选言肢的数量，相应的选言命题分别称为二肢选言命题、三肢选言命题等等。我们主要考察二肢选言命题。

选言命题的联结词简称为选言联结词。汉语中的"或者""或……或……""要么……要么……"等语词都表示选言联结词。选言联结词是不可省略的，但选言命题也有省略形式。

例如：

法是由国家制定或认可的。

在"认可的"前省略了"法是由国家"等词语，并凝缩成单句形式。

根据选言命题是否反映若干事物情况可以共存，选言命题分为相容选言命题和不相容选言命题两种。

（1）相容选言命题

相容选言命题是反映若干事物情况可以共存的选言命题。

例如：

资本家剥削工人，或延长劳动时间，或增加劳动强度。

就反映了"延长劳动时间"与"增加劳动强度"这两种方式可以共存，资本家剥削工人时，至少采取其中一种方式，甚至两种方式都采取。二肢相容选言命题形式为：p 或者 q。

相容选言命题由于反映若干事物情况至少有一个存在，而且若干事物情况可以共存，因此，相容选言命题所排除的是若干事物情况都不存在，即相容选言命题只有在选言肢都假的情况下，它才是假的，其他情况下都是真的。这就是相容选言命题的逻辑特征。

例如：

［1］《水浒传》的作者或者是施耐庵，或者是罗贯中。

［2］《西游记》的作者或者是吴承恩，或者是曹雪芹。

［3］《三国演义》的作者或者是曹雪芹，或者是罗贯中。

［4］《红楼梦》的作者或者是施耐庵，或者是吴承恩。

除例［4］为假外，其他三个选言命题都为真。

现代逻辑将二肢相容选言命题形式刻画为 p ∨ q，其中 ∨ 为析取号，并用下列表格反映上述相容选言命题的真假情况或条件：

P	q	p ∨ q
T	T	T
T	F	T
F	T	T
F	F	F

（2）不相容选言命题

不相容选言命题是反映若干事物情况不能共存，即至少有一个而且至多有一个存在的选言命题。

例如：

一元论者要么认为世界统一于物质，要么认为世界统一于精神。

就反映了"认为世界统一于物质"与"认为世界统一于精神"对一元论者不能共存，二者之间必取一个，也只能取一个。二肢的不相容选言命题形式为：要么 p，要么 q。

在日常语言中，不相容选言命题可以通过对"或者"加以限制、补充的句式来表示。

例如：

或者把老虎打死，或者被老虎吃掉，二者必居其一。

这种情况实际上是用"或者……或者……二者必居其一"来表示二肢不相容选言联结词。

判定选言命题是相容的，还是不相容的，主要看该命题中的联结词反映的是肢命题"至少一个为真"（即还允许其他选言肢为真），还是"至少有一个而且至多有一个为真"（即有且只有一个为真）。前者是相容选言命题，后者是不相容选言命题。上面所举过的例子已经说明了该问题。

不相容选言命题只有在有一个选言肢为真并且仅仅有一个为真的情况下才是真的，在其余情况下都是假的。例如：

[1] 2要么是偶数，要么是素数。

[2] 4要么是偶数，要么是素数。

[3] 7要么是偶数，要么是素数。

[4] 9要么是偶数，要么是素数。

上述四个不相容选言命题，例[1]与例[4]为假，例[2]与例[3]为真。

现代逻辑将二肢不相容选言命题形式刻画为 $p \veebar q$，其中 $\veebar$ 为严格析取号，并用下列表格反映上述不相容选言命题的真假情况或条件：

P	q	p $\veebar$ q
T	T	F
T	F	T
F	T	T
F	F	F

3. 假言命题

假言命题是反映两个事物情况条件关系的复合命题。例如：

[1] 只要功夫深，铁杵磨成针。

[2] 吃得苦中苦，方为人上人。

假言命题只涉及两个事物情况，即只有两个肢命题，它们一般不笼统称为假言肢，而是有"前件"和"后件"之分，这是由肢命题的位置而决定的：位置在前的肢命题称为前件，位置在后的肢命题称为后件。

假言命题的联结词简称为假言联结词，它联结前件和后件，并反映条件关系。逻辑学把两个事物情况之间的条件关系分为充分条件、必要条件和充分必要条件（简称为充要条件）三种。

充分条件是有之必然的条件，即在事物情况 p 与 q 之间，有 p 一定有 q，p 就是 q 的充分条件；必要条件是无之必不然的条件，即在事物情况 p 与 q 之间，无 p 一定无 q，p 就是 q 的必要条件；充要条件是有之必然、无之必不然的条件，即在事物情况 p 与 q 之间，有 p 一定有 q，无 p 一定无 q，p 就是 q 的充要条件。

根据假言联结词所反映的条件关系的不同，假言命题相应地分为充分条件假言命题、必要条件假言命题和充要条件假言命题。

（1）充分条件假言命题

充分条件假言命题是反映两个事物情况间充分条件关系的假言命题，或者说，是反映一个事物情况是另一事物情况充分条件的假言命题。例如：

如果摩擦物体，那么物体生热。

反映了摩擦物体是物体生热的充分条件。

充分条件的假言命题形式是：如果 p，那么 q。

充分条件假言联结词在日常语言中有多种表达形式，如"只要……就……"，"一……就……"，"倘若……则……"，"假使……那么……"等等，甚至可以省略，如"人心齐，泰山移"，"水涨船高"等。

充分条件假言命题反映前一个事物情况是后一个事物情况的充分条件，即存在前一事物情况，便存在后一事物情况，至于不存在前一事物情况，后一事物情况如何，没有涉及。因此，当前一事物情况存在而后一事物情况却不存在，或者说前件真而后件假，那么相应的充分条件假言命题就是假的，而在其他情况下都是真的。例如：

［1］如果蝙蝠是兽，那么蝙蝠胎生。

［2］如果蝙蝠是兽，那么蝙蝠长鳞。

［3］如果蝙蝠是鸟，那么蝙蝠会飞。

［4］如果蝙蝠是鸟，那么蝙蝠有羽。

例［1］前件、后件均真，例［3］前后件均假、后件真，例［4］前后件均假，但相应的充分条件假言命题都是真的，而例［2］前件真、后件假。该充分条件假言命题为假，因为满足条件却没有相应结果。

现代逻辑将充分条件假言命题形式刻画为 p→q，其中→为蕴涵号（这里的蕴涵准确地说是实质蕴涵，下同），并用下列表格反映上述充分条件假言命题的真假情况或条件：

p	q	p→q
T	T	T
T	F	F
F	T	T
F	F	T

（2）必要条件假言命题

必要条件假言命题是反映两个事物情况之间必要条件关系的假言命题，或者说，是反映一个事物情况是另一事物情况必要条件的假言命题，例如："只有认识错误，才能改正错误"，反映了"认识错误"是"改正错误"的必要条件，即不认识错误就不能改正错误。

必要条件假言命题形式为：只有 p，才 q。

必要条件假者命题的命题联结词在日常语言中也可表达为："除非……才……"，如"除非你去请，他才会来。"还可单用"才"来表达，如"你去请，他才会来。"

必要条件假言命题反映前一事物情况是后一事物情况的必要条件，因不存在前一事物情况，也就不存在后一事物情况，未涉及存在前一事物情况而后一事物情况如何。因此，当前一事物情况不存在，而后一事物情况却存在时，或者说前件假、后件真时，那么相应的必要条件假言命题就是假的，在其他情况下都是真的。

例如：

［1］只有货币能满足社会生活需要，货币才是民事法律关系客体。

［2］只有月亮具有经济价值，月亮才是民事法律关系客体。

［3］只有土地能为人们所创造，土地才是民事法律关系客体。

［4］只有闪电能为人们所支配，闪电才是民事法律关系客体。

上述四个必要条件假言命题，除例［3］为假外，另三个都为真。

现代逻辑将必要条件假言命题形式刻画为 p←q，其中←为逆蕴涵号，并用下列表格反映上述必要条件假言命题的真假情况或条件：

p	q	p←q
T	T	T
T	F	F
F	T	F
F	F	T

充分条件与必要条件是互逆的，即对于任何两个事物情况 p 和 q，p 是 q 的充分条件，则 q 是 p 的必要条件；p 是 q 的必要条件，则 q 是 p 的充分条件。例如，能被 4 整除的数就能被 2 整除，前者是后者的充分条件；反过来，不能被 2 整除的数就不能被 4 整除，即后者是前者的必要条件。

掌握这关系，充分条件假言命题与必要条件假言命题就可以互相转换。

（3）充要条件假言命题

充要条件假言命题是反映两个事物情况之间充要条件关系的假言命题，或者说是反映一个事物情况是另一个事物情况充要条件的假言命题，例如，"当且仅当三角形的三边相等，三角形的三角才相等"反映了三角形三边相等既是其三角相等的充分条件，又是其三角相等的必要条件。

充要条件假言命题形式为：当且仅当 p，才 q。

在日常语言中，常用分述充分条件与必要条件的句式来表述充要条件假言命题，例如："人不犯我，我不犯人；人若犯我，我必犯人。"前一例也可表述为："如果三角形三边相等，那么三角形三角相等，也只有三角形三边相等，三角形三角才相等。"

充要条件假言命题既反映充分条件关系，又反映必要条件关系，因此，若前一事物情况存在而后一事物情况不存在，或者前一事物情况不存在但后一事物情况存在，即前件真而后件假或前件假而后件真时，充要条件假言命题为假，其余情况为真。例如：

［1］当且仅当太阳本身能发出光和热，太阳才是恒星。

［2］当且仅当太阳本身能发出光和热，太阳才是行星。

［3］当且仅当地球本身能发出光和热，地球才是行星。

［4］当且仅当地球本身能发出光和热，地球才是恒星。

例［1］与例［4］是真的，例［2］与例［3］是假的。

现代逻辑将充要条件假言命题形式刻画为 p↔q，其中 ↔ 为互蕴涵号（又称之为等值号，因为它所联结的两个肢命题其真值应当相同），并用下列表格反映上述充要条件假言命题的真假情况或条件：

p	q	p↔q
T	T	T
T	F	F
F	T	F
F	F	T

4. 负命题

负命题是否定一个命题的复合命题，例如，"并非所有鸟都会飞"就是个负命题，它否定了"所有鸟都会飞"这个命题。

负命题是一种特殊的复合命题，它只有一个肢命题，即所否定的命题，称之为原命题。负命题的联结词称为否定联结词，以"并非"为代表。日常语言中，否定联结词不一定出现在原命题前面，如"闪光的并不都是金子"中的"并不"出现在原命题的中间。

负命题的命题形式为：并非 P。

负命题是对原命题的否定，因此它的真假与原命题相反，即原命题真则其负命题假，原命题假则其负命题真。例如："并非有人生而知之"为真，因为其中原命题"有人生而知之"为假；而"并非自学可以成才"为假，因为其原命题"自学可以成才"为真。

现代逻辑将负命题形式刻画为┐P，其中┐为否定号，并用下列表格反映上述负命题的真假情况或条件：

P	┐P
T	F
F	T

二、多重复合命题

复合命题的肢命题可以是简单命题。简单命题指不包含其他命题的命题，或者说不含命题联结词的命题。我们前面所分析的复合命题都属于这种命题。

复合命题的肢命题也可以是复合命题，这种情况就是多重复合命题，例如：

[1] 民事法律行为是公民或者法人设立、变更、终止民事权利和民事义务的合法行为。

[2] 只有通过各种途径获得间接经验，并把间接经验和直接经验结合起来，才能获得比较深刻、完备的知识。

[3] 个别劳动时间高于或等于社会必要劳动时间，商品生产者就没有什么收入甚至亏损。

多重复合命题具有三个或三个以上的层次。例 [2] 为三个层次：第一层次或最高层次是必要条件假言命题本身；第二层次是作该假言命题前件、后件的联言命题，第三层次是作联言肢的四个简单命题，它们是肢命题的肢命题。我们这里对多重复合命题的分析，可以也只能分析到简单命题。

在最高层次的命题联结词称之为主联结词，它决定多重复合命题的类型。例［2］正由于主联结词是"只有……才……"，所以归类到必要条件假言命题，其命题形式为：只有（p并且q），才（r并且s），符号式为（p∧q）←（r∧s）。

分析多重复合命题时，要注意命题联结词的主次。"（p并且q）或者r"与"p并且（q或者r）"不同，前者主联结词为"或者"，是选言式；后者主联结词为"并且"，是联言式。通过使用括号，能明确区分出多重复合命题的层次以及联结词的主次。

第二节　复合命题推理的基本类型

一、联言推理

联言推理是以联言命题为前提或结论，并根据联言命题的逻辑性质，进行推导的推理。其基本类型有分解式联言推理、组合式联言推理。

1. 分解式联言推理

分解式联言推理以联言命题为前提，以其中部分联言肢为结论。或者说，从联言命题的真推出其中部分联言肢为真。例如：

［1］革命不能输入，也不能输出，所以，革命不能输入。

［2］律诗、绝句都是押韵的，所以，绝句是押韵的。

以二肢联言命题为前提的这种联言推理形式为：

p并且q，
所以p

或

$$\frac{p并且q}{p}$$

第二个形式以横线代表了推理联项，在横线以上的为前提，横线以下的为结论。显而易见，下述推理形式也是正确的：

p并且q，
所以q

或

$$\frac{p并且q}{q}$$

为节省篇幅，以下遇有类似情况时我们只列出其中一种。

分解式联言推理虽然简单，但它具有突出重点的认识作用。

现代逻辑认识到演绎推理的有效式不能出现前提真而结论假的情况，与取值为真的蕴涵式不能出现前件真而后件假的情况相通，因而将联言推理分解式刻画为（p∧q）→p这样的蕴涵式（以下我们称为符号式）。

2. 组合式联言推理

组合式联言推理以联言肢为前提，推得联言命题为结论。或者说，是从各联言肢为真，推出联言命题为真。例如：

社会主义现代化建设要抓物质文明，社会主义现代化建设要抓精神文明，所以，社会主义现代化建设既要抓物质文明，又要抓精神文明。

以二肢联言命题为结论的这种联言推理形式为：

p'

q'

所以，p 并且 q

符号式为（p,q）→（p ∧ q）。

组合式联言推理的认识作用在于将分散的知识综合为整体知识。

上述两种联言推理形式的有效性是显然的。如前所述，联言命题在肢命题都真的情况下才是真的，其他情况下都是假的。所以，从联言命题真推出其中任何联言肢真，从各联言肢真推出联言命题真。联言推理由此有如下推理规则：

（1）肯定了联言命题. 就要肯定各联言肢；

（2）肯定了各联言肢，就要肯定联言命题。

二、选言推理

这里的选言推理有人称为选言直言推理，是根据选言命题的逻辑性质，对选言肢的真假进行推导的推理。若从选言命题及部分选言肢的真推出其他选言肢为假，称为肯定否定式选言推理；若从选言命题真以及部分选言肢假推出其他选言肢为真，称为否定肯定式选言推理。而由于选言命题有相容与不相容之分，相应的，选言推理分为相容选言推理和不相容选言推理。

1. 相容选言推理

相容选言推理是根据相容选言命题的逻辑性质进行推导的选言推理。例如：

［1］中国足球队未能冲出亚洲，或有主观原因，或有客观原因，中国足球队未能冲出亚洲有主观原因，所以，中国足球队未能冲出亚洲没有客观原因。

［2］大宋与小宋或是血亲，或是姻亲，大宋与小宋不是血亲，所以，

大宋与小宋是姻亲。

由于相容选言命题在选言肢都真的情况下也是真的，因此，相容选言推理只有否定肯定式才有效，如例［2］，其推理形式为：

p 或者 q

非 p

所以，q

符号式为（（p ∨ q）∧ ¬ p）→ q。而例［1］的推理形式无效，不能保证从真前提推出真结论。

这里"非 p"是简化的"并非 p"，当"并非"之后跟一个变项符号时，我们便简化它，以下同此。

为保证运用相容选言推理从真前提推出真结论，就要遵守以下推理规则：

（1）肯定一部分选言肢，不能否定另一部分选言肢；

（2）否定一部分选言肢，就要肯定另一部分选言肢。

2. 不相容选言推理

不相容选言推理是根据不相容选言命题的逻辑性质进行推导的选言推理，例如：

［1］COPY 命令要么是 DOS 内部命令，要么是 DOS 外部命令，COPY 命令是 DOS 内部命令，所以，COPY 命令不是 DOS 外部命令。

［2］容量血管要么是动脉，要么是静脉，容量血管不是动脉，所以，容量血管是静脉。

由于不相容选言命题在有一个并且只有一个选言肢真时才真，因此，不相容选言推理有两种有效式，如例［1］的肯定否定式：

要么 p，要么 q

p

所以，非 q

符号式为（（p ∨ q）∧ p）→ ¬ q；

以及如例［2］的否定肯定式

要么 p，要么 q

非 p

所以，q

符号式为（（p∨q）∧¬p）→q

运用二肢不相容选言推理时，应当遵守以下推理规则：

（1）肯定一个选言肢，就要否定另一个选言肢；

（2）否定一个选言肢，就要肯定另一个选言肢。

若选言肢不止两个，只要掌握只能在前提或结论中肯定一个，其余都要加以否定，相应推理形式就是有效的。

三、假言推理

这里的假言推理有人称为假言直言推理，是根据假言命题的逻辑性质，对前、后件的真假进行推导的推理。假言推理包括四种形式：一是肯定前件式，即从假言命题及前件真推出后件真；二是否定前件式，即从假言命题真以及前件假推出后件为假；三是肯定后件式，即从假言命题及后件真推出前件真；四是否定后件式，即从假言命题真以及后件假推出前件为假。假言推理根据作前提的假言命题的不同种类，分为充分条件假言推理、必要条件假言推理、充要条件假言推理三种。

1. 充分条件假言推理

充分条件假言推理是根据充分条件假言命题的逻辑性质进行推导的假言推理，例如：

［1］如果张某是凶手，那么发案时张某在现场，

张某是凶手，

所以，发案时张某在现场。

［2］如果李某是凶手，那么发案时李某在现场，

李某不是凶手，

所以，发案时李某不在现场。

［3］如果程某是凶手，那么发案时程某在现场，

发案时程某在现场，

所以，程某是凶手。

［4］如果赵某是凶手，那么发案时赵某在现场，

发案时赵某不在现场，

所以，赵某不是凶手。

由于充分条件假言命题的逻辑性质是：只有其前件真而后件假时才假，所以，充分条件假言推理肯定前件式与否定后件式是有效式，否定前件式与肯定后件式是无效式。如例［1］的推理形式为肯定前件式：

如果 p，那么 q

P

所以 q

符号式为（（P→q）∧P）→q；

例［4］的推理形式为否定后件式：

如果 p，那么 q

非 q

所以，非 p

符号式为（（P→q）∧￢P）→￢P。

我们在运用充分条件假言推理时，就应当遵守如下推理规则：

（1）肯定前件就要肯定后件；

（2）否定后件就要否定前件；

（3）否定前件不能得结论；

（4）肯定后件不能得结论。

2. 必要条件假言推理

必要条件假言推理是根据必要条件假言命题的逻辑性质进行推导的假言推理。例如：

［1］只有小黄高考上了重点线，小黄才会被北京大学录取，小黄高考上了重点线，所以，小黄会被北京大学录取。

［2］只有小白高考上了重点线，小白才会被北京大学录取，小白高考未上重点线，所以，小白不会被北京大学录取。

［3］只有小金高考上了重点线，小金才会被北京大学录取，小金会被北京大学录取，所以，小金高考上了重点线。

［4］只有小兰高考上了重点线，小兰才会被北京大学录取，小兰不会被北京大学录取，所以，小兰高考未上重点线。

对必要条件假言命题来说，只有在其前件假、而后件真的情况下才是假的，所以，必要条件假言推理的否定前件式与肯定后件式是有效的，肯定前件式与否定后件式是无效的。例［2］的推理形式是否定前件式：

只有 p，才 q

非 p

所以，非 q

符号式为（（p←q）∧￢p）→￢q，

例［3］的推理形式是肯定后件式：

只有 p，才 q

q

所以，p

符号式为（p←q）∧q）→p。

我们在运用必要条件假言推理时要遵守以下推理规则：

（1）否定前件就要否定后件；

（2）肯定后件就要肯定前件；

（3）肯定前件不能得结论；

（4）否定后件不能得结论。

3. 充要条件假言推理

充要条件假言推理是根据充要条件假言命题的逻辑性质进行推导的假言推理，例如：

［1］当且仅当杨华年满18周岁，杨华才是成年人，杨华年满18周岁，所以，杨华是成年人。

［2］当且仅当吴江年满18周岁，吴江才是成年人，吴江未年满18周岁，所以，吴江不是成年人。

［3］当且仅当周平满18周岁，周平才是成年人，周平是成年人，所以，周平年满18周岁。

［4］当且仅当王强年满18周岁，王强才是成年人，王强不是成年人，所以，王强未满18周岁。

它们的推理形式分别为：

［1］当且仅当 p，才 q

P

所以，q

［2］当且仅当 p，才 q

非 p

所以，非 q

［3］当且仅当 p，才 q

q

所以，p

［4］当且仅当 p，才 q

非 q

所以，非 p

符号式分别为（（p↔q）∧p）→q；（（p↔q）∧¬）p→¬q；

（（p↔q）∧q）→p；（（p↔q）∧¬q）→¬p。

以上都是有效式，因为充要条件假言命题在前、后件真值相同的情况下是真的。

运用充要条件假言推理要遵守以下规则：

（1）肯定前件就要肯定后件；

（2）否定前件就要否定后件；

（3）肯定后件就要肯定前件；

（4）否定后件就要否定前件。

四、负命题推理

负命题推理是根据负命题与其等值命题之间的逻辑关系进行推导的推理。前面，我们讲了七种复合命题，这七种复合命题的负命题及其等值命题如下：

"并非（p 并且 q）"等值于"非 p 或者非 q"。例如，"并非小李、小张都去"等值于"小李不去或小张不去"。符号式为¬(p∧q)↔(¬p∨¬q)。

"并非（p 或者 q）"等值于"非 p 并且非 q"。例如，"并非小李或小张去"等值于"小李不去，小张也不去"。符号式为¬（p∨q）↔（¬p∧¬q）。

"并非（要么 p，要么 q）等值于（p 并且 q）或者（非 p 并且非 q）"。例如，"并非要么小李去，要么小张去"等值于"小李去并且小张去，或者，小李不去并且小张不去"。符号式为¬(p∨q)↔((p∧q)∨(¬p∧¬q))。

"并非（如果 p，那么 q）"等值于"p 并且非 q"。例如，"并非如果小李去，那么小张也去"等值于"小李去，但小张不去"。符号式为¬

$(p \leftarrow q) \leftrightarrow (\neg p \wedge \neg q)$。

"并非（只有 p，才 q）"等值于"非 p 并且 q"。例如："并非只有小李去，小张才去"等值于"小李不去，但小张去"。符号式为 $\neg(p \leftarrow q)$ $\leftrightarrow (\neg p \wedge q)$。

"并非（当且仅当 p，才 q）"等值于"（p 且非 q）或者（非 p 且 q）"。例如，"并非当且仅当小李去，小张才去"等值于"小李去而小张不去，或者，小李不去而小张去。" $\neg(p \leftrightarrow q) \leftrightarrow ((p \wedge \neg q) \vee (\neg p \wedge q))$。

"并非（非 p）"等值于"p"。例如，"并非不是小李去"等值于"小李去"。符号式为 $\neg(\neg p) \leftrightarrow p$。

在负命题及其等值命题之间加上"所以"，就构成了负命题推理，并且无论顺推、逆推，都是有效的。

第三节　其他主要复合命题推理

一、假言易位推理

假言易位推理是以假言命题为前提，根据假言命题的逻辑性质，通过变换前提中前、后件位置而进行推导的推理。这里介绍充分条件假言易位推理，其他假言易位推理可由此举一反三。

充分条件假言易位推理就是前提为充分条件假言命题的假言易位推理。当推出结论为必要条件假言命题时，只需变换前提中前、后件位置；当推出结论仍为充分条件假言命题时，不仅要变换前提中前、后件位置，还要变换它们的质。为了区分，有人将前者称为易位推理，后者称为易位换质推理。它们的有效推理形式分别如下：

（1）如果 p，那么 q

　　所以，只有 q，才 p

　　符号式为 $(p \rightarrow q) \rightarrow (q \leftarrow p)$。

　　例如：

　　　如果得了阑尾炎，那么肚子会痛，所以，只有肚子痛，才有可能得了阑尾炎。

它是根据前面我们所讲的两种条件之间互逆关系来推导的。

（2）如果 p，那么 q

所以，如果非 q，那么非 p

符号式为（p→q）→（￢q→￢p）。

例如：

如果得了阑尾炎，那么肚子会痛，所以，如果肚子不痛，那么未得阑尾炎。

推出的这一结论，实质上是直接陈述没有肚子痛这一事实情况，就没有得阑尾炎这一事实情况，与前一结论相通。

二、假言联锁推理

假言联锁推理是根据假言命题的逻辑性质，以两个或两个以上假言命题为前提推出以一个假言命题为结论的推理。这里介绍充分条件假言联锁推理，其他假言联锁推理亦可由此举一反三。

充分条件假言联锁推理是前提与结论都为充分条件假言命题的假言联锁推理。其有效推理形式包括肯定式与否定式，由三个充分条件假言命题构成的肯定式为：

如果 p，那么 q

如果 q，那么 r

所以，如果 p，那么 r

符号式为（（p→q）∧（q→r））→（p→r）。

例如：

名不正则言不顺，

言不顺则事不成。

所以，名不正则事不成。

上例如果推出"如果非 r，那么非 p"式结论，就称之为否定式。

充分条件假言联锁推理肯定式的有效性可用前面所讲的充分条件假言推理肯定前件式来解释。当我们有"如果 p，那么 q"的前提时，我们先假设 p 为真，而根据充分条件假言推理肯定前件式，就要在 p 真的假设下得出 q 真。第二个前提是"如果 q，那么 r"，同理，又要在 p 真的假设下得出 q 真，再得出 r 真，即 r 真最终依赖于 p 真。由于这一假设是充分的，我们就可以用"如果 p，那么 r"来反映，而它正是充分条件假言联锁推理肯定式的结论。

充分条件假言联锁推理否定式的有效性则可用充分条件假言推理否定后件式来解释，前面所讲的充分条件假言易位、换质推理也是如此，具体阐述这里从略。

三、假言选言推理

假言选言推理是以假言命题与选言命题为前提，根据它们的逻辑性质推导的推理。我们这里介绍二难推理。它是由两个充分条件假言命题以及一个二肢的相容选言命题为前提的假言选言推理，由于推出的结论常常使人左右为难，不好选择而得名。

二难推理有四种有效推理形式，我们主要介绍两种。

1. 简单构成式：由肯定两个充分条件假言命题的不同前件而肯定其相同后件。即：

> 如果 p，那么 r；如果 q，那么 r
> 或者 p 或者 q
> 所以，r

符号式为 $((p \rightarrow r) \wedge (q \rightarrow r) \wedge (p \vee q)) \rightarrow r$。

例如：

> 如果上帝能创造一块他自己举不起来的石头，那么他不是万能的；
>
> 如果上帝不能创造一块他自己举不起来的石头，那么他也不是万能的；
>
> 上帝或者能或者不能创造一块他自己举不起来的石头，所以，上帝不是万能的。

2. 简单破坏式：从否定两个充分条件假言命题的不同后件而否定其相同前件。即：

> 如果 p，那么 q；如果 p，那么 r
> 非 q 或者非 r

所以，非 p

符号式为（（p→q）∧（p→r）∧（¬q∨¬r））→¬p。

例如：

> 如果不描写人性的作品就不能流传下来，那么我们看不到这些
> 作品便不知其内容。
>
> 如果不描写人性的作品就不能流传下来，那么我们知道其内容
> 便看到了这些作品。
>
> 或者并非我们看不到这些作品便不知其内容，或者并非我们知
> 道其内容便看到了这些作品。
>
> 所以，并非不描写人性的作品就不能流传下来。

上述两个推理形式的有效性亦可从充分条件假言推理有效式得到解释。

倘若两个充分条件假言命题的前件、后件各不相同，那么结论就是选言命题。如果结论是肯定两个充分条件假言命题不同后件作选言支，就称为复杂构成式；如果结论是否定两个充分条件假言命题不同前件作选言支，就称为复杂破坏式。我们只列出其推理形式，实例从略。

〔1〕如果 p，那么 q；

如果 r，那么 s；

p 或者 r，

所以，q 或者 s

符号式为（（p→q）∧（r→s）∧（p∨r））→（q∨s）。

〔2〕如果 p，那么 q；

如果 r，那么 s；

非 q 或者非 s，

所以，非 p 或者非 r

符号式为（（p→q）∧（r→s）∧（¬p∨¬s））→（¬q∨¬r）

第四节　复合命题推理的综合运用

在思维实际中，往往要运用多个或多种复合命题推理，才能得到所需要的结论，这就是复合命题推理的综合运用。下面我们通过一个例子来说明。

已知:

［1］若 A 和 B 参加自学考试，则 C 不参加自学考试；

［2］只有 B 参加自学考试，D 才参加自学考试；

［3］A 和 C 都参加了自学考试。

问：B 和 D 是否参加了自学考试?

其解如下:

［4］C 参加了自学考试（由［3］运用分解式联言推理）

［5］并非 A 和 B 参加了自学考试

（由［1］［4］运用否定后件式充分条件假言推理）

［6］或者 A 不参加自学考试。或者 B 不参加自学考试

（由［5］运用负命题等值推理）

［7］A 参加了自学考试（由［3］运用分解式联言推理）

［8］B 不参加自学考试

（由［6］［7］运用否定肯定式相容选言推理）

［9］D 不参加自学考试

（由［2］［8］运用否定前件式必要条件假言推理）

［10］B 与 D 都不参加自学考试

（由［8］［9］运用组合式联言推理）

这样，我们一步步推得了所需的结论，其中括号里的文字告诉我们该行命题是运用什么推理，从什么前提出发得到的。在学会分析推理形式、懂得遵守推理规则后，我们还要锻炼运用推理解决问题的能力。

第四章

命题逻辑要义

命题逻辑是数理逻辑的最基础部分。复合命题的逻辑性质是由命题联结词决定的,命题逻辑是关于命题联结词其推理规律的现代逻辑理论。与传统逻辑不同,它在符号化的基础上将命题联结词抽象为真值联结词,并构成推演的形式系统,此外还提供了机械可行判定方法。我们介绍的是其主要内容。学习并掌握这些知识,一方面可以对现代形式逻辑有最基本的了解;另一方面能更好地把握前一章所讲的复合命题演绎推理,并在实践中运用。

第一节 真值形式

一、真值形式概述

我们知道,命题形式即命题的逻辑形式,是对命题进行一定程度抽象后的结构方式或样式。命题形式一般由逻辑常项和逻辑变项两种成分组成。逻辑常项可以用自然语言语词表示,前面所讲的复合命题演绎推理就是如此;也可以用人工语言符号表示,这里所讲的命题逻辑就是如此。概括地说,数理逻辑乃至整个现代逻辑,不仅用人工语言符号表示命题形式中的逻辑变项,还用人工语言符号表示命题形式中的逻辑常项,实现了命题形式符号化。这种符号化的命题形式就是命题公式。

命题公式依据不同的标准,有模态命题公式与非模态命题公式之分,还有命题逻辑的命题公式与谓词逻辑的命题公式之分,等等。

命题之间有多种多样的联系,其中之一是真值方面的联系。如果我们只从真假方面来考察命题变项,连命题内容的相关性等都不加考虑,把它们看作只取真、假这两个真值的真值变项,并且对命题联结词进行抽象,成为联结真值变项的真值联结词，使复合命题的真值依赖于所包含的肢命题，相应的命题公式就是真值形式。因此，真值联结词就是只反映复合命题与肢命题之间真假关系的联结词，这里的真值形式就是以只取真假二值的命题为逻辑变项、以真值联结词为逻辑常项组成的命题公式。

二、基本真值联结词及其真值形式

1. 基本真值联结词

常用的真值联结词有五个，它们又称作基本真值联结词。（1）否定联结词。简称为否定词，一般用符号¬ ＿表示，读作"非"或"并非"，是一元真值联结词。

（2）合取联结词。简称为合取词，一般用符号∧表示，读作"并且"，是二元真值联结词。

（3）析取联结词。简称为析取词，一般用符号∨表示，读作"或者"，是二元真值联结词。

（4）蕴涵联结词。简称为蕴涵词，一般用符号→表示，读作"如果……那么……"，是二元真值联结词。

（5）等值联结词。简称为等值词，一般用符号↔表示，读作"当且仅当"，是二元真值联结词。

其他真值联结词可通过基本真值联结词来定义与引入。此外，通常还规定五个真值联结词的结合力依下列顺序递减：¬，∧，∨，→，↔，这样可以省略一些分层次的括号，如将 $p \rightarrow (q \land r)$ 直接写成 $p \rightarrow q \land r$。

2. 基本真值形式

真值形式有两大类：一类是命题变项，以符号 p，q，r……表示，或取值为真，或取值为假，二者必居其一；另一类是通过真值联结词来构成的，其中五种基本的真值形式如下，它们根据所含真值联结词来命名：

（1）否定式：$\neg p$

（2）合取式：$p \land q$

（3）析取式：$p \lor q$

（4）蕴涵式：$p \rightarrow q$

（5）等值式：$p \leftrightarrow q$

它们的真值可由图表来列示，这种图表称为真值表。我们以 T 代表真，以 F 代表假，相应的真值表可以表示如下：

p	¬p
T	F
F	T

p	q	p∧q	p∨q	p→q	p↔q
T	T	T	T	T	T
T	F	F	T	F	F
F	T	F	T	T	F
F	F	F	F	T	T

这五个真值表既列示了五种基本真值形式在其中命题变项各种真值组合下的真值情况，又由此定义了五个基本真值联结词，揭示出它们所反映的真值联系。

三、其他真值形式

真值形式中的命题变项不限于两个，真值联结词也不限于一个或一种。换句话说，真值形式从种类上来说是多种多样的，从数量上来说是无穷无尽的。但不管是什么样的真值形式，都可以归结为上述五个基本真值形式的不同组合。我们来分析几个例子，一方面了解如何定义其他真值联结词，另一方面掌握如何求出任一复合命题的真值形式。

〔1〕只有认识错误，才能改正错误

首先要将它改写成只含上述五种联结词的同义命题：如果不认识错误，那么不能改正错误。再以 p 表示第一个命题变项"认识错误"，以 q 表示第二个命题变项"能改正错误"，其命题形式为：如果非 p，那么非 q。最后将联结词抽象为真值联结词，并用符号表示，从而得出其真值形式：¬p→¬q。有的逻辑教材将"只有……才……"抽象为逆蕴涵词这种真值联结词，用符号←来表示，上述命题的真值形式则为 p←q。在命题逻辑中，一般不用逆蕴涵联结词，换句话说，是将 p←q 定义为¬p→¬q 来刻画上述命题的真值形式。

〔2〕要么巴西足球队夺冠，要么法国足球队夺冠。

改写为：或者巴西足球队夺冠，或者法国足球队夺冠，但并非巴西足球队与法国足球队都夺冠。

以 p 代表"巴西足球队夺冠"，以 q 代表"法国足球队夺冠"，命题形式为：

p 或者 q，并且并非（p 并且 q）。真值形式为（p∨q）∧￢（p∧q）。

将"要么……要么……"抽象为不相容析取联结词，用符号∨表示。从上可知，p∨q 可定义为（p∨q）∧￢（p∧q）。

[3] 如果前提真实，形式有效，那么推出的结论肯定是真的。

以 p 代表"前提真实"，以 q 代表"形式有效"，以 r 代表"推出的结论肯定是真的"，真值形式则为：p∧q→r。

任一真值形式，若有不止一个或一种真值联结词，那么其中总有一个或一种为主联结词，从而据此分别归为否定式、合取式等。

上述例[1]与例[3]的真值形式是蕴涵式，例[2]的真值形式是合取式。

四、重言式、矛盾式和可满足式

真值形式在其中命题变项的不同取值或不同真值组合下会有不同的真值。真值形式因此分为重言式、矛盾式和可满足式三种。

1. 重言式

重言式又称为永真式，无论其中的命题变项取什么真值，该真值形式的真值总是真的。例如：p→p、p∨￢p 等都是重言式，前者是重言蕴涵式，后者是重言析取式。

由于重言式总是真的，即它的真独立于命题的具体内容，所以重言式尤其是重言蕴涵不仅表现了复合命题之间的规律，还可表示复合命题演绎推理的有效式，更具重要意义。

2. 矛盾式

矛盾式是对重言式的否定，即无论其中的命题变项取什么值，该真值形式的真值总是假的。例如：p∧￢p、￢（p∨￢p）等都是矛盾式。

3. 可满足式

可满足式指其中的命题变项无论取什么值，该真值形式的值至少有一个值为真。例如：p∧q、p∨q、p→q 以及 p↔q 等都是叫满足式。

要知道一个真值形式究竟是重言式、矛盾式还是可满足式，可以应用真值表来判定。

第二节　真值形式的判定

一、真值表法

1. 真值表的构造步骤

真值表是数理逻辑中用于定义真值联结词以及判定真值形式的逻辑性质及其关系的图表，具有定义和判定两大功能，被广泛运用，由此而发展为一种逻辑方法，即真值表法。

构造真值表的步骤可概括为四句口诀："先算变项与常项，再定行列画表格，变项真假对半开，公式之值依序得。"首先是计算出不同的命题变项数量。它决定真值表的横行数。计算公式为 2^n（不包括栏目行），其中 2 表示任一命题变项可取真假二值，n 表示不同命题变项的数量。由此，两个不同命题变项的真值组合情况有四种，三个不同命题变项的真值组合情况有八种，除栏目行外，分别再画四个横行与八个横行。真值表的纵列数量是真值联结词数量与不同命题变项数量之和。从上可知，$p \wedge q$ 的真值表是五个横行（含栏目行，下同），三个纵列；$\neg p \vee \neg q$ 的真值表是五个横行，五个纵列；$p \wedge q \rightarrow r$ 的真值表是九个横行，五个纵列。其他真值表的表格画法依此类推。画好表格后，依序填好栏目行，再写出命题变项的真值组合情况。所谓"变项真假对半开"是指：若除栏目行外有四个横行，先写两行 T，再写两行 F，然后在第二纵列的横行里对应两行 T，两行 F 分别各写一行 T，一行 F。若有八个横行，则先写四行 T，四行 F，其余同上类推。最后是依序得出真值形式组成部分的真值，直至整个真值形式的真值。

2. 真值表的应用

真值表除了前面所讲的定义真值联结词的作用外，还可显示任一真值形式的真值情况。这种显示是机械能行的，即可按基本真值表依次计算的。我们按照上述构造真值表的方法，在显示真值形式的真值情况时，根据其逻辑性质，又判定了其是否为重言式。而且由于复合命题推理的形式都相当于蕴涵式，判定了相应的蕴涵式为重言式，亦即判定了该复合命题推理的形式是有效的。运用真值表，我们还可以判定真值形式之间是否具有等值、矛盾等真值关系。

（1）重言式的判定

若已知真值形式，则直接构造真值表判定，否则还需先将命题形式或推理形式符号化，再构造真值表判定。下面我们举例来说明。

［1］用真值表判定（P→q）↔（¬q→¬P）是否为重言式。

p	q	¬p	¬q	p→q	¬q→¬p	(p→q)↔(¬q→¬p)
T	T	F	F	T	T	T
T	F	F	T	F	F	T
F	T	T	F	T	T	T
F	F	T	T	T	T	T

该真值形式有两个不同命题变项 p 与 q，除栏目行外画四个横行；有五个真值联结词（→与¬各出现两次），加上不同命题变项之数，画七个纵列。栏目行由简而繁地列出真值形式组成部分，直至其本身。p 的赋值对半开，先两 T，后两 F；q 的赋值对半开，对应 p 的两 T、两 F 分别写一个 T 一个 F。最后依序得出真值形式组成部分的以及直至该形式本身的真值。从而显示出其真值情况。

这时我们由表可见最后一个纵列全部为 T，即该真值形式无论其命题变项取何值，有何真值组合，它总是真的，为重言式。更准确地说是重言等值式。

［2］用真值表判定（p∨q）∧P→¬q 是否为重言式。

p	q	¬q	p∨q	(p∨q)∧p	(p∨q)∧p→¬q
T	T	F	T	T	F
T	F	T	T	T	T
F	T	F	T	F	T
F	F	T	F	F	T

从最后的真值情况可以看出，该真值形式不是重言式，仅是可满足式。

［3］用真值表判定"名不正则言不顺，言不顺则事不成，所以，名不正则事不成"的推理形式是否有效。

先将该推理形式化为相应的蕴涵式再来判定。以 p 代表"名不正"，以 q 代表"言不顺"，以 r 代表"事不成"，其相应的蕴涵式为（p→q）∧（q→r）→（p→r），真值表为：

p	q	r	p→q	q→r	p→r	(p→q)∧(q→r)	(p→q)∧(q→r)→(p→r)
T	T	T	T	T	T	T	T
T	T	F	T	F	F	F	T
T	F	T	F	T	T	F	T
T	F	F	F	T	F	F	T
F	T	T	T	T	T	T	T
F	T	F	T	F	T	F	T
F	F	T	T	T	T	T	T
F	F	F	T	T	T	T	T

由于相应的蕴涵式为重言式，该推理的形式是有效的。

（2）真值关系的判定

两个不同真值形式在命题变项相同的情况下，其最终的真值之间所形成的真假对应关系就是我们这里所讲的真值形式间真假关系，简称为真值关系，包括等值关系、矛盾关系、反对关系等等。等值关系指两个（不限于两个）真值形式的最后真值情况完全相同；矛盾关系指两个真值形式的最后真值情况完全不同。其余真值关系这里从略。

［1］用真值表判定 p↔q 与 （p→q）∧（¬p→¬q）之间是否具有等值关系。

由于两个真值形式的命题变项相同，就不必构造两个真值表，可以合并起来：

p	q	¬q	¬p	p↔q	p→q	¬p→¬q	（p→q）∧（¬p→¬q）
T	T	F	F	T	T	T	T
T	F	F	T	F	F	T	F
F	T	T	F	F	T	F	F
F	F	T	T	T	T	T	T

对照作了标记的两列真值情况可知，上述两个真值形式之间具有等值关系。

［2］用真值表判定下列四个真值形式之间的真值关系。

（等值或矛盾关系）：

①p ∨ q

②￢p ∧￢q

③￢p ∨ q

④p → q

p	q	￢p	￢q	p ∨ q	￢p ∧￢q	￢p ∨ q	p→q
T	T	F	F	T	F	T	T
T	F	F	T	T	F	F	F
F	T	T	F	T	T	T	T
F	F	T	T	F	T	T	T

从表可知，公式①与公式②之间是矛盾关系，公式③与公式④之间是等值关系。

［3］用真值表判定"并非价廉物美"与"价不廉或物不美"这两个命题是否等值。

以 p 代表"价廉"，q 代表"物美"，￢p 代表"价不廉"，￢q 代表"物不美"，上述两个命题的真值形式分别为￢（p ∧ q）与￢p ∨￢q，构造真值表如下：

p	q	￢p	￢q	p ∧ q	￢（p ∧ q）	￢p ∨￢q
T	T	F	F	T	F	F
T	F	F	T	F	T	T
F	T	T	F	F	T	T
F	F	T	T	F	T	T

可见两个真值形式等值，从而两个命题为等值命题，即两个命题在逻辑上具有相同的真值。

二、归谬赋值法

从理论上来说，用真值表可以显示出任一真值形式的真值情况及其逻辑性质，但如果真值形式中的命题变项过多或公式太长，所要构造的真值表就较为庞大，过程相当繁琐。例如，（（（p→q）∧（r→s））∧（￢q ∨￢s））→（￢p ∨￢r）这个真值形式的真值表一共有 17 个横行，15 个纵列。为此，有必要将真值表方法简化。归谬赋值法就是一种简化真值表的方法。虽然它只适用于蕴涵式是否为重言式的判定，但由于重言蕴涵式反映复合命题演绎推理的有效式，这种判定的意义是重大的，因而不能因为范围问题而低估归谬赋值法的价值。

归谬赋值法的逻辑原理是：对任一重言蕴涵式来说，其前件为真、而后件为假是不可能的。假设其前件真而后件假，就与重言蕴涵式的逻辑性质相矛盾，由此逐步确定的命题变项赋值，必然也会导致矛盾，从而推翻原假设，得出该蕴涵式不可能假而为重言式的结论。

归谬赋值法的一般步骤主要为以下四步：第一步，假定要判定的蕴涵式是假的，在主联结词即蕴涵词符号下标上 F。第二步，根据蕴涵式的逻辑性质，给前件赋真的真值，给后件赋假的真值，依组成部分的不同，分别将 T、F 标在其主联结词、联结词或命题变项符号下。第三步，根据五个真值联结词的定义，继续对各组成部分赋值，直至所有的命题变项均有确定的真值为止。在赋值过程中，要注意在后确定的同一命题变项真值，应与前一致，即在后的赋值应承袭在前的赋值。第四步，是检查所有命题变项的赋值，看是否有既赋值为真又赋值为假的同一命题变项，若有，则产生赋值矛盾，假定不成立，蕴涵式为重言式，否则就不是重言式。下面，我们举例说明：

[1]用归谬赋值法制定（p→q）∧（q→r）→（p→r）是否为重言式。

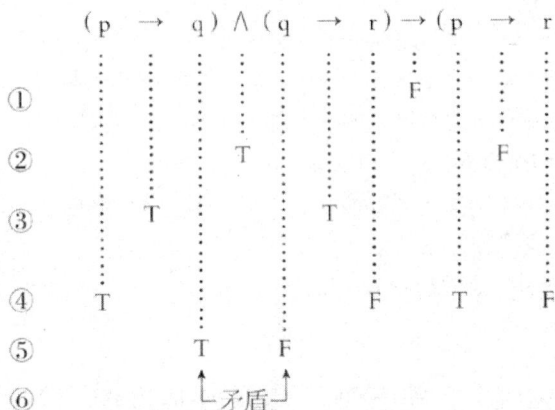

$$（p \quad \rightarrow \quad q）\land（q \quad \rightarrow \quad r）\rightarrow（p \quad \rightarrow \quad r）$$

由于命题变项 q 出现赋值矛盾，故该蕴涵式为重言式。

判定过程中，①为第一步，②为第二步，③④⑤为第三步，重复可两次，④承袭了③的 p、r 之赋值，⑥为第四步。

如果熟练地掌握了归谬赋值法，则可直接操作而不必标明步骤，更为简便：

$$(p \quad \rightarrow \quad q) \wedge (q \quad \rightarrow \quad r) \rightarrow (p \quad \rightarrow \quad r)$$

T　T　T　T　F　T　F　F　T　F　F

└─矛盾─┘

［2］用归谬赋值法制定 $((p \vee q) \rightarrow (p \vee r)) \rightarrow (q \rightarrow r)$ 是否为重言式。

$$((p \quad \vee \quad q) \rightarrow (p \quad \vee \quad r)) \rightarrow (q \quad \rightarrow \quad r)$$

① 　　　　　　　　　　　　F　　　　　　F

② 　　　　　　T　　　　　　　　F

③ 　　　　　　　　　　　　T

④ 　　　　　　　　F　　　　　　　　F

⑤ 　　T　T　　　T

⑥ 　　　　　T

⑦ T

由于未出现赋值矛盾,故假设成立,该蕴涵式不是重言式,在 p 真,q 真,r 假的情况下整个蕴涵式为假。这里要注意的是, 由于前件也为蕴涵式并且赋值为真, 就不能独立确定其中命题变项的具体赋值,故④先承袭③的赋值。q 为真时, p∨q 为真,此时又不能确定 p 的真值,要先通过⑤⑥确定了 p∨r 中的 p 之赋值,再承袭到 p∨q 中的 p,即⑦,赋值到此完毕。

如果我们遇到 $((p \wedge q) \vee (r \wedge s)) \rightarrow (p \wedge s)$ 这种真值形式,用归谬赋值法来判定其是否重言式,也就谈不上多少简便了,因为仅就后件来说, 赋值为假时,p 与 s 可分别为假或一同为假,就需要对三种组合进行考察。因此, 有必要掌握其他方法, 如下面即将介绍的演绎证明法。

第三节　命题自然推理

一、命题自然推理概述

命题逻辑有两大推演系统, 一是公理系统, 一是自然推理系统。它们异曲同工,都以形式化和系统化的方法来研究复合命题的推理形式,具有同等的推演能力。只不过公理系统以公理和推理规则为推演工具，自然推理系统则没有公理，只有推理规则，而且运用假设法来推得结论，更符合人们日常思维中的推理方式方法，并因此而得名。

作为形式化的逻辑系统，首先要构造形式语言。形式语言是人工表意符号语言，具有严格、精确的特点，它由两部分构成。一是初始符号，相当于自然语言中的字或词，一般而言，有三种：

（1）经过解释，成为命题变项符号的 p、q、r、s、P_1、P_2……；

（2）经过解释，为真值联结词符号的 ﹁、∧、∨、→、↔；

（3）起辅助作用的左括号"（"及右括号"）"。

二是形成规则，相当于自然语言中的组词造句规则，它规定：

（1）命题变项符号是公式，更准确地说是原子公式，不再分析；

（2）命题变项符号与真值联结词符号组合后，无论怎么复杂，只有形如 ﹁p、p∨q、p∧q、p→q、p↔q 的符号串才是公式；此外则不是公式。这样，我们可机械地按照上述规定，在有穷的步骤里判定任一符号或其组合是不是该形式语言的符号或公式；如 *、p∨、↔q 等不足该形式语言的符号及公式。

在形式语言的基础上再加上推演工具，就构成逻辑演算系统。

这时，我们完全不考虑符号及公式的具体意义是什么，只关心公式与公式之间的关系，例如：从哪些以及怎样的公式可以变形为所需要的公式，进行形式上的推演。而这些推演，就是复合命题推理的推理形式。

二、命题自然推理

1. 命题自然推理的主要规则

命题自然推理有很多系统，我们所介绍的系统其规则除了前提引入规则外，基本上为真值联结词的引入或消去规则。它们可以非形式地表述如下：

①p引入规则：在推演的任一步骤可引入任一公式作为前提。

②﹁引入规则：如果从 A 能推出 B∧﹁B，则可得 ﹁A（A、B 表示系统中任一公式）。

③﹁消去规则：从 ﹁﹁A 可得 A。

④∧引入规则：从 A 且 B 可得 A∧B。

⑤∧消去规则：从 A∧B 可得 A，也可得 B。

⑥∨引入规则：从 A 或从 B 可得 A∨B。

⑦∨消去规则：如果 A∨B，并且从 A 可得 C，从 B 可得 C，则可直接得 C。

⑧→引入规则：若假设了 A 而得 B，则可得 A→B。

⑨→消去规则：从 A→B 和 A 可得 B。

⑩↔引入规则：如果从 A 能推出 B，从 B 能推出 A，则可得 A↔B。

其他规则这里从略。这些规则并不难理解，如我们在复合命题演绎推理章节中所讲的联言推理组合式对应∧引入规则，分解或对应∧消去规则；二难推理简单构成式对应∨消去规则；充分条件假言推理肯定前件式对应→消去规则。p 引入规则要特殊点，之所以提出它，一是方便，二是可行。对它的理解可参考前面讲到的充分条件假言联锁推理的解释，同时由于有个引入规则，最终我们将消去独立存在的假设前提。

2. 命题逻辑的自然推理

有了上述形式语言及推理规则，所有复合命题演绎推理的有效形式都可由此得出，构成系统。此外，它在推演形式上比传统逻辑更为简明。我们以充分条件假言联锁推理为例，说明命题自然推理如何进行及其整体性思想：

名不正则言不顺，言不顺则事不成，所以，名不正则事不成。

先将它们符号化，以 p 表示"名不正"，以 q 表示"言不顺"，以 r 表示"事不成"，则前提为：

[1]p→q

[2]q→r

推演步骤为：

[3]P　　　　　　　　　　（p 引入规则）

[4]q　　　　　　　　　　（由［1］［3］消去→）

[5]r　　　　　　　　　　（由［2］［4］消去→）

[6]P→r　　　　　　　　（由［3］［5］引入→）

而［6］正是所需结论。所以，对于命题逻辑来说，（（p→q）∧（q→r））→（p→r）只是定理。命题逻辑定理反映复合命题演绎推理有效式，是无穷无尽的，命题逻辑不需要像传统逻辑那样去逐一分析介绍，再说，逐一分析介绍也是不能穷尽的。命题逻辑在这一点上也显示出其优越性。

需要指出的是，一些定理的证明中，有些证明步骤往往多次重复出现，为了简化证明，就把这些重复出现的过程以非基本的推理规则（导出规则，可记为 RT）固定下来。例如，我们先证明（p→q）↔（¬q→¬p）为定理，其证明步骤经常要用到，我们将其固定为导出规则并编号，以方便随时引用。

第五章

简单命题演绎推理

　　简单命题演绎推理包括性质命题演绎推理与关系命题演绎推理，前者是传统逻辑的重要组成部分，在本章中讲述；后者的确立归功于现代逻辑，将在下章第二节讲述。对性质命题及其演绎推理的研究，早在二千多年前就形成了相当成熟的理论体系，被称之为词项逻辑，即从词项入手，进而研究由其构成的性质命题，再拓展到由性质命题组成的演绎推理，直至三段论系统，一环紧扣一环。

第一节　词项

一、词项的内涵和外延

　　在传统词项逻辑中，性质命题的主项和谓项，称为词项。

　　词项一方面表达概念，一方面指称对象，因而词项都具有两个逻辑特性 – 内涵和外延。

　　词项的内涵就是词项表达的概念，而概念是对对象的特有属性的反映，通常人们称之为词项的含义。属性是性质和关系的统称，任一类对象的特有属性，是这类对象都具有的，而且只为这类对象具有。例如，人都是无羽并且两足直立行走的动物，也只有人才是无羽两足直立行走的动物，它被人们认识后形成概念，凝结在"人"这个词项中，成为其内涵。也就是说，内涵是同项从质的方面规定对象，它表明"是什么"。

　　词项的外延就是词项所指称的那类对象，通常人们称之为词项的适用对象。例如，"人"这个词项指称一类对象，它的外延包括李白、华罗庚、拿破仑等等一个个古今中外具体的人，因为所有这些对象都具有"人"这个词项的内涵所反映的特有属性。外延是词项从量的方面规定对象，它表明"有哪些"。

词项的内涵与对象本身的特有属性并不是等同的。词项的内涵属于主观认识的东西，它凝结在词项之中，是人们认识的结晶；而对象的特有属性是客观存在的，它依附于对象本身，是认识的客体。只有客观存在着的特有属性被人们认识、反映并凝结到词项之中时，才成为该词项的内涵。词项的内涵也因此有正确与错误、初步与深刻之别，例如，"不可分割性"作为"原子"的内涵是错误的，"能制造并使用生产工具"作为"人"的内涵是深刻的。人们还可以从不同方面来刻画词项的内涵，如从化学方面、物理方面刻画"水"的内涵。

词项的外延与所反映对象本身也不是等同的。词项的外延依赖对被反映对象的认识，而对象本身是客观存在的，因此，对象范围的本身并非就是词项的外延，只有那些已被认识并反映的对象，才成为该词项的外延。例如，"太阳系的大行星"这个词项的外延，过去由于人们单凭肉眼观察，认为该词项外延只有六个分子。后来随着科学的发展，人们借助天文望远镜相继发现了天王星、海王星和冥王星，人们就公认"太阳系的大行星"外延有九个分子；而现在却又公认为八个分子，即去掉了冥王星。可见，词项的外延与所指对象本身也不是等同的。正由于词项的外延与认识相关，词项的外延也因此可以为零，如"鬼""永动机""理想气体"等，人们称为空词项或虚词项，即不存在词项所指称的对象。

二、词项的种类

根据词项外延、内涵的一般特征，可以从不同角度把词项分为若干种类。研究词项的种类及其特征，不仅仅有助于人们弄清词项的内涵与外延，而且有助于人们准确地运用词项。

1. 单独词项与普遍词项

根据词项所指的对象数量的多少，词项可分为单独词项和普遍词项。

单独词项就是指称独一无二对象的词项，其外延只有一分子。例如，"鲁迅""世界上人口最多的国家""五四运动"等等，它们指称的对象都是独一无二的，因而都是单独词项。

单独词项的语言形式有两种：一种是专有名词，如"鲁迅"；一种是摹状词，如"世界上最高的山峰"。

普遍词项就是指称两个以上（含两个）对象的词项，其外延是由两个或两个以上的分子组成的一类事物。例如，"自然数""学生""城市"

等等。普遍词项的外延有些是有限的，如"唐朝的皇帝"，有些是无限的，如"自然数"。

普遍词项的语言形式有普通名词、动词、形容词等，如"国家""帮助""聪明"等等。

需要注意的是，单独词项和普遍词项都是外延非空的词项，即实词项。对于空词项，由于实际上并不存在其所指的对象，也就无数量多少之分。

2. 集合词项与非集合词项

根据词项所指称的对象是否为集合体，词项可分为集合词项和非集合词项。

集合词项就是指称的对象为集合体的词项，也称为集体词项。所谓集合体就是由同类若干个体所组成的群体。例如，"英语词汇"就是由同类许多个体即英语单词 map、bag…组成的群体。又如，"丛书"就是由同类若干具体的书组成的群体。"英语词汇""丛书"所指称的对象都是集合体，因而都是集合词项。

集合词项的语言形式一般是集合名词，例如，"森林""工人阶级""东海舰队"等等。

集合体与组成该集合体的个体之间的关系，不是类与分子的关系，因为属于某类的分子必然具有该类的属性，而作为集合体的个体不具有群体属性；二者之间也不是整体与部分的关系，因为整体的各个部分可属于不同的类，如笔尖、笔杆。因此，集合词项只适用于它所反映的群体，而不适用于该群体内的个体。例如，不能说"'the'这个词汇是定冠词"，只能说"'the'这个单词（或词）是定冠词"。

非集合词项就是指称的对象为非集合体的词项，也称为非集体词项。例如，"树""书""工人"等等。

但是，由于受语言环境的制约，存在着同一个词或短语有的场合在集合词项意义上使用，有的场合在非集合词项意义上使用的情况。例如：

［1］中国人是不怕死的！是杀不完的！

［2］纸的发明者是中国人。

例［1］中的"中国人"指称由中国人组成的群体，不是指称中国人这类事物，是在集合词项的意义上使用的。例［2］中的"中国人"指称中国人这类事物，它包含纸的发明者即蔡伦这个分子，是在非集合词项的意义上使用的。我们应该注意区分，不要混淆，否则会出现错误。

非集合词项的语言形式一般为非集合名词、动词、形容词等。非集合词项指称的对象不是群体而是类，由于属于某类的分子必具有该类的属性，因此非集合词项既适用于它所反映的一类事物，又适用于该类的任何分子，如可以说"书"这类事物是装订成册的著作，也可以说《红楼梦》这个分子是装订成册的著作。

3. 正词项与负词项

根据词项所指称的对象是否具有某种属性，词项可以为正词项和负词项。

正词项就是指称具有某种属性对象的词项，有人称之为肯定词项。例如，"正义战争""成年人""漂亮"等等。

负词项就是指称不具有某种属性对象的词项，有人称之为否定词项。例如，"非正义战争""未成年人""不漂亮"等等。负词项，仅从其结构上看，它是通过否定某词项构成的。例如"非正义战争"就是通过否定"正义战争"而构成的。如果某词项为 A，那么其负词项为非 A。表示"否定"，读作"非"。

负词项的语言形式其第一个字是"非""不""无"等否定副词，例如，"非机动车""不果断""无缝钢管""未成年人"等等，但不能反过来说。例如，"非笑""不日""无花果"等等，就不是负词项，而是正词项，因为其中的"非""不""无"不是作为否定副词来使用的，而是作为构词语素来使用的。因此，辨别冠有"非""不""无"等字样的语词是否为负词项语言形式，还要看是否把"非""不""无"等字作为否定副词来使用。

负词项总是相对某个特定范围而言的，一个负词项所相对的范围，逻辑上称之为论域。例如："非机动车"若指机动车以外的车，它的论域就是"车"。"非正义战争"若指正义战争以外的战争，它的论域就是"战争"。论域根据需要可大可小，如"非团员"可以"青年"为论域，也可以"人"为论域。

上述词项的几种分类，是较为常见或常用的分类。我们还可以根据其他标准进行不同的分类，如，具体词项与抽象词项，绝对词项与相对词项等。此外，上述分类是从不同角度，根据不同标准来进行的，因此一个词项可分别属于几种不同分类中的一个种类。

例如，"中国女子排球队"这个词项，按前面讲过的种类来说，它是个单独词项、集合词项、正词项；"非团员"是个普遍词项，非集合词项，负词项。通过不同分类，我们可以了解词项在不同方面的特性，进而正确掌握和运用。

三、词项外延间的关系

词项外延间的关系，指的是词项外延间的同异及其程度关系，其重点是两个词项外延间的关系。

根据两个词项的外延有无重合部分及重合部分的多少，词项外延间的关系可分为全同关系、真包含于关系、真包含关系、交叉关系和全异关系五种。

1. 全同关系

全同关系指两个词项的外延完全重合的关系，即外延上的同一关系。对于 A、B 两个词项来说，如果 A 的全部外延都是 B 的外延，并且 B 的全部外延也都是 A 的外延，那么 A、B 这两个词项外延间的关系就是全同关系。例如：

[1] 中国　世界上人口最多的国家

[2] 鲁迅　《阿 Q 正传》的作者

[3] 等边三角形　等角三角形

上述三组词项外延间的关系，都是全同关系。具有全同关系的词项是从不同方面指称同一对象的，"中国"与"世界上人口最多的国家"这两个词项所指称的对象完全相同，但"中国"是从国家特征等方面来指称对象的，"世界上人口最多的国家"是从世界上国家人口的数量特征方面来指称对象的，两者的内涵有所不同。

词项外延间的全同关系可用图 1 表示，这种图称为欧拉图解，图中 A、B 表示两个词项。

汉语中往往用"……就是……"的形式来表达词项的全同关系，例如，"等角三角形就是等边三角形"；"鲁迅就是《阿 Q 正传》的作者"。掌握具有全同关系的词项，并在交际中交替使用，不仅有助于人们从不同角度加深对同一对象的认识，而且能使语言表达

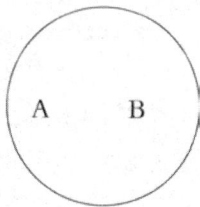

图1

得更生动和丰富多彩。例如，恩格斯的《在马克思墓前的讲话》一文中写道："3 月 14 日下午两点三刻，当代最伟大的思想家停止思想了。……

这位巨人逝世以后所形成的空白，不久就会使人感觉到。正像达尔文发现有机界的发展规律一样，……他作为科学家就是这样"。在这段话里，"当代最伟大的思想家""这位巨人"等语词表达的是全同关系的词项，这些词项从不同方面表达了马克思的特点。

这样交替使用不仅能取得好的修辞效果，而且有助于人们进一步加深对无产阶级革命导师马克思伟大一生的认识。

2. 真包含于关系

真包含于关系指某一词项的全部外延与另一词项的部分外延重合的关系。对于词项 A、B 来说，如果 A 的全部外延都包含在 B 的外延之中，并且有 B 的外延不是 A 的外延，那么 A 与 B 外延之间的关系就是真包含于关系。例如：

［1］商品 劳动产品

［2］金属 导体

［3］刑法 法律

上述三组词项外延间的关系，都是真包含于关系。对于"商品"与"劳动产品"来说，词项"商品"的外延小，词项"劳动产品"的外延大，"商品"的全部外延都包含在"劳动产品"的外延之中，并且"劳动产品"有的外延，不是"商品"的外延。在这两个词项之间，"商品"对"劳动产品"的外延关系，就是真包含于关系。

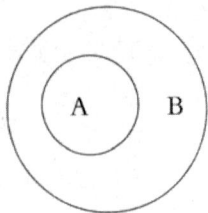

图2

词项外延间的真包含于关系可用图 2 表示，图中 A 表示外延小的词项，B 表示外延大的词项。

3. 真包含关系

真包含关系就是指一个词项的部分外延与另一个词项的全都外延重合的关系。对于词项 A、B 来说，如果 B 的全部外延都包含在 A 的外延之中，并且有 A 的外延不是 B 的外延，那么 A 与 B 外延间的关系就是真包含关系。例如：

［1］小说 长篇小说

［2］学生 大学生

［3］矛盾 社会矛盾

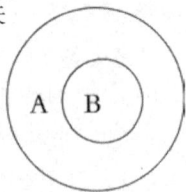

图3

上述三组词项外延间的关系，都是真包含关系。对于"学生"与"大学生"来说，词项"学生"的外延大，词项"大学生"的外延小。"大学生"的全部外延都包含在"学生"的外延之中，并且"学生"有的外延不是"大学生"的外延。在这两个词项之间，"学生"对"大学生"的外延关系，就是真包含关系。

词项外延间的真包含关系可用图3表示，图中A表示外延大的词项，B表示外延小的词项。真包含于和真包含这两种关系是互逆的，如果A真包含于B，那么B就真包含A；如果A真包含B，那么B就真包含于A。在具有真包含于和真包含两种关系的词项中，外延大的叫做属词项，外延小的叫做种词项。因此，有人把真包含于关系称之为种属关系，把真包含关系称之为属种关系。属词项、种词项具有相对性，如"学生"相对于"大学生"是属词项，相对于"人"却是种词项。

属种关系或种属关系在逻辑上有重要意义，后面我们要讲到的有关词项的逻辑方法，都以其为基础。

4. 交叉关系

交叉关系就是指一个词项的部分外延与另一个词项的部分外延重合的关系。对于词项A、B来说，如果A只有一部分外延包含在B的外延之中，并且B也只有一部分外延包含在A的外延之中，那么A、B间的关系就是交叉关系。例如：

［1］水生动物脊椎动物

［2］国有企业股份有限公司

［3］学生共青团员

上述三组词项外延间的关系，都是交叉关系。对于"水生动物"与"脊椎动物"来说，有些水生动物是脊椎动物，有些水生动物不是脊椎动物。同样，有些脊椎动物是水生动物，有些脊椎动物不是水生动物，二者的外延只有一部分是重合的，因此，"脊椎动物"，与"水生动物"这两个词项外延间的关系就是交叉关系。

词项外延间的交叉关系可用图4表示，图中的两个交叉圆构成三个区域，中间区域为A、B共有。以上我们分别介绍了词项外延间的四种关系，这四种关系的共同特点是：两个词项外延间至少有部分重合，因

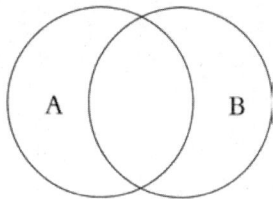

图4

此，可统称为词项外延间的相容关系。

5. 全异关系

全异关系就是指两个词项的外延毫无重合的关系，有人称之为词项外延间的不相容关系。对于词项 A、B 来说，如果 A 的全部外延都不是 B 的外延，B 的全部外延也都不是 A 的外延，那么 A、B 间的关系就是全异关系。例如：

　　［1］合法　　　　　　不合法
　　［2］感性认识　　　　理性认识
　　［3］连队　　　　　　战士

上述三组词项外延间的关系，都是全异关系。对于"连队"与"战士"来说，词项"连队"的全部外延都不是"战士"的外延；词项"战士"的全部外延也都不是"连队"的外延，二者的外延毫无重合之处，这两个词项外延间的关系，就是全异关系。

词项外延间的全异关系可用图 5 来表示。具有全异关系的两个词项，相对于其属词项来说，又分为矛盾关系和反对关系两种。

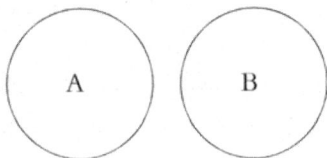

图5

（1）矛盾关系：如果两个具有全异关系的词项 A 与 B 又同时包含于一个属词项 C 之中，并且二者的外延之和等于其属同项的外延，即 A+B=C，那么这两个词项外延间的关系，就是矛盾关系。例如：

　　［1］机动车　　　　　非机动车
　　［2］成年人　　　　　未成年人
　　［3］感性认识　　　　理性认识

上述三组词项外延间的关系，都是矛盾关系。对于"机动车"与"非机动车"来说，两者是具有全异关系的词项，又包含在"车"这一属词项之中，并且两者的外延之和等于属词项"车"的外延，这两个词项外延间的关系，就是矛盾关系。

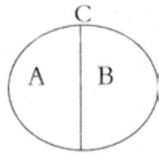

图6

词项外延间的矛盾关系可用图 6 表示，图中的 C 表示属词项，A、B 两个部分表不包含于 C 中的具有矛盾关系的两个词项。前面所讲的正词项与负词项，它们之间的关系必是矛盾关系，但具有矛盾关系的词项可以是两个正词项，如"偶数"与"奇数"。

（2）反对关系：如果两个具有全异关系的词项 A 与 B 同时又包含于一个属词项 C 之中，并且二者的外延之和小于其属词项 C 的外延，即 A+B<C，那么这两个词项外延间的关系，就是反对关系。例如：

［1］白色　　　　　　　黑色
［2］篮球　　　　　　　足球
［3］先进　　　　　　　落后

上述三组词项间的关系，都是反对关系。对于"白色"与"黑色"来说，两者是具有全异关系的词项，又都包含在"颜色"这一属词项之中，并且两者的外延之和小于属词项"颜色"的外延，这两个词项外延间的关系，就是反对关系。

词项外延间的反对关系可用图 7 表示，图中的 C 表示属词项，A、B 两个部分表示包含于 C 中的具有反对关系的两个词项。

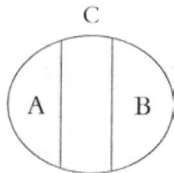

图 7

矛盾关系和反对关系，也是两种重要外延关系。

第二节　性质命题

性质命题就是反映对象具有或不具有某种性质的简单命题。

有人称之为直言命题。例如：

［1］原子是可分的。

［2］金钱不是万能的。

例［1］反映了原子具有可分的性质，例［2］反映了金钱不具有万能的性质。

一、性质命题的组成部分

性质命题由主项、谓项、联项和量项四个部分组成。

主项是指称对象（事物）的词项。在例［1］、例［2］中，"原子"、"金钱"分别指称两类对象，因而都是主项。性质命题的主项通常用"S"来表示。

谓项是指称某种性质的同项。在例［1］、例［2］中，"可分的""万能的"分别指称对象具有或不具有的性质，因而都是谓项。性质命题的谓项通常用"P"来表示。

联项是联结主项和谓项的词项。联项分为肯定联项和否定联项两种。在语言中，肯定联项通常用"是"表示，否定联项用"不是"表示。肯定联项在表达时可以省略。例如，"泰山雄伟"，实际上表达"泰山是雄伟的"。否定联项是不能省略的，但其中系动词可省，如"天气不热"。在性质命题中，联项称为命题的质。

人们在使用性质命题时，有时出于交际的需要，会运用多重否定的表达方式，就要注意联项的运用，如"一个人难免不犯错误，就不要老责备他了"，按其本意，应表述为"一个人难免犯错误"。

量项是表示主项数量或范围的词项。量项分为全称量项、特称量项和单称量项三种。全称量项是表示在一个命题中对主项的全部外延作了反映的词项。通常用"一切""所有""凡是""任何"等语词来表示，以"所有"为代表。全称量项在语言表述时可以省略，例如，"所有的金属都是导电的"省略为"金属是导电的"。特称量项是表示在一个命题中对主项外延有所反映，阐明主项外延的存在性，有人称之为存在量项，通常用"有的""有些""有"等语词来表示，以"有"为代表，其含义为"至少一个"。特称量项在语言表述时不能省略。其他的如"极少数""绝大多数的"等表示较精确的特定数量词项在实际运用中有不同的意义、传统逻辑将它们全部抽象为特称量项，不另作研究。单称量项是表示在一个命题中对主项外延的个别对象作了反映的词项，通常用"这个""那个"等语词来表示。如果主项是个单独词项，其主项的数量自明，就不需要再用单称量项了；如果主项是个普遍词项，那么单称量项是不能省略的。在性质命题中，量项称为命题的量。

二、性质命题的种类

根据不同的标准，性质命题可分为不同的种类。

1. 根据性质命题质的不同，可把性质命题分为肯定命题和否定命题两种。

肯定命题是反映对象具有某种性质的命题。例如，"中国是发展中国家"。

否定命题是反映对象不具有某种性质的命题。例如，"地球不是最大的行星"。

2. 根据性质命题量的不同，可把性质命题分为全称命题、特称命题和单称命题三种。

全称命题是反映某类的全部对象都具有或不具有某种性质的命题。例如：

[1] 凡是命题都是借助语句来表达的。

[2] 所有唯物主义者都不是有神论者。

特称命题是反映某类中至少有一个对象具有或不具有某种性质的命题。例如：

[1] 有的学生是足球运动员。

[2] 有些工人不是技工。

特称命题中的量项"有的""有些"与我们日常用话中所说的"有的""有些"是有所不同的，其逻辑含义是"至少有一个"，但究竟有多少是不确定的。少则可以是一个，多则可以是全部。而且常用语中的"有些""有的"一般表示"仅仅有些"的意思，不包含全部。

单称命题是反映某一特定对象具有或不具有某种性质的命题。例如：

[1] 雷锋是伟大的共产主义战士。

[2] 罗素不是中国人。

3. 根据性质命题的质和量，可把性质命题分为以下六种：

全称肯定命题，是反映某类的全部对象都具有某种性质的命题。例如："一切反动派都是纸老虎。"

全称否定命题，是反映某类的全部对象都不具有某种性质的命题。例如："任何人都不是生而知之的。"

特称肯定命题，是反映某类中至少有一个对象具有某种性质的命题。例如："有的大学生是中国共产党党员。"

特称否定命题，是反映某类中至少有一个对象不具有某种性质的命题。例如："有些哺乳动物不是胎生的。"

单称肯定命题，是反映某一特定对象具有某种性质的命题，例如："李白是唐代的诗人。"

单称否定命题，是反映某一特定对象不具有某种性质的命题。例如："那个人不是教授。"

单称命题在涉及主项范围方面的逻辑问题上，可视为全称命题，因为它反映了主项全部外延。因此，六种性质命题中，前四种是更重要或更主要的。

三、性质命题的逻辑形式

如果用"S"表示主项，用"P"表示谓项，上述六种性质命题的逻辑形式是：

全称肯定命题——所有 S 是 P

全称否定命题——所有 S 不是 P

特称肯定命题——有 S 是 P

特称否定命题——有 S 不是 P

单称肯定命题——这个 S 是 P

单称否定命题——这个 S 不是 P

前四种直言命题分别有简称及简略的符号形式：

全称肯定命题，可写为 SAP，简称 A 命题。

全称否定命题，可写为 SEP，简称 E 命题。

特称肯定命题，可写为 SIP，简称 I 命题。

特称否定命题，可写为 SOP，简称 0 命题。

有人将单称肯定命题与单称否定命题仿此分别写为 SaP、SeP。

四、性质命题的真值条件

性质命题实际上可归为对主项与谓项外延间关系的反映。

A、E、I、O 命题的真假，就取决于它们所反映的主项与谓项外延间关系是否符合实际。主项与谓项外延间关系不外乎前述词项外延间的五种关系：

按照这五个图形所示的主、谓项外延间的各种关系，就可确定 A、E、I、O 四种命题的真假情况。

A 命题反映主项与谓项具有包含于关系，当且仅当 S 类与 P 类实际上具有图 1 或图 2 所示的关系之一时，它是真的；否则是假的。例如：

〔1〕所有商品都是用来交换的劳动产品。

〔2〕所有大学生都是共青团员。

例〔1〕中的"商品"与"用来交换的劳动产品"外延间的关系，具有图例〔1〕所示的关系，因而这个 A 命题是真的。而例〔2〕中的"大学生"与"共青团员"外延间的关系，不是图1、图2所示关系，而是图4所示关系，因而这个 A 命题是假的。

E命题反映主项与谓项具有全异关系（或不相容关系），当且仅当S类与P类实际上具有图5所示关系时，它是真的；否则是假的。例如：

[1]所有马克思主义者都不是有神论者。

[2]所有工具都不是天然的。

例[1]中的"马克思主义者"与"有神论者"外延间的关系具有图5所示的关系，因而这个E命题是真的，而例[2]中的"工具"与"天然的"外延间的关系，不是图5所示关系，而是图4所示关系，因而这个E命题是假的。

I命题反映主项与谓项间具有相容关系（或非全异关系），当且仅当S类与P类实际上具有图1、图2、图3、图4所示关系之一时，它是真的；否则是假的。例如：

[1]有的医生是先进工作者。

[2]有些事物是一成不变的。

例[1]中的"医生"与"先进工作者"外延间的关系，具有图4所示关系，因而这个I命题是真的。而例[2]中的"事物"与"一成不变的"外延间的关系，是图5所示关系，因而这个I命题是假的。

O命题反映主项与谓项间不具有包含于关系，当且仅当S类与P类实

图1 全同关系

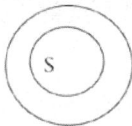

图2 真包含于关系

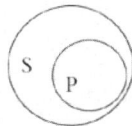

图3 真包含关系

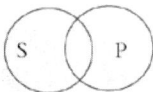

图4 交叉关系

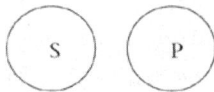

图5 全异关系

际上具有图3、图4、图5所示关系之一时，它是真的；否则是假的。例如：

[1]有的疾病不是遗传的。

[2]有的命题不是用语句来表达的。

例[1]中的"疾病"与"遗传的"外延间的关系，具有图4所示的关系，因而这个O命题是真的。而例[2]中的"命题"与"用语句来表达的"外延间的关系，则是图2所示关系，因而这个O命题是假的。

A、E、I、O命题的真假情况可用表总结如下：

S与P之间的关系 / 命题的真值 / 命题的类型			
A	真	真	假
E	假	假	假
I	真	真	真
O	假	假	真

S与P之间的关系 / 命题的真值 / 命题的类型		
A	假	假
E	假	真
I	真	假
O	真	真

第三节　性质命题直接推理

性质命题直接推理包括对当推理和变形推理。

一、性质命题对当推理

性质命题的对当推理，就是根据 A、E、I、O 之间的真假对当关系，从一个已知命题推出另一个命题的直接推理。有人称之为对当关系推理。

1. 性质命题对当关系

性质命题的对当关系，是指具有同一素材（即主项、谓项分别相同）的 A、E、I、O 四种命题之间的真假制约关系。它可从前面所列的真假情况表分析归纳出来。

对当关系共有四种：

（1）反对关系（A 与 E）

性质命题间的反对关系是 A 与 E 之间不能同真、可以同假的关系。当 A 真时，E 必假；当 E 真时，A 必假，即不能同真；而当 A 假时，E 可真可假，E 假时 A 可真可假，即可以同假。例如：

　　[1]甲班所有学生都是共青团员。　　　　　　　A

〔2〕甲班所有学生都不是共青团员。　　　　　　E

这两个命题之间不能同真是明确的、必然的。而同假要根据具体情况确定，只有 S 类与 P 类为真包含关系或交叉关系时，它们才同假。但 A、E 命题反映的主、谓项关系实际上并不限于这两种关系，因此，二者之间的同假不是明确的、必然的。

（2）矛盾关系（A 与 O，E 与 I）

性质命题间的矛盾关系是 A 与 O、E 与 T 之间不能同真，也不能同假的关系。当 A 真时，O 必假；当 O 真时，A 必假；当 A 假时，O 必真；当 0 假时，A 必真；二者是既不能同真，也不能同假。例如：

〔1〕所有导体是固体。　　　　　　　　　　　A
〔2〕有导体不是固体。　　　　　　　　　　　O

E 与 I 之间的真假关系，同 A 与 O 之间的真假关系完全一样，也是既不能同真，又不能同假。例如：

〔1〕所有行星都不是自身发光的。　　　　　　E
〔2〕有行星是自身发光的。　　　　　　　　　I

（3）下反对关系（I 与 0）

性质命题间的下反对关系是 I 与 O 之间不能同假，可以同真的关系。当 I 假时，O 必真；当 O 假时，I 必真；二者不能同假。而当 I 真时，O 可真可假；O 真时，I 可真可假，即可以同真。例如：

〔1〕甲班有学生是共青团员。　　　　　　　　I
〔2〕甲班有学生不是共青团员。　　　　　　　O

这两个命题之间不能同假是确定的、必然的，而同真则是不确定、不必然的；道理同前所述。

（4）差等关系（A 与 I，E 与 O）

性质命题间的差等关系是指 A 与 I、E 与 O 之间的可以同真，可以同假的关系。当 A 真时，I 必真；当 E 真时，O 必真；即全称命题真，特称命题必真。当 I 假时，A 必假；当 O 假时，E 必假；即特称命题假，全称命题必假。例如：

〔1〕甲班所有学生是共青团员。　　　　　　　A
〔2〕甲班有学生是共青团员。　　　　　　　　I
〔3〕甲班所有学生不是共青团员。　　　　　　E
〔4〕甲班有学生不是共青团员。　　　　　　　O

既然全称命题真，特称命题必真；特称命题假，全称命题必假，它们之间的真假关系也就是确定的、必然的。那为何还要说"可以同真""可以同假"呢？这是因为前面我们都是从双向来概括真假关系的，而全称命题与特称命题之间确定的真假关系却是单向的。

从另一方面来说，当特称命题真时，全称命题可以是真的，可以是假的；当全称命题假时，特称命题可以是真的，可以是假的，要保持双向概括的一致，只能是不确定的。

A、E、I、O 之间的对当关系，传统逻辑用称之为"逻辑方阵"的图

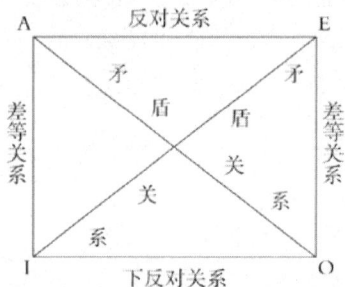

表示如下：

此外，上述对当关系除矛盾关系外，其余对当关系以主项非空为成立条件。例如："所有不接触细菌的人都是不得细菌性传染病的"为真，但"有不接触细菌的人是不得细菌性传染病的"却为假。单称肯定命题与单称否定命题之间的对当关系是矛盾关系。

如，当"李白不是诗人"假时，"李白是诗人"必真。

2．对当推理

根据性质命题对当关系进行的直接推理，简称为对当推理，包括以下4种16个有效式：

（1）由真推假：由一性质命题真，推知相应另一性质命题假。

根据矛盾关系不能同真性质进行的：

$$SAP \rightarrow \overline{SOP}$$
$$SEP \rightarrow \overline{SIP}$$
$$SIP \rightarrow \overline{SEP}$$
$$SOP \rightarrow \overline{SAP}$$

上述推理中，从 SAP 真可推出 SOP 假，即推出否定 SOP 为真，因而在 SOP 整个符号式上加上否定号。

根据反对关系不能同真性质进行的：

$$SAP \to \overline{SEP}$$
$$SEP \to \overline{SAP}$$

（2）由假推真：由一性质命题假，推知相应另一性质命题真。根据矛盾关系不能同假性质进行的：

$$\overline{SAP} \to SOP$$
$$\overline{SEP} \to SIP$$
$$\overline{SIP} \to SEP$$
$$\overline{SOP} \to SAP$$

根据下反对关系不能同假性质进行的：

$$\overline{SIP} \to SOP$$
$$\overline{SOP} \to SIP$$

（3）由真推真：由一性质命题真，推知相应另一性质命题真。根据差等关系全称真则特称真性质进行的：

$$SAP \to SIP$$
$$SEP \to SOP$$

（4）由假推假：由一性质命题假，推知相应另一性质命题假。根据差等关系特称假则全称假性质进行的：

$$\overline{SIP} \to \overline{SAP}$$
$$\overline{SOP} \to \overline{SEP}$$

对当推理应注意以下问题：

第一，根据矛盾关系可以由真推假，由假推真，即可以互推，如 SAP ↔ SOP 而全称量词与特称量词借助否定词可以互相定义。

第二，根据差等关系进行的由真推真推理、由假推假推理，不能反推，即不能由特称命题真推全称命题真，由全称命题假推特称命题假。

第三，根据反对关系进行的推理，只能由真推假，不能由假推真，也不能由假推假。

第四，根据下反对关系进行的推理，只能由假推真，而不能由真推真，也不能由真推假。

二、变形推理

性质命题变形推理，是指通过改变性质命题的形式，从而推出结论的直接推理。

变形推理有两类：一是换质推理，一是换位推理，后者涉及项的周延性问题。

1. 词项的周延性

词项的周延性，是指性质命题中对主项、谓项外延范围的述及情况。如果对命题中的主项（或谓项）的全部外延作了述及，那么这个命题的主项（或谓项）就是周延的；如果未对命题的主项（或谓项）的全部外延作了述及，那么这个命题的主项（或谓项）就是不周延的。例如：

［1］有的商品是一般等价物。

［2］所有商品不是天然物品。

在这两个命题中，就主项来说，例［1］未对"商品"这个词项的全部外延加以述及，因此在这个命题中就是不周延的；例［2］对"商品"这个词项的全部外延作了述及，因而在该命题中就是周延的。就谓项来说，例［1］只述及了"商品"的外延与"一般等价物"这一词项的外延有重合，但并没有述及"一般等价物"的全部外延与其重合，因而"一般等价物"在该命题中是不周延的；例［2］述及了"天然物品"这一词项的全部外延与"商品"的外延是相互排斥的，因而"天然物品"在该命题中是周延的。

理解词项的周延性应注意：

第一，一个孤立的词项是无所谓周延不周延的。如"商品"这个词项，孤立地说就不存在周延不周延的问题，置于性质命题中后，才有周延性问题。

第二，主、谓项是否周延，不是相对于对象本身的实际情况而言的，而是由命题形式的性质决定的。如果命题为"有商品是劳动产品"，虽然事实上所有商品都是劳动产品，但由于该命题未述及"商品"的全部外延，"商品"在该命题中仍是不周延的。

A、E、I、O四种命题的主、谓项周延情况可用下表列示：

周延情况　　　　　　　　项 命题类型	主项	谓项
A	周延	不周延
E	周延	周延
I	不周延	不周延
O	不周延	周延

此外，单称命题的主、谓项的周延情况，与全称命题的主、谓项的周延情况完全一致。

2. 换质推理

换质推理，就是通过改变性质命题的质，从而得出一个新的性质命题的直接推理。例如，从前提"所有共青团员都是青年"，可通过换质得出"所有共青团员都不是非青年"这一新的命题。

进行换质推理，必须遵守以下三条规则：

第一，改变前提的质，即肯定的变否定的，否定的变肯定的；

第二，将前提中的谓项由正词项换为负词项，或由负词项换为正词项；

第三，主项及量项不变。

以下是前提分别为 A、E、I、O 命题的有效换质推理：

$$SAP \rightarrow SE\overline{P}$$

例如：凡是真理都是不怕批评的，所以，凡是真理都不是怕批评的。

$$SEP \rightarrow SA\overline{P}$$

例如：所有肯定命题的谓项都不是周延的，所以，所有肯定命题的谓项都是不周延的。

$$SIP \rightarrow SO\overline{P}$$

例如：有的学生是共青团员，所以，有的学生不是非共青团员。

$$SOP \rightarrow SI\overline{P}$$

例如：有的物体不是导体，所以，有的物体是非导体。

如果违反了换质推理的规则，那么就是无效的。例如：

有些三好学生是大学生，所以，有些三好学生不是中学生。

该推理虽然改变了前提中联项的质，但结论中的谓项不是前提中谓项的负词项，因而是无效的。

换质推理的前提和结论具有等值关系，因此，前提和结论可以互推。运用换质推理，一方面可以帮助我们从正反两方面来认识事物，另一方面可增强我们表达的效果。

3. 换位推理

换位推理，就是通过交换性质命题主项和谓项的位置，从而得出一个新命题的直接推理。例如，从前提"所有的马克思主义者都不是唯心主义者"，可通过换位得出"所有的唯心主义者都不是马克思主义者"这一新的命题。

进行换位推理，必须遵守以下二条规则：

第一，只调换前提中主项与谓项的位置，而不改变命题的质；

第二，前提中不周延的项，在结论中不得周延。

以下是前提分别为 A、E、I 命题的有效换位推理：

SAP → PIS

例如：所有的商品都是劳动产品，所以，有些劳动产品是商品。

SEP → PES

例如：凡是马克思主义者都不是有神论者，所以，凡是有神论者都不是马克思主义者。

SIP → PIS

例如：有些劳模是教师，所以，有些教师是劳模。

如果违反了换位推理规则，换位推理就是无效的。SAP 若换位得 PAS，例如："共青团员都是青年，所以，青年都是共青团员"由于前提中谓项是不周延的，换位后的"青年"是周延的，违反了"前提中不周延的项，在结论中不得周延"的规则，因而是无效的。

从以上分析可以看出，以全称肯定命题为前提的换位推理，只能得出特称肯定命题的结论，即必须对换位后的主项（原谓项）加以限制。这种换位推理，有人称之为限制换位。全称否定命题的主项和谓项都周延，特称肯定命题的主项和谓项都不周延，以它们为前提的换位推理，换位后，不会改变项的周延情况，简单调换主谓项的位置即可，故称之为简单换位。

特称否定命题不能换位。因为特称否定命题的主项不周延，谓项周延，联项是否定的，换位后，联项质不能变，仍是否定的，而原主项作谓项就由不周延变周延了，从而违反规则而无效。例如：

"有导体不是金属，所以，有金属不是导体。"

换位推理有助于我们从不同角度对事物加深认识。

换质推理和换位推理是两种基本的性质命题变形直接推理，在其基础上交互运用，还可进行连续的变形推理，如先换质再换位的换质位推理，先换位再换质的换位质推理。下面各举一例来说明。

革命战争都是正义战争。

先换质：革命战争都不是非正义战争。

再换位：非正义战争都不是革命战争。

用符号表示为：SAP → SEP̄ → P̄ES

有些团员是三好学生。

先换位：有些三好学生是团员。

再换质：有些三好学生不是非团员。

用符号表示为：SIP → PIS → $\overline{POS}$

换质位推理与换位质推理可以连续进行，一直到 0 命题而不能换位时为止，例如：

$$SAP → SE\overline{P} → \overline{P}ES → \overline{P}A\overline{S} → \overline{S}I\overline{P} → \overline{S}OP$$

$$SEP → PES → PA\overline{S} → \overline{S}I\overline{P} → \overline{S}O\overline{P}$$

第四节　三段论

一、三段论概述

1. 三段论及其构成

三段论理论的创始人是古希腊哲学家亚里士多德。传统逻辑的三段论保留了亚里士多德三段论的基本内容，但有所补充和发展。

三段论，即直言三段论或性质命题三段论，它是由两个包含着一个共同项的性质命题为前提，从而推出一个新的性质命题为结论的间接推理。例如：

真理是不怕批评的，马克思主义是真理。

所以，马克思主义是不怕批评的。

这个推理，就是由两个包含着一个共同项"真理"的性质命题为前提，从而推出了一个新性质命题"马克思主义是不怕批评的"为结论的性质命题推理，因而，它是个三段论。

（1）三段论的结构

任何一个三段论中，都有并且只有三个性质命题，其中两个为前提，包含大项和中项的命题叫大前提；含有小项和中项的命题叫小前提；一个为结论，它含有小项和大项。前提与结论间通过推理联项联结。

三段论中所有命题的主项、谓项，都是变项，任何一个三段论都有并且仅有三个变项，而且每个变项在该三段论中都重复出现一次。如上例，有且仅有"真理""不怕批评的""马克思主义"三个变项，而且每个变项都重复出现一次。在结论中作谓项的词项叫小项，用"S"表示，如上例中的"马克思主义"；在结论中作谓项的词项叫大项，用"P"表示，如上例中的"不怕批评的"；只在两个前提中出现的那个共同的词项叫中项，用"M"表示，如上例中的"真理"。

上例三段论的结构可表示为下面形式：

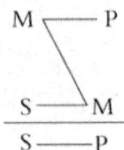

$$
\begin{array}{c}
M \diagdown P \\
S \diagup M \\
\hline
S \longrightarrow P
\end{array}
$$

三段论是通过中项"M"的中介作用来确定小项"S"与大项"P"之间的关系，从而推出结论，因而中项具有特殊的意义。

（2）"四项"问题

一个性质命题有两个词项，因此，只有两个词项的性质命题推理，就没有中项，只能是直接推理，而不是三段论。如果两个前提包含了四个词项，那就意味着或者没有中项，或者中项名为一个，实为二个，也不是三段论。第一种情况较为显然，我们着重分析第二种情况，例如：

物质是不灭的，

恐龙是物质；

所以，恐龙是不灭的。

这个推理中的两个"物质"是同一语词表达不同概念的词项，前一个"物质"表达标志客观实在的哲学范畴，后一个"物质"表达反映具体物体形态及结构特性的自然科学概念，所以，这个推理实际上有四个词项，也就是通常讲的"四项错误"，因而不是三段论。

2. 省略三段论

任何一个三段论在逻辑结构上都包含着大前提、小前提和结论三个部分，不可或缺。但是，在表述一个三段论时，为了简洁、精炼，往往省略了其中的某一部分。这种语言形式上省略的三段论，称之为省略三段论。例如：

各级领导干部都是人民公仆，所以，各级领导干部都应为人民服务。

这是个省略了大前提的三段论。补出它的大前提，其完整形式是：

人民公仆都应为人民服务，各级领导干部是人民公仆，所以，各级领导干部都应为人民服务。

省略三段论有三种形式：

（1）省略大前提的形式。如上例。

被省略的大前提，往往是众所周知的一般原理。

（2）省略小前提的形式。例如：

哲学是有阶级性的，所以，马克思主义哲学也是有阶级性的。

这是一个省略了"马克思主义哲学是哲学"这个小前提的三段论。

被省略的小前提，往往是不言而喻的。

（3）省略结论的形式。例如：

我们的事业是正义的，正义的事业是任何敌人也攻不破的。

这是一个省略了"我们的事业是任何敌人也攻不破的"这个结论的三段论。

被省略的结论，往往是显而易见的，不必说出的。

将省略三段论补充完整的方法和步骤是：首先，确定省略的命题是结论，还是前提。若有"所以""因此"等推理联项，则其前边的命题是前提，其后边的命题是结论。如果推理联项也省略了，就要根据语境及推出关系加以确定。其次，若省略了结论，要先确定哪个命题为大前提，以确定结论的主、谓项。一般是以更带普遍性的命题为大前提。若省略了一个前提，要确定小项与中项或者大项与中项哪个作谓项，一般是以外延更大的词项作谓项构成前提命题。最后，补出被省略部分。

省略三段论补充完整后，便于我们识别其形式是否有效以及内容是否正确。

二、三段论的规则

三段论的规则是对三段论结构形式的规范要求，是判定三段论是否有效的标准。我们在运用三段论时，必须严格遵守这些规则，才能保证三段论的有效性，而违反任何一条规则的三段论，都是无效的。

1. 三段论的基本规则

三段论有五条基本规则。

（1）中项至少周延一次。

一个有效的三段论，它的结论确定小项与大项之间具有什么样的外延关系，而这种关系的确定是通过中项的中介作用建立起来的。只有中项在前提中至少周延一次,才能把小项与大项之间的关系建立起来。如果中项在大小前提中都不周延,那么就会有这样的可能:大项与中项的一部分外延发生关系,小项与中项的另一部分外延发生关系,因而就不能在结论中确定小项与大项的关系,所以,也就不能必然地由前提推出结论。例如:

> 大学教授都是知识分子,
>
> 博士生是知识分子,
>
> 所以,博士生是大学教授。

在这个三段论中,中项"知识分子"在大、小前提中均不周延,因此"博士生"与"大学教授"之间的关系就不能确定,也就不能必然地由前提推出结论。所以,这个推理是无效的。

违反这条规则所犯的错误叫"中项不周延"。

(2)前提中不周延的项在结论中不得周延。

一个有效的三段论,它的前提必然蕴涵结论。如果大项或小项在前提中是不周延的,而在结论中是周延的,那么结论中大项或小项反映的外延就超出了前提中大项或小项反映的外延,结论不为前提所蕴涵,所以,结论就不是必然推出的。违反这条规则有以下两种情况:

一是大项在前提中不周延,而在结论中周延。例如:

> 诗歌是文学作品,
>
> 小说不是诗歌,
>
> 所以,小说不是文学作品。

在这个三段论中,大项"文学作品"在大前提中是不周延的,在结论中是周延的,因而结论是错误的。

大项在前提中不周延而在结论中周延,这一错误叫"大项不当周延"或"大项扩大"。

二是小项在前提中不周延,而在结论中周延。例如:

> 鱼是脊椎动物,
>
> 鱼是水生动物,
>
> 所以,水生动物是脊椎动物。

在这个三段论中,小项"水生动物"在小前提中是不周延的,在结论中是周延的,因而结论是错误的。

小项在前提中不周延而在结论中周延,这一错误叫"小项不当周延"

或"小项扩大"。

（3）两个否定前提不能必然推出结论。

一个有效三段论，是通过中项的媒介作用确定小项与大项之间的关系的。如果两个前提都是否定的，那么就不能通过中项在小项与大项之间建立任何确定的关系。因为，在前提中，小项的全部或部分外延排斥在中项的外延之外，大项的全部或部分外延也排斥在中项的外延之外，这样，中项就起不到联结大、小项的作用，从而不能确定大、小项之间的关系。所以，不能从两个否定前提有效地推出结论。例如：

> 水稻不是油料作物，
>
> 水稻不是旱作物。
>
> 所以，

违反这条规则所犯的错误叫"两否定前提"。

（4）如果前提中有一个是否定的，则结论必须是否定的。

两个前提如果有一个是否定的，则另一个必须是肯定的，因为两个否定的前提不能推出结论。这样，就有两种情况，一种是：大前提是否定的，小前提是肯定的。在这种情况下，中项与大项外延上排斥，与小项外延上相容。另一种是：大前提是肯定的，小前提是否定的。在这种情况下，中项与大项外延上相容，与小项外延上排斥。可见，无论是哪一种情况，大、小项在外延上都是一个与中项相容，另一个与中项排斥，因而大、小项之间的关系也是排斥的，结论也就只能是否定的。

大前提是否定的，小前提是肯定的。例如：

> 马克思主义者都不是唯心主义者，
>
> 天命论者是唯心主义者，
>
> 所以，天命论者不是马克思主义者。

大前提是肯定的，小前提是否定的。例如：

> 马克思主义者都是唯物主义者，
>
> 天命论者不是唯物主义者，
>
> 所以，天命论者不是马克思主义者。

违反这条规则所犯的错误叫"结论不当肯定"。如上例，如果把结论换成"天命论者是马克思主义者"，就违反了这条规则，犯了"结论不当肯定"的错误。

（5）如果两个前提都是肯定的，则结论必须是肯定的。

一个有效三段论的两个前提都是肯定的，那么反映出中项分别与前提中大、小项的外延相容，而通过中项的媒介作用，使结论中小项与大项之间的关系得到确定，即外延关系也是相容的，所以，结论必是肯定的。例如：

> 所有团员是青年，
>
> 有些学生是团员，
>
> 所以，有些学生是青年。

这条规则也可表述为"如果结论是否定的,则必有一个前提是否定的",因为结论是否定的，小项与大项的外延或者全部或者部分相排斥，而两个肯定前提不反映排斥关系；两个否定前提不能必然得出结论。

违反这条规则所犯的错误叫"结论不当否定"。如上例，如果结论不是肯定的，而是否定的，即"有些学生不是青年"，就违反了这条规则，犯了"结论不当否定"的错误。

以上五条基本规则中，（1）（2）条是关于词项的规则，（3）（4）（5）条是关于命题的规则。第五条规则可作为第四条规则的补充而略写为"反之亦然"，从而减少一条基本规则。

2. 三段论的导出规则

从基本规则可以推导出下列两条规则：

（1）从两个特称的前提不能必然推出结论。

两个前提如果都是特称的，那么其组合不外乎三种情况，即 II、OO、IO（或 OI），不论是其中哪一种情况，都不能必然推出结论。

当两个前提都是特称肯定命题（II）时，它们的主、谓项没有一个是周延的，因此，不论哪个词项作中项，都是不周延的，根据基本规则（1），不能推出结论，因为犯了"中项不周延"的错误。

当两个前提都是特称否定命题（OO）时，根据基本规则（3），不能推出有效的结论，因为犯了"两否定前提"的错误。

当两个前提中一个是特称肯定命题，一个是特称否定命题（IO 或 OI）时，在它们的主、谓项中，只有特称否定命题的谓项是周延的，即只有一个周延的项，如果这一周延的项作中项，根据基本规则（4），"前提中有一个是否定的，则结论必是否定的"，那么前提中不周延的大项到结论中周延，从而犯了"大项不当周延"的错误；如果这个周延的项作大项，那么就会违反基本规则（1），中项在前提中一次也不周延，从而犯了"中项不周延"的错误。

可见，从两个特称的前提不能必然推出结论。

（2）如果两个前提中仅有一个是特称的，则结论必须是特称的。

根据导出规则（1），两个特称前提不能推出结论，因此，前提中有一个是特称的，另一个必须是全称的。这样，两个前提的组合不外乎四种情况，即 AI（或 IA）、AO（或 OA）、EI（或 IE）、EO（或 OE）。

当前提是 AI 或 IA 时，只有全称肯定命题的主项是周延的。

其余的词项都是不周延的。根据基本规则（1），这个周延的项须为中项，否则就会犯"中项不周延"的错误；其余不周延的词项中必有一个是小项，根据基本规则（2），结论必须是特称的，否则就会犯"小项不当周延"的错误。

当前提是 AO 或 OA 时，只有全称肯定命题的主项和特称否定命题的谓项是周延的，即只有两项周延，其余的词项都不周延。根据基本规则（4），其结论为否定的，大项在结论中周延；根据基本规则（2），大项在前提中必须周延，否则就会犯"大项不当周延"的错误；根据基本规则（1），另一周延的项须为中项，否则就会犯"中项不周延"的错误；其余不周延的词项中必有一个是小项，根据基本规则（2），结论必须是特称的，否则就会犯"小项不当周延"的错误。

当前提是 EI 或 IE 时，全称否定命题的主、谓都是周延的，而特称肯定命题的主、谓都是不周延的，也是只有两项周延，其证明与上相同，此处略。

当前提是 EO 或 OE 时，根据基本规则（3），两个否定前提不能必然推出结论。

三、三段论的格与式

1. 三段论的格

三段论的格，就是由中项在两个前提中的不同位置所形成的不同三段论的形式。

三段论有四个格：

第一格：中项（M）在大前提中是主项，在小前提中是谓项。它的形式是：

$$
\begin{array}{c}
M \longrightarrow P \\
S \longrightarrow M \\
\hline
S \longrightarrow P
\end{array}
$$

例如：

> 凡是规律（M）都是客观的（P），
>
> 经济规律（S）是规律（M）。
>
> 所以，经济规律（S）是客观的（P）。

这一格在大前提中指出了关于一类事物的情况，在小前提中把某些事物归到这一类之中，因而得出关于某些事物情况的结论，最明显、最典型地体现了三段论这种演绎推理的逻辑性质，因此被称为典型格。由于此格又能得出 A、E、I、O 四种结论，所以，又被称为完善格。这一格的用途非常广，在实践中，只要我们根据一般原理或原则去推断个别认识，很自然地都会用到这一格，尤其在司法实践中。这个格有着特殊作用，因而也被称为审判格。

运用第一格进行三段论推理，容易犯的逻辑错误是"大项不当周延"，小前提肯定，则可排除这一错误。

第二格：中项（M）在大小前提中都是谓项。它的形式是：

$$
\begin{array}{c}
P \longrightarrow M \\
S \longrightarrow M \\
\hline
S \longrightarrow P
\end{array}
$$

例如：

> 鱼（P）都是用鳃呼吸的（M），
>
> 鲸（S）不是用鳃呼吸的（M）。
>
> 所以，鲸（S）不是鱼（P）。

这一格由于其结论必须是否定的，因此被称为区别格，即用来指出事物之间的区别。说明该事物不属于某类，从而反驳肯定命题。

运用第二格进行三段论推理，容易犯的逻辑错误是"中项不周延"，

82

逻辑思维训练

前提之一否定，可排除这一错误。

第三格：中项（M）在大小前提中都是主项。它的形式是：

$$P\text{——}M$$
$$M\text{——}S$$
$$\overline{\qquad\qquad}$$
$$S\text{——}P$$

例如：

电影（M）是教育工具（P），

电影（M）是娱乐工具（S）。

所以，有些娱乐工具（S）是教育工具（P）。

这一格由于其结论必须是特称的，即指出某事物情况的存在，因此称之为例证格，常被用来反驳全称命题。

运用第三格进行推理，容易犯的逻辑错误是"小项不当周延"，给结论加上特称量项，可排除这一错误。

第四格：中项（M）在大前提中是谓项，在小前提中是主项。它的形式是：

$$P\text{——}M$$
$$M\text{——}S$$
$$\overline{\qquad\qquad}$$
$$S\text{——}P$$

例如：

马克思主义者（P）都是唯物主义者（M），

唯物主义者（M）都是无神论者（S）。

所以，有些无神论者（S）是马克思主义者（P）。

这一格在日常中较少运用。

2. 三段论的式

三段论的式，就是作为前提、结论的命题因其形式不同而形成的不同三段论形式，即A、E、I、O命题在三段论中的不同组合。若大、小前提和结论都是由A命题组成的二段论，就是AAA式；大前提是E命题，小前提是I命题，结论是O命题，所组成的三段论就是EIO式。例如：

金属是导体（A），

铜是金属（A）。

所以，铜是导体（A）。

这个三段论式，就是第一格的 AAA 式。式中的字母，按顺序依次表示大前提、小前提和结论属于何种形式的命题。

在三段论的每一格中，A、E、I、O 四种命题理论上都可以充当大前提、小前提和结论，其组合数目是 4×4×4，即 64 个式。加上三段论共有四个格，总计就有 256 个式。但是，在这 256 式中，并非都是有效式，其中绝大多数违反三段论的规则，是无效式，应予以排除。

根据三段论规则进行判定，把无效的去掉后，四个格共有 24 个有效式：

第一格	第二格	第三格	第四格
AAA	AEE	AAI	AAI
EAE	EAE	EAO	EAO
AII	AOO	AII	AEE
EIO	EIO	EIO	EIO
（AAI）	（AEO）	IAI	IAI
（EAO）	（EAO）	OAO	（AEO）

上面括弧里的 5 个式是弱式。弱式就是能得出全称结论却得出特称结论的式，如第一格中 AAI 式，小前提全称，小项在前提中周延，本可得出全称结论，但却得出特称结论，这就是个弱式。弱式结论本身虽没错，但就推理而言，它没把应当推出的东西全部显示出来。而从现代逻辑角度来看，弱式的有效性是附条件的。去掉弱式之后，四个格共有 19 个有效式。

第六章

谓词逻辑初步

　　谓词逻辑是命题逻辑的扩展，它在命题逻辑的基础上进而分析出命题的内部组成成分即个体词、谓词和量词。谓词逻辑着重研究量词的逻辑性质和关于量词的推理规律，因此又可称为量词逻辑。在谓词逻辑中，不仅有命题变项，还有个体变项、谓词变项。将量词只用于个体变项的谓词逻辑称为狭谓词逻辑或一阶谓词逻辑，一阶谓词逻辑是数理逻辑的基础部分，但比命题逻辑的推导能力、解释能力更强，也更复杂。在本章中，我们只介绍其初步知识，并结合介绍文恩图解，以略知如何更严密、广泛地进行简单命题演绎推理的原理与方法。

第一节　性质命题的谓词公式

一、谓词公式概述

　　命题逻辑以简单命题为最小单位。如"金属是导体，铜是金属，所以，铜是导体"这个推理所相应的蕴涵式为 $P \wedge q \rightarrow r$，由于它不是重言式，其有效性就得不到说明。为此，谓词逻辑突破命题逻辑的界线以及传统直言命题逻辑的局限，进而分析出个体词、谓词和量词这些简单命题的内部组成成分，刻画出不同于真值形式的命题形式，即谓词公式，而且联结词可出现在谓词公式的内部。

　　1. 个体词、谓词

　　在"李白是诗人"，"3大于2"这样的简单命题中，"李白""3""2"分别指称人、自然数中的单个具体对象，它们就是个体词。概括地说，一个论域（个体域）中的元素称为个体，个体词是表示个体的语词。个体词又分为个体常项和个体变项，个体常项表示一个确定的个体，上述三个个体词均为个体常项；个体变项表示不确定的个体，如"某人""某自然数"。

在谓词逻辑中，一般用 a、b、c 等作个体常项符号，用 x、y、z 等作个体变项符号。论域根据需要，可限定为人、自然数等，但若未作规定，则为全域，即包括一切具体事物的类。

在上述两个简单命题中，"是诗人"指称个体的性质，"大于"指称个体间的关系，性质与关系统称为属性，述说属性的语词就是谓词。根据属性所涉及的个体数量，相应的谓词就分为一元谓词如"是诗人"、二元谓词如"大于"等等。一般用 F、G、H 等作谓词的符号。

一个谓词符号后继有写在一对括号内的个体词符号，就构成了最简单的谓词公式，如 F（a）、F（a，b），其他的谓词公式都是在这个基础上构成的。个体词符号的数量依谓词的元数而定，其位置排列顺序不能随意变动，因为 F（a，b）与 F（b，a）所表示的意义不同，前为 a，b 间有 F 关系，后为 b，a 间有 F 关系。此外，个体词符号可为个体变项符号，如 F（x）、F（x，y），它们实质上是对 F（a）、F（a，b）等的抽象。

2. 量词

"所有事物是发展变化的"，"有的事物是固体"这类命题还含有一种成分，即量词，它在命题中表示一种数量或范围。量词有两种，一是全称量词，如"所有"，一是存在量词，如"有的"。在谓词逻辑中，只用于个体变项的全称量词用符号 ∀ 以及相应的变项符号来表示，如（∀x）、（∀y），其含义为：对任 –x 而言，对任 –y 而言；只用于个体变项的存在量词用符号 ∃ 以及相应的变项符号表示，如（∃x）、（∃y），其含义为：至少有 –x、至少有 –y。量词是谓词逻辑中的逻辑常项，谓词逻辑着重研究其逻辑性质以及相应的推理规律，因此又被称为量词逻辑。

有了量词，我们就可用谓词公式刻画上述两个命题。由于它们的个体域是全域，以 F 表示"是发展变化的"，第一个命题的谓词公式为（∀x）F（x）；以 F 表示"是固体"，第二个命题的谓词公式为（∃x）F（x）。这两个量化的谓词公式是最简单的量化式。

二、A、E、I、O 命题的谓词公式

1. A 命题的谓词公式

"所有金属都是导体"这类 A 命题的主项不是"事物"，不能简单地将其谓词公式写成（∀x）F（x），因为 F 表示"是导体"，则该公式的含义是"所有事物都是导体"，显然不符合原命题的内容。要不另加论

域限定写出该命题谓词公式，就要在保持原义的条件下将命题改写为"凡是金属的事物都是导体"，亦即"对任一事物而言，如果它是金属，那么它是导体"。这时，命题的个体域是全域，不需另加特别规定，"是金属"为第一个谓词，可用 F 表示，"是导体"为第二个谓词，可另用 G 表示，其谓词公式则为（∀x）（F（x）→G（x））这种量化蕴涵式。

传统性质命题逻辑假定了全称命题主项所表示的事物是存在的，不能处理"所有外星人都是高等动物"这类命题，而且存在假设是非逻辑的。谓词逻辑将 A 命题的逻辑形式刻画为量化蕴涵式，就克服了传统逻辑的局限与缺陷。

2. E 命题的谓词公式

要写出"所有人都不是生而知之的"这类 E 命题的谓词公式，首先要像处理上述 A 命题那样，将其分析为："对任一事物而言，如果它是人，那么它不是生而知之的。"接下来的问题是如何将"不是生而知之的"符号化。谓词逻辑中没有联项，如果用 G 表示"是生而知之的"这一谓词，那么"不是生而知之的"就是对这一谓词的否定，在 G 前加上否定号 ¬，即用 ¬ G 来表示便解决了问题。

因此，上述 E 命题的谓词公式为（∀x）（F（x）→¬G（x）），它同样没有存在假设。

3. I 命题的谓词公式

与前述道理相同，"有的自然数是偶数"这类 I 命题的谓词公式不是（∃x）F（x）。这个命题应理解为："有的事物既是自然数又是偶数"，亦即"至少有一事物，它是自然数并且是偶数"。刻画它的谓词公式就要用到合取号，为如下量化合取式：（∃x）（F（x）∧G（x））。这类 I 命题的谓词公式为合取式而不是蕴涵式，是因为存在量词（特称量项）含有全称量项所没有的存在之含义。

4. O 命题的谓词公式

依照上述原理，"有的天鹅不是白的"这类 O 命题先分析为"至少有一事物，它是天鹅并且不是白的"，以 F 表示"是天鹅"，以 ¬ G 表示"不是白的"，谓词公式为（∃x）（F（x）∧¬G（x））。

从上面谓词逻辑对 A、E、I、O 四种性质命题形式的分析可以看出，传统逻辑所讲的四种对当关系中，只有矛盾关系仍然成立，反对关系、下反对关系和差等关系不再成立。例如，"凡未接触过细菌的人不得细菌性传染病"是真命题，但"有未接触过细菌的人不得细菌性传染病"却是个假命题，因为并不存在这样的人。

另一方面，主项为"事物"（或对论域作了恰当限制后）的四种性质命题，其谓词公式分别为$(\forall x)F(x)$、$(\forall x)\neg F(x)$、$(\exists x)F(x)$、$(\exists x)\neg F(x)$，四种对当关系在谓词逻辑中成立。但是，我们不能把这四种谓词公式也说成是 A、E、I、O 命题的谓词公式，因为在传统逻辑中有 SAP → SEP → PES → PAS → SIP 这样的变形推理，若 S 的个体域为全域，则 $\overline{S}$ 的个体域就为空域，出现前提真而结论假的情况。从"所有事物是发展变化的"推出"有非事物是不发展变化的"就是这样一个例子。所以，在传统逻辑中，A、E、I、O 命题主项 S 和谓项 P 的个体域都既不能是空域，也不能是全域，由此可见传统逻辑对性质命题研究的局限。

此外，主项为专名的单称肯定命题和单称否定命题其谓词公式分别为 $F(a)$、$\neg F(a)$，传统逻辑在推理理论中把它们作为全称命题来处理，是不妥当的。传统逻辑还认为"刘邦是汉朝的皇帝""刘邦是汉朝的第一位皇帝""汉高祖是汉朝的第一位皇帝"的逻辑形式相同，也是不对的。这些问题在谓词逻辑中得到了严格的区分和科学的处理，有些涉及较为复杂的理论，我们不作介绍，只在此指出：后两个命题应该分析为关系命题，因为其中的"是"表达等于关系。

第二节　关系命题及其谓词公式

一、关系命题

反映事物间关系的命题称为关系命题，如"墨子晚于孔子"。传统逻辑把关系命题"还原"为性质命题来处理，如上例"还原"为"墨子是晚于孔子的人"。但这样做就不能说明"元谋猿人早于蓝田猿人，蓝田猿人早于北京猿人，所以，元谋猿人早于北京猿人"等推理的有效性，因为如上"还原"的话，就会出现二段论中所讲的"四项"错误。关系命题及其推理在谓词逻辑中才得到系统的研究与科学的分析。套用传统逻辑的术语，我们来讨论关系命题形式上的特征。

1. 关系命题的主项

关系命题的主项也可称之为关系者项。与性质命题不同，关系命题的主项至少有两个。"曹丕和曹植是兄弟"的主项为"曹丕""曹植"两个，"珠穆朗玛峰位于中国、尼泊尔两国之间"的主项有三个："珠穆朗玛峰""中国""尼泊尔"。含有两个主项的关系命题称为二项（或二元）关系命题，是研究的重点。要注意区分关系命题与联主合谓式之类的联言命题，如"曹丕和曹植是文学家"就是这样一个联言命题，即这个单句表达"曹丕是文学家，并且曹植是文学家"。而关系命题是不能这样分析的。还要注意，关系命题的主项是有序的，不能随意变动位置。

2. 关系命题的谓项

关系命题的谓项也可称为关系项，它与性质命题谓项的差别是，指称存在于若干事物间的关系，而不是指称依附于事物的性质。关系命题的谓项其位置也因此不像性质命题谓项那样固定：有在中间的，如"认识""早于"等；有在后面的，如"朋友""兄弟"等；还有散在中间与后面的，如"在……之间"等。

3. 关系命题的量项

由于关系命题的主项至少有两个，而每个主项都可有量项，因此，关系命题的量项可以有两个乃至更多，当然也可以只有一个乃至没有（根据主项为专名还是普遍词项的情况而定），而性质命题量项至多是一个。关系命题的量项也有次序问题，也不能随意变动位置。

4. 关系命题的联项

与性质命题相同，关系命题有肯定、否定之分。在谓词逻辑的处理方法中没有联项的地位，前面分析性质命题的谓词公式是这样做的，对关系命题也如此处理。

二、关系命题的谓词公式

前面我们已经接触到了关系命题的谓词公式 F（a，b），即关系命题的谓词公式也由个体词符号、谓词符号、量词符号等构成，关系命题与性质命题在谓词公式上的差别只是在于个体词数量、量词数量与谓词元数的多少上。下面我们来列出并分析一些主要的二元关系命题之谓词公式，并专以 R 作为二元谓词符号。

1. 无量词二元关系命题的谓词公式
这种关系命题的两个个体词都是个体常项。
［1］R（a，b）。例如：长江比黄河长。

[2] R（a，b）。例如：邹忌不美于城北徐公。

实际上，我们也可以把例 [2] 中的"不美于"看成一种关系，从而其谓词公式也为 R（a，b）。但若同时涉及有某关系以及没有某关系时，就要用某谓词公式及其否定来刻画它们的逻辑形式。为了简便，以下我们不涉及带否定号的谓词公式，有关情况可以类推。

2. 单量词二元关系命题的谓词公式

这种关系命题的一个个体词是个体常项，另一个是受量词约束的个体变项。

[1]（∀x）R（x，a），即所有 x 与 a 有 R 关系。

[2（∀x）R（a，x），即 a 与所有 x 有 R 关系。

[3]（∃x）R（x，a），即有的 x 与 a 有 R 关系。

[4]（∃x）R（a，x），即 a 与有的 x 有 R 关系。

如果我们限定论域为"数"，那么下面四个命题分别为具有上述各形式的关系命题：

［1］所有正偶数大于 1。

［2］1 大于所有负偶数。

［3］有的自然数大于 18。

［4］18 大于有的自然数。

如果不限定论域，"所有正偶数大于 1"的谓词公式应为（∀x）（F（x）→R（x，a）），其道理与前面对 A 命题的分析相同。其余类推。

3. 双量词二元关系命题的谓词公式

这种关系命题的两个个体词都是受量词约束的个体变项。

[1]（∀x）（∀y）R（x，y），即所有 x 与所有 y 有 R 关系。

[2]（∀x）（∃y）R（x，y），即所有 x 与有的 y 有 R 关系。

[3]（∃x）（∀y）R（x，y），即有的 x 与所有 y 有 R 关系。

[4]（∃x）（∃y）R（x，y），即有的 x 与有的 y 有 R 关系。

[5]（∀y）（∀x）R（x，y），即所有 y 与所有 x 有 R 关系。

[6]（∃y）（∀x）R（x，y），即所有的 y 与有的 x 有 R 关系。

[7]（∃y）（∃x）R（x，y），即有的 y 与所有的 x 有 R 关系。

[8]（∃y）（∃x）R（X，y），即有的 y 与有的 x 有 R 关系。

同样，若限定论域，可分别举例为："所有观众欣赏所有展品""所有观众欣赏有的展品""有的观众欣赏所有展品""有的观众欣赏有的展品"，等等。值得注意的是，（∀x）（∃y）R（x，y）与（∃y）（∀x）R（x，y）的意义并不相同。例如，"所有观众欣赏有的展品"不同于"所有展品被有的观众欣赏"。此外，不限定论域，第一例谓词公式应为（∀x）（∀y）（F（x）∧G（y）→R（x，y））。

三、二元关系的性质

关系命题所反映的关系纷繁复杂，我们关心的是它们在推理方面的一般特性，即关系的逻辑性质。下面介绍二元关系的三类性质，即自返性、对称性、传递性。

1. 自返性

二元关系在自返方面的性质有三种：自返的、反自返的和非自返的。

（1）在一个论域中，如果（∀x）R（x，x），那么R是自返关系。换句话说，在一个论域中，任一对象若与它自己有R关系，则R关系在这个论域上是自返关系。例如，等于关系就是自返的。

（2）在一个论域中，如果（∀x）¬R（x，x），那么R是此论域上的反自返关系。即在一个论域中，任一对象若不与它自身有R关系，则R在此论域上是反自返关系。例如在"自然数"这个论域中的"大于"关系。显然，每一自然数都不可能大于它自己。

（3）在一个论域中，如果（∃x）R（x，x）而且（∃y）¬R（y，y），那么R是非自返的。即在一个论域中，有的对象与它自身有R关系，有的对象不与它自身有R关系，则R关系在此论域上是非自返关系。例如在"人"这个论域中的爱惜关系，有人自爱，有人不自爱。非自返关系实质上是在自返性方面不能一概而论，有人称之为不定自返关系。

2. 对称性

一元关系在对称方面的性质也有三种：对称的、反对称的和非对称的。

（1）在一个论域中若（∀x）（∀y）R（x，y）且（∀y）（∀x）R（y，x），则R是对称的。即在个论域中任一对象x与任一对象y有R关系时，反之也成立，则R关系是对称关系。如等于关系、同学关系、矛盾关系等等。甲命题与乙命题矛盾，反过来说乙命题与甲命题矛盾。

（2）在一个论域中若（∀x）（∀y）R（x，y）且（∀y）（∀x）¬R（y，x），则R是反对称的。即在一个论域中对任意对象x和y来说，如果x与y有R关系时，则y与x没有R关系，则R关系在此论域上是反对称关系。如大于关系、生养关系、真包含关系等等。甲数大于乙数，乙数就不大于甲数。

（3）在一个论域中若（∃x）（∃y）R（x，y）且（∃y）（∃x）￢R（y，x），则 R 是非对称的。即在一论域中对有的对象 x 和 y 来说，有的 x 与有的 y 有 R 关系，有的 y 与有的 x 没有 R 关系，则 R 关系是非对称关系。如认识关系、喜欢关系、批评关系等等。甲批评乙，乙是否批评甲呢？说不定。非对称关系实质上是在对称方面不能一概而论，有人称之为不定对称关系。

3. 传递性

二元关系在传递方面的性质同样有三种：传递的、反传递的和非传递的。

（1）在一个论域中，若（∀x）（∀y）R（x，y）并且（∀y）（∀z）R（y，z）而（∀x）（∀z）R（x，z），则 R 关系是传递的。即在一个论域中对任意对象 x、y、z 来说，如果 x 和 y 有 R 关系，y 和 z 有 R 关系时，x 和 z 亦有 R 关系，那么 R 关系在此论域上是传递关系。如等于关系、大于关系、真包含关系等等。学生真包含大学生，大学生真包含本科生，学生也真包含本科生。

（2）在一个论域中，若（∀x）（∀y）R（x，y）并且（∀y）（∀z）R（y，z），而（∀x）（∀z）￢R（x，z），则 R 关系是反传递的。即在一个论域中对任意对象 x、y、z 来说，如果 x 和 y 有 R 关系，y 和 z 有 R 关系时，x 和 z 没有 R 关系，那么 R 关系在此论域上是反传递关系。如直属关系、生养关系、逻辑矛盾关系等等。甲单位直属乙单位，乙单位直属丙单位，甲单位就不直属丙单位。

（3）在一个论域中，若（∃x）（∃y）R（x，y）并且（∃y）（∃z）R（y，z）时，（∃x）（∃z）R（x，z）。又（∃x）（∃z）￢R（x，z），则 R 是非传递的。即对 x、y、z 来说，x 和 y 有 R 关系，y 和 z 有 R 关系时，x 和 z 可有 R 关系，也可没有 R 关系，则 R 关系在此论域上是非传递关系。如朋友关系、批评关系、逻辑反对关系等等。甲与乙是朋友，乙与丙是朋友，甲与丙是不是朋友就无法因此而定了。所以，非传递关系在传递方面也是不能一概而论，有人称之为不定传递关系。

上述三类性质是从不同角度考察的，它们之间也并不一一对应。例如逻辑矛盾关系是对称的、反传递的，而逻辑上外延交叉关系虽是对称的，却是非传递的。了解了关系的逻辑性质，就可据此进行推演。例如，根据对称关系的性质，从 R（a，b）推 R（b，a），根据传递关系的性质，从

R（a，b）并且 R（b，c）推 R（a，c）。前面所讲的"元谋猿人早于蓝田猿人，蓝田猿人早于北京猿人，所以，元谋猿人早于北京猿人"之类关系命题推理的有效性也由此得以说明。

第三节 谓词公式的判定

一、解释

在命题逻辑中，我们通过给命题变项赋以真或假值，来确定命题公式（非原子公式）的真值情况及其逻辑性质（如是否为重言式）。而对谓词公式来说，即使是（∃x）F（x）∧（∃x）¬F（x）这样的联结式，由于它们不是如前所述的真值形式，不能用真值赋值的方法来解决类似的问题，而要用解释的方法来处理。

对谓词公式进行解释时，首先要确定解释的个体域，即论域。前面我们说过，个体域一般是全域，但可以根据需要限定，例如限定在人、自然数这样更小的范围内，但都必须是非空的。我们以符号 D 来表示解释的个体域即解释域。然后，在已确定的解释域中，用具体的个体词去代换谓词公式中的个体常项、自由个体变项（不受量词约束的）符号，用具体的相应元数的谓词去代换其中的谓词变项符号，使公式成为或真或假的命题。

对一个谓词公式可以作出许多解释，但要注意：

（1）用来解释的个体同其指称对象必须在解释域中，不能超出其范围。例如，解释域是自然数，就不能用 0.2、1／3 之类的个体词来解释。

（2）谓词变项的解释不应改变其元数。若将 F（x）中的一元谓词符号 F 解释为"大于"等二元谓词，那是错误的。

（3）在同一解释中，相同的符号不能作不同的解释。例如，F（a）∧F（b）中的 F，不能在同一解释中，前一解释为"是诗人"，后一解释为"是画家"。

（4）量词符号、联结词符号、约束个体变项符号由于含义是已经确定了的，不用解释。

下面我们举例说明如何进行解释。

[1]F（a）

解释 1：D={人}

        F（x）=x 是诗人

        a= 李白

在这个解释下，F（a）为真，因为"李白是诗人"符合客观事实。以下我们直接在解释后标明真假，不再另外说明。

解释 2：D={人}

        F（x）=x 是诗人

        a= 祖冲之   ［假］

解释 3：D={人}

        F（x）=x 是关东大汉

        a= 李白   ［假］

[2]（∃x）F（x）

解释 1：D={人}

        F（x）=x 是经济学家   ［真］

该公式只需解释谓词符号，如上解释后，命题为"有人是经济学家"。

解释 2：D={人}

        F（x）=x 是生而知之的   ［假］

解释 3：D={自然数}

        F（x）=x 是偶数   ［真］

[3]（∀x）F（x）→G（x））

解释 1：D={事物}

        F（x）=x 是金属

        GG（x）=x 是导体   ［真］

如上解释后，命题为"所有金属是导体"。

解释 2：D={事物}

        F（x）=x 是固体

        G（x）=x 是导体   ［假］

解释 3：D={人}

        F（x）=x 是三头六臂

        G（x）=x 是生而知之的   ［真］

[4]R（a，b）∧¬R（b，a）

解释 1：D={人}

$$R（x，y）= x 是 y 的父亲$$

$$a = 曹操$$

$$b = 曹丕 \qquad\qquad [真]$$

　　如上解释后，命题为"曹操与曹丕是父子，但曹丕与曹操不是父子"。该命题为真，说明了关系命题主项的有序性。

　　　　解释2：D={有理数}

$$R（x，y）= x 等于 y$$

$$a = 0.5$$

$$b = 1/2 \qquad\qquad [假]$$

[5]（∃x）（∀y）R（x，y）

解释1：D={人}

$$R（x，y）= x 生育 y \qquad\qquad [假]$$

解释2：D={自然数}

$$R（x，y）= x 大于 y \qquad\qquad [假]$$

[6]（∀x）（∃y）R（x，y）

解释1：D={人}

$$R（x，y）= x 生育 y \qquad\qquad [真]$$

解释2：D={自然数}

$$R（x，y）= x 不小于 y \qquad\qquad [真]$$

　　例[5]与例[6]我们特意用了相同的解释，以说明量词的有序性。例[5]解释1的命题为"有人生育所有人"，显然为假，因为不可能有这样一个人，她生育了一切人。而例[6]解释1的命题为"所有人都有人生育"，却是真的，因为所有人都有母亲，可以相同，也可以不同。将上面的"所有"换成含义相同的"任何一个"，就能更清楚反映两个命题的差别。

二、普遍有效式、可满足式和不可满足式

　　命题逻辑的公式根据真值赋值后的真假情况可以分为重言式、可满足式和矛盾式，相应地，谓词逻辑的公式根据解释后的真假情况，可以分为普遍有效式、可满足式和不可满足式。

　　1. 普遍有效式

　　一个谓词公式是普遍有效的，当且仅当它在每一个非空解释域中的每一个解释下都是真的。例如，（∀x）F（x）→（∃x）F（x）、（∀x）

（F（x）∨￢F（x））等谓词公式都是普遍有效式，不管给出什么非空解释域中的解释，它总是真的。

2．可满足式

一个谓词公式是可满足的，当且仅当它至少在一个非空解释域中有一个为真的解释。例如上述公式［5］就是一个可满足式。

3．不可满足式

一个谓词公式是不可满足的，当且仅当它在每一个非空解释域中的每一个解释下都是假的。例如，（∀x）F（X）→（∃x）￢F（x）、（∃x）（F（x）∧￢F（x））等谓词公式都是不可满足式，不论在什么非空解释域中如何解释，它总是假的。

用解释的方法证明一个谓词公式是可满足式，这点比较容易，前面我们在举例说明如何进行解释时，实际上同时也证明了有些谓词公式是可满足式。但是，要用解释的方法证明一个谓词公式是普遍有效式或不可满足式，就无法办到，因为从理论上来说，一个谓词公式可以有无限多个解释，而要穷尽所有解释才能证明它是普遍有效式或不可满足式，这是不可能的。由此我们一方面应对解释方法的局限性有所认识，另一方面又不应低估解释方法的作用。在谓词逻辑中，其有效推理形式相应于普遍有效的蕴涵式或等值式，如果我们证明了一个推理形式所相应的蕴涵式或等值式仅仅是可满足式，即有成真的解释又有成假的解释，那么这个推理形式就不是有效的，从而帮助我们识别与排除非有效的推理形式。这对我们正确进行推理同样是有益的。

此外，一般而言，在谓词逻辑中没有类似于命题逻辑真值表那种机械可行的方法，以判定谓词公式是否为普遍有效式。被称为谓词演算的推导方法能证出系统中所有的普遍有效式。谓词自然推理先用规则消去量词，再运用命题自然推理的方法，求得不带量词的结论，最后用规则给结论添上量词，即谓词自然推理是在命题自然推理的基础上增加消去和添加量词的推理规则来进行的。但是，关于量词的推理规则比关于联结词的推理规则更为复杂。如果我们只想解说和验证一元谓词逻辑中推理形式的普遍有效性，那么可以用文恩图解这种更直观简便的方法。正是出于这一原因，虽然文恩图解不属于谓词逻辑系统，但我们仍在此予以介绍，而不讲谓词演算。

第四节　文恩图解的解说与验证

一、文恩图解概述

文恩图解是英国逻辑学家 J·文恩于 1880 年创造的解说和验证集合代数的图示方法。由于传统逻辑性质命题形式以及谓词逻辑中相应的一元谓词公式都可以改写为相应的集合演算公式，在这个基础上，文恩图解又可解说和验证性质命题及其推理形式以及相应的一元谓词公式及其推演形式。

文恩图解是对欧拉图解的改进，不同的地方主要是：

（1）有表示论域的矩形。矩形中的圆表示集合，一个圆把矩形分为两个集合：任一集合 A 及其补集 Ā，如图 1 所示。图 1 只有一个变元，圆外部分是该变元的补集。

（2）有表示集合为空或非空的符号。如图 2 所示，在圆内标上"+"表示其所在区域非空；如图 3 所示，画上影线表示其所占区域为空。而图 1 的圆没有"+"号与影线，集合 A 究竟是空集还是非空的就不定。空集符号可

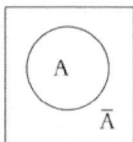

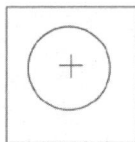

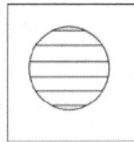

图 1　　　　　　　　　图 2　　　　　　　　　图 3

用 Φ 表示。

此外，不考虑论域，文恩图解中的圆与集合一一对应，如同样表示全同关系，欧拉图解为图 4，一个圆对应两个集合，而文恩图解为图 5（省去了表论域的矩形）。实际上，文恩图解对任意两个集合间的关系，都这样用相交的两个圆再加上相应的符号来表示；对任意三个集合间的关系，都用如图 6（省去了表论域的矩形）所示的相交的三个圆这种图形，再加上相应的符号来表示，达到了统一，也更为科学，而且能表示欧拉图解所不能图示的关系。

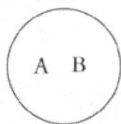

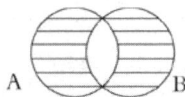

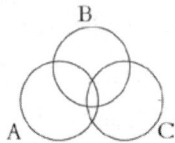

图 4　　　　　　　　　图 5　　　　　　　　　图 6

二、A、E、1、O 命题的文恩图解

（1）A 命题的文恩图解

传统逻辑所刻画的 A 命题形式为"所有 S 是 P"，从集合演算的角度来看，即：是 S 但不是 P 的元素不存在，或者说：在 P 类之外的 S 是不存在的。为简便起见，我们省去表论域的矩形（以下同此），文恩图解为图 7。与谓词逻辑的分析相同，这里没有假定主项 S 存在。

（2）E 命题的文恩图解

"所有 S 不是 P"即：是 S 又是 P 的元素不存在，或者说：在 P 类之内不存在 S 类分子。文恩图解为图 8。同样，它也没有假定主项 S 存在。

（3）I 命题的文恩图解

"有 S 是 P"意味着：是 S 又是 P 的元素存在，或者说：在 P 类之内，至少有一个 S 类的分子存在。文恩图解为图 9。

（4）O 命题的文恩图解

"有 S 不是 P"意味着：是 S 但不是 P 的元素存在，或者说：在 P 类

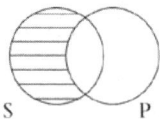 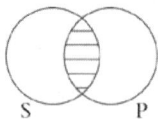 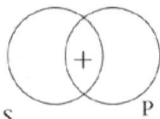 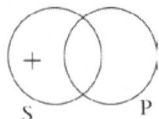

图 7　　　　　　图 8　　　　　　图 9　　　　　　图 10

之外，至少有一个 S 类的分子存在。文恩图解为图 10。

三、文恩图解对性质命题直接推理的检验

1. 检验对当推理

以 SEP → $\overline{SIP}$ 为例。前提文恩图解如图 8，S 与 P 相交部分为空，即 S 与 P 相交部分非空为假，而 SIP 文恩图解为图 9，即 S 与 P 相交部分非空，所以，结论对其进行否定。

2. 对换质推理的检验

以 SEP → $SA\overline{P}$ 为例。从图 8 可以看出，S 与 P 相交部分为空，即没有 S 在 P 之内，或者说 S 只在 P 之外，而 $\overline{P}$ 正表示 P 之外。所以，若为 S，

则在 P 之内，即 SEP 真，则 SAP 真。

3. 对换位推理的检验

以 SEP→PES 为例。根据图 8，从 S 看，S 与 P 不相交，所有 S 不是 P；从 P 看，P 与 S 不相交，所有 P 不是 S。说明上述换位推理有效。

其他对当推理、换质推理、换位推理的有效性可依此判定。但要注意，若涉及全称推特称，则要相应增加 S、P 不是空类的假定，文恩图解才能解说与验证其有效性。这是因为传统逻辑不研究主项为空的性质命题及其推理。涉及换位，则又要求谓项非空。

四、文恩图解对三段论有效性的检验

一个三段论的前提若蕴涵结论，其推理形式就是有效的。根据这个原理，如果我们画出两个前提的文恩图解，结论的文恩图解就此产生，就验证了相应的直言三段论的有效性，否则就不是有效的。下面我们就来用文恩图解对直言三段论的有效性进行检验。

1. 检验第一格 EAE 式

所有 M 不是 P，

所有 S 是 M，

所以，所有 S 不是 P。

由于三段论涉及三个集合间的关系，因而画出

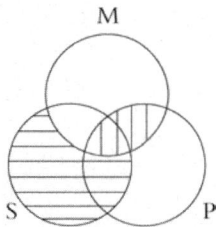

图 11

相交的三个圆这一基本图形后，再根据大前提，在 M 与 P 相交区域画上影线；根据小前提，在是 S 但不是 M 区域画上影线，这时，S 与 P 相交区域为影线覆盖，即从中产生了结论的文恩图，验证了这个三段论式是有效的。如图 11 所示。

2. 检验第二格 AOO 式

所有 P 是 M，

有 S 不是 M，

所以，有 S 不是 P。

画出如图 12 的文恩图解，它验证了该三段论式有效。

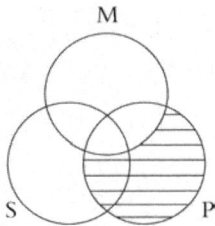

图 12

3. 检验第三格 AAI 式

所有 M 是 P，

所有 M 是 S，

所以，有 S 是 P。

从图 13 可以看出，S 与 P 相交区域没有存在符号，因此，不能肯定 S 与 P 的交不是空集，即该三段论式不是有效的。在传统逻辑中，由于假定主项存在，即 M 非空，才认定其为有效式。当然，

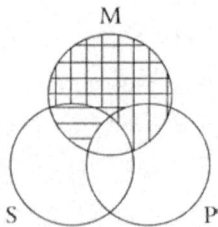

图 13

如果我们加上 $M \neq \Phi$ 前提，文恩图解可验证其有效。但这说明了一个问题，从两个全称前提推出一个特称结论的三段论式，只是附条件的有效式。

第七章

模态逻辑

模态逻辑作为一种非经典逻辑，以我们前面所介绍的经典逻辑为基础，进而研究涉及模态词的命题及其演绎推理。在它的引发下产生了哲学逻辑或应用逻辑这类目前最活跃的逻辑学科群体。因此，了解模态逻辑有着重要的意义。其中，又应重视狭义模态逻辑的学习，掌握其基本理论和方法，从而举一反三，使广义模态逻辑的学习事半功倍。

第一节 模态逻辑概述

一、模态词

"模态"是英语 modal 的音译，导源于拉丁文 modalis，原意为程度、样式等。模态词就是表达模态概念的语词，有广义、狭义之分。狭义的模态词反映事物或认识的必然性、可能性等，涉及命题真假的强弱程度，又称为真值模态词或真势模态词，如"必然""可能""偶然"等。广义的模态词反映事物或认识存在、发展的其他各种程度、样式、趋势等，范围相当广泛。如涉及道义的"应当""允许"，涉及认知的"知道""相信"等等，这些模态词与命题的真假程度没有直接关系，又称为非真值模态词或非真势模态词。

二、模态命题

所谓模态命题，就是指一切包含有模态词的命题。例如：

[1] 冬天过后必然是春天。

[2] 坏事变成好事是可能的。

〔3〕必须维护国家的统一和民族的团结。

将模态命题与我们前面所学过的命题相比较可以看出，它多了模态词这种成分，若把模态词去掉，就成了非模态命题，也就是说，模态命题是以非模态命题为基础构成的，例〔1〕不仅反映了冬天过后是春天这一自然现象，还反映了这种现象产生、存在的必然性。

模态命题也有简单、复合之分。在简单命题中添加模态词就构成简单模态命题，如例〔1〕、例〔2〕。在复合命题中添加模态词就构成复合模态命题，如例〔3〕。我们主要介绍简单模态命题。而添加什么样的模态词，也就相应成了什么样的模态命题，如例〔1〕、例〔2〕是真值模态命题，例〔3〕是非真值模态命题。模态词添加的位置可以是不同的，例〔1〕为命题的中间，例〔2〕为命题的后面，例〔3〕为命题的前面。它们也使得模态命题的种类有所不同。

根据模态命题的组成成分，可以说对模态命题的研究就是在对非模态命题研究的基础上，进而研究模态词的逻辑性质及其推演关系，即在形式上把模态词看作类似于"并非"这样的联结词来研究。但要注意的是，经由命题联结词构成的命题，其真值决定于其中肢命题的真假情况，而经由模态词构成的命题，其真假不完全由肢命题的真值所决定，这是模态词与命题联结词的根本区别。

三、模态逻辑的种类

1. 狭义模态逻辑与广义模态逻辑

狭义模态逻辑专指研究含有狭义模态词的命题及其推理的逻辑，它除了又称为真值模态逻辑或真势模态逻辑外，可直接简称为模态逻辑。狭义模态逻辑的研究已有2000多年的历史，到20世纪初进入了一个新的发展时期。狭义模态逻辑的基本知识是我们主要介绍的内容。

广义模态逻辑泛指研究含有广义模态词的命题及其推理的逻辑，其中包括许多分支，主要有道义逻辑、认知逻辑、时态逻辑等等，它们大多是20世纪50年代后产生的。我们只介绍道义逻辑的基本知识，即规范模态命题以及一些简单的推理。

2. 传统模态逻辑与现代模态逻辑

传统模态逻辑指古希腊和中世纪的模态逻辑，主要内容是仿照性质命题及其推理的理论对模态命题及其推理进行研究，如亚里士多德的模态三段论。这些研究是笼统的、分散的、简单的。

现代模态逻辑是 20 世纪初在经典数理逻辑的推动下产生和发展起来的，它以形式化的方法，对模态逻辑进行全面、深入的系统研究，建立了一系列模态逻辑系统。因此，模态逻辑的传统与现代的区分，不仅是时间上，更主要的是方法、内容上的。它与狭义、广义之分大致构成这样一个关系：

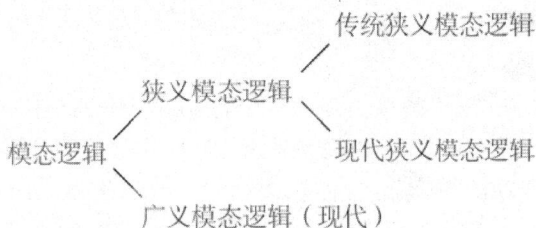

```
                                  传统狭义模态逻辑
                        狭义模态逻辑
模态逻辑
                        广义模态逻辑（现代）     现代狭义模态逻辑
```

考虑到现代模态逻辑的复杂性与广泛性，我们主要介绍传统模态逻辑。

第二节　真值模态逻辑

一、真值模态命题

真值模态命题就是反映事物情况的必然性和可能性的命题。

例如：

［1］社会不断发展是必然的。

［2］火星上可能有生命。

前一个真值模态命题，反映了社会不断发展的必然性；后一个真值模态命题，反映了火星上有生物的可能性。

在逻辑史上，亚里士多德提出了可能、偶然、不可能和必然四种真值模态命题。康德则把真值模态命题分为或然、实然和必然三种。现在人们一般认为实然命题是非模态命题；偶然命题、不可能命题虽然是模态命题，但不是基本的，通常通过可能命题的合取与否定来定义。

1. 真值模态的类型

（1）命题模态与事物模态。命题模态指模态词处于命题的前面或后面，修饰、限定一完整命题，如例［1］；事物模态指模态词处于命题主谓词的中间，修饰、限定的是主项所表示的事物与谓项所表示的性质之间的联系方式，如例［2］。前者在模态命题逻辑中就能处理与研究，后者则要在模态谓词逻辑中才能得以分析、讨论。我们只介绍模态命题逻辑的基本知识，因而不作严格区分，把事物模态看作命题模态，如"火星上可能有生命"看作"可能火星上有生命"或"火星上有生命是可能的"。这样，在分析模态命题的形式时就简便了。在此基础上，将模态词提取出来，作为施加于命题的一个算子，统一前置，于是模态命题的形式构成就概括为：模态词＋命题。

（2）客观模态与主观模态。客观模态是事物本身存在的必然性或可能性的反映，例如："水必然往低处流""水可能结冰"。而主观模态则表示人们认识中的不同确定性程度。例如对中国古代的一个瓷瓶是哪一个朝代烧制的一时无法确定，某考古学家说："这个古瓷瓶可能是唐代的。"其中的"可能"并不是指这个古瓷瓶烧制于唐代的客观可能性，而是表示这位考古学家对古瓷瓶到底烧制于什么朝代的认识，还没有达到完全确定的程度。当这位考古学家经过多方面认真的考证，掌握了有关这个古瓷瓶烧制于唐代的足够证据时，这位考古学家就会说："这个古瓷瓶一定是唐代的。"这里的"一定"也不是指古瓷瓶烧制于唐代具有客观必然性，而是表示他对这个古瓷瓶烧制于唐代有了十分确定的认识。由于主观的模态涉及人的认识程度，问题比较复杂，所以我们讨论的真值模态命题仅局限于客观的模态。

2. 真值模态命题的种类

在对命题内部的其他成分不加分析的情况下，根据真值模态命题所包含的模态词的不同以及与命题及其否定的不同所组合的情况，真值模态命题有如下四种基本形式：

（1）必然肯定命题：反映事物某一情况必然存在的命题。

例如：

［1］物极必反。

［2］新生事物的胜利是必然的。

必然肯定命题的形式可以表示为：必然 p。如果用符号"□"表示必然，公式写成□p（读作：必然 p）。

（2）必然否定命题：反映事物某一情况必然不存在的命题。

例如：

　[1]人们的认识必然不会停留在一个水平上。

　[2]甲队没有获得冠军是必然的。

必然否定命题的形式可以表示为：必然非p，符号公式为：□￢p（读作：必然非p）。

（3）可能肯定命题；反映事物某一情况可能存在的命题。

例如：

　[1]长期大量吸烟可能致癌。

　[2]可能明天下雨。

可能肯定命题的形式可以表示为：可能p，如果用符号"◇"表示可能，公式写成◇p（读作：可能p）。

（4）可能否定命题：反映事物某一情况可能不存在的命题。

例如：

　[1]艺术性强的影片可能不卖座。

　[2]治病不用药是可能的。

可能否定命题的形式可以表示为：可能非P，符号公式为：◇￢p（读作：可能非p）。

　3. 真值模态命题的真值条件

模态词虽然作用于命题，但不由其中命题的真假完全决定整个模态命题的真假，例如，当我们说："可能巴西队夺冠"，而决赛过后的结果是巴西队没有夺冠，但并不能由此认为"可能巴西队夺冠"这一模态命题为假。要判定模态命题的真假，需用到可能世界的理论。

"可能世界"是由德国哲学家莱布尼兹最早提出来的。他认为，凡是没有逻辑矛盾，能够为人们所想象的情况或场合，都是可能世界。例如，陶渊明所描写的世外桃源就是一个可能世界。我们生活于其中的现实世界，也是众多可能世界中的一个，只不过是实现了而已。

莱布尼兹用"可能世界"概念来定义真值模态词，使之更为直观明了：

　　　必然＝在所有可能世界中真

　　　可能＝在有的可能世界中真

换句话说，□p是真的，当且仅当p在所有可能世界中为真，而◇p是真的，当且仅当p在有的可能世界中为真。

美国逻辑学家克里普克在莱布尼兹的基础上，为真值模态逻辑建立了形式语义理论，称为克里普克语义学或可能世界语义学。它更为严格、精确，不笼统地说必然命题的真假，而是将其置于某一特定的可能世界中考虑其真值，如在可能世界 W 中是真的或假的。"所有可能世界"指与那一特定的可能世界有关联的可能世界，不是绝对任意的。举例来说，我们现在生活在一个有核武器的世界，从这点出发，核武器全部被销毁的世界与核武器摧毁地球的世界等等，都是与这个世界有关联的可能世界，但根本就没有核武器的世界就不是这个世界的可能世界。

我们在可能世界语义学里考虑模态命题的真假后，模态命题或模态公式相应的也就分为普遍有效式、可满足式和不可满足式三类。如 p→◇p 是普遍有效式，p→□p 只是可满足式。

4. 真值模态命题的对当关系

前面所讲的四种真值模态命题之间的对当关系，与 A、E、I、O 四种性质命题之间的对当关系相同，也可以用逻辑方阵表示如下：

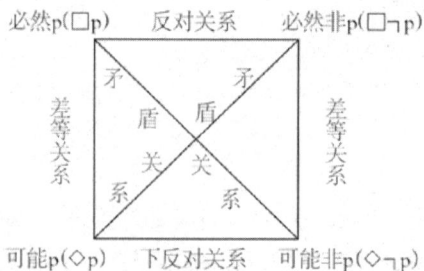

根据真值模态命题逻辑方阵可知：

（1）必然 p（□p）与必然非 p（□¬p）之间具有反对关系。其中，一个真，另一个必假；一个假，另一个真假不定。

（2）可能 p（p）与可能非 p(¬p)之间具有下反对关系。其中，一个假，另一个必真；一个真，另一个真假不定。

（3）必然 p（□p）与可能非 p（◇¬p），必然非 p（□¬p）与可能 p（◇p）之间具有矛盾关系，其中一个真，另一个必假；一个假，另一个必真。

（4）必然 p（□p）与可能 p（◇p），必然非 p（□¬p）与可能非 p（◇¬p）之间具有差等关系。其中，必然 p（□p）与必然非 p（□¬p）处于方阵上位，可能 p（◇p）与可能非 p（◇¬p）处于方阵下位。上位真值模态命题为真，则下位真值模态命题必真；反之真假不定。下位真值模态命题为假，则上位真值模态命题必假；反之真假不定。

从真值模态命题逻辑方阵还可看出，这里的可能是或然性的可能，即可能 p 并不意味着可能非 p，而如果可能 p 意味着可能非 p，那是偶然性的可能，在日常语言中会这样来运用。

二、真值模态推理

真值模态推理是以真值模态命题为前提或结论的推理。它是根据模态词的逻辑性质进行推演的推理。

真值模态推理的种类很多，简单而常用的真值模态推理主要有以下几种：

1. 根据真值模态命题对当关系进行推演的真值模态推理

（1）根据矛盾关系不能同真性质进行推演的有：

必然 p，所以并非可能非 p（符号式为 □p→¬◇¬p），例如：绿色植物必然进行光合作用，所以，绿色植物不可能不进行光合作用。

必然非 p，所以，并非可能 p（符号式为 □¬p→¬◇p），例如：甲队必然没有获得冠军，所以，甲队不可能获得冠军。

可能 p，所以，并非必然非 p（符号式为 ◇p→¬□¬p），例如：明天可能下雨，所以，明天不一定不下雨。

可能非 p，所以并非必然 p（符号式为 □¬p→¬□p），例如：受灾可能不减产，所以，受灾不一定减产。

（2）根据矛盾关系不能同假性质进行推演的有：

并非必然 p，所以，可能非 p（符号式为 ¬□p→◇¬p）

并非必然非 p，所以，可能 p（符号式为 ¬□¬p→◇p）

并非可能 p，所以，必然非 p（符号式为 ◇p→¬□¬p）

并非可能非 p，所以，必然 p（符号式为 ¬◇¬p→□p）

这四个推理实质上是上述四个推理的逆推，例子从略。它们一同揭示了相应真值模态命题的互推性，以及必然与可能这两个真值模态词，可以借助否定词互相定义。

（3）根据反对关系不能同真性质进行推演的有：

必然 p，所以，并非必然非 p（符号式为 □p→¬□¬p）

例如：小张一定考上大学，所以，小张不一定考不上大学。

必然非p，所以，并非必然p（符号式为□¬ p→¬ □p）

例如：甲队必然没有获得冠军，所以，并非必然甲队获得冠军。

（4）根据下反对关系不能同假的性质进行推演的有：

并非可能p，所以，可能非p（符号式为¬ ◇ p→◇¬ p）

例如：小张不可能是北京人，所以，小张可能不是北京人。

并非可能非p，所以，可能p（符号式为¬ ◇¬ p→◇ p）

例如：并非小李今年可能不出成果，所以，小李今年可能出成果。

（5）根据差等关系上位真则下位真的性质进行推演的有：

必然p，所以，可能p（符号式为□p→◇ p）

例如：正义必然战胜邪恶，所以，正义可能战胜邪恶。

必然非p，所以可能非p（符号式为◇¬ p→◇¬ p）

例如：冰冻三尺必然不是一日之寒，所以，冰冻三尺可能不是一日之寒。

（6）根据差等关系下位假则上位假的性质进行推演的有：

并非可能p，所以，并非必然p（符号式为¬ ◇ p→¬ □p）

例如：谎言不可能长久骗人，所以，谎言不必然长久骗人。

并非可能非p，所以，并非必然非P（符号式¬ ◇¬ p→¬ □¬ p

例如：外因不可能不通过内因起作用，所以，外因不必然不通过内因起作用。

实然命题指含"确实"之类模态词的命题，但去掉后不影响命题真值，所以，性质命题就是这种实然命题。我们在此用"p""非p"分别表示实然肯定命题和实然否定命题。真值模态命题与实然命题之间的关系，就是"必然p""p""可能p"；以及"必然非p""非p""可能非p"之间的关系，根据这些关系可进行以下四种真值模态推理。

（1）必然p与p之间的真值模态推理

必然p，所以，p（符号式为□p→p）

例如：办事违背客观规律必然会失败，所以，办事违背客观规律会失败。

（2）p与可能p之间的真值模态推理

p，所以，可能p（符号式为p→◇ p）

例如：他打破了世界纪录，所以，他可能打破世界纪录。

（3）必然非 p 与并非 p 之间的真值模态推理

必然非 p，所以，并非 p（符号式为□¬ p→¬ p）

例如：世界上必然没有完全相同的两片树叶，所以，世界上没有完全相同的两片树叶。

（4）并非 p 与可能非 p 之间的真值模态推理

并非 p，所以，可能非 p（符号式为¬ p→◇¬ p）

例如：这次试验不成功，所以，这次试验可能不成功。

以上推理之所以有效，是因为必然命题比实然命题程度强，实然命题比可能命题程度强。因而，反之不能推导。

2. 根据模态词对命题联结词的关系进行推演的真值模态推理

（1）□对∧的分配律

必然（p 并且 q），所以，必然 p 并且必然 q，即□（p∧q）→（□p∧□q）

必然 p 并且必然 q，所以，必然（p 并且 q），即（□p∧□q）→□（p∧q）

例如：从"旧事物的失败与新生事物的胜利是必然的"可以推出"旧事物的失败是必然的，而且新生事物的胜利是必然的"，反之也成立。

（2）◇对∨的分配律

可能（p 或者 q），所以，可能 p 或者可能 q，即◇（p∨q）→（◇p∨◇q）

可能 p 或者可能 q，所以，可能（p 或者 q），即（◇p∨◇q）→◇（p∨q）

例如：从"张三或者李四可能考上大学"可以推出"张三可能考上大学，或者李四可能考上大学"，反之也成立。

（3）□对∨单向可合关系

必然 p 或者必然 q，所以，必然（p 或者 q），即（□p∨□q）→□（p∨q）。

例如：以"种瓜必得瓜，或者种豆必得豆"可以推出"必然种瓜得瓜，或者种豆得豆"，反之不成立。例如，第十六届世界杯足球决赛在巴西队与法国队之间进行，因而"必然巴西队夺冠或法国队夺冠"。但由此推不出"巴西队必然夺冠"，也推不出"法国队必然夺冠"，从而推不出"巴西队必然夺冠或者法国队必然夺冠"。

（4）◇对∧的单向可分关系

可能（p 并且 q），所以，可能 p 并且可能 q，即◇（p∧q）→（◇p∧◇q）。

例如：从"旱灾与洪灾可能造成减产"可以推出"旱灾可能造成减产，并且洪灾可能造成减产"，反之不成立。例如，从"今年利润可能高于去年，也可能低于去年"，推不出"今年利润可能既高于去年又低于去年"。

3. 真值模态三段论

真值模态三段论就是前提中有真值模态命题的三段论，也可以说是在三段论系统中引入真值模态词所构成的三段论。在传统逻辑中，模态三段论比较复杂，这里仅介绍其中的五种：

（1）必然模态三段论

必然模态三段论是在三段论的所有命题中都引入"必然"这一真值模态词所构成的三段论。以第一格的 AAA 式为例，其推理形式为：

所有 M 必然是 P

所有 S 必然是 M

所以，所有 S 必然是 P

例如：

所有金属受热必然膨胀，

有色金属必然是金属，

所以，有色金属受热必然膨胀。

（2）可能模态三段论

可能模态三段论是在三段论的所有命题中都引入"可能"这一真值模态词所构成的三段论。以第一格的 AAA 式为例，其推理形式为：

所有 M 可能是 P

所有 S 可能是 M

所以，所有 S 可能是 P

例如：

心情紧张可能会影响比赛成绩，

压力太大可能造成心情紧张，

所以，压力太大可能会影响比赛成绩。

（3）必然与实然结合的模态三段论

其形式之一如：

所有 M 必然是 P

所有 S 是 M

所以，所有 S 必然是 P

例如：

一切违背科学的做法必然要遭到失败，

一哄而上是违背科学的做法，

所以，一哄而上必然要遭到失败。

其形式之二如：

所有 M 是 P

所有 S 必然是 M

所以，所有 S 是 P

例如：

鱼是用鳃呼吸的，

鲤鱼一定是鱼，

所以，鲤鱼是用鳃呼吸的。

应该注意的是：大前提是必然命题，小前提是实然命题，结论是必然命题。大前提是实然命题，小前提是必然命题，结论则应该是实然命题。

（4）必然与可能结合的模态三段论

以大前提为必然命题，小前提为可能命题的第一格的 AAA 式为例，其推理形式为：

所有 M 必然是 P

所有 S 可能是 M

所以，所有 S 可能是 P

例如：

凡作案人必然到过作案现场。

李某可能是作案人，

所以，李某可能到过作案现场。

（5）可能与实然结合的模态三段论

其形式之一如：

所有 M 可能是 P

所有 S 是 M

所以，所有 S 可能是 P

例如：

珍稀动物可能灭绝，

白鳍豚是珍稀动物。

所以，白鳍豚可能灭绝。

模态三段论比较复杂，目前还没有总结出比较简单的判定有效式的方法，但是模态三段论的有效式至少要满足以下的必要条件：

第一，真值模态三段论结论中的模态词不能强于前提中的模态词。

第二，一个有效的真值模态三段论，不仅要符合直言三段论的规则，而且还必须以模态命题之间的逻辑关系为依据。

第三节　规范模态逻辑

规范模态逻辑又称为道义逻辑，它研究含规范词的规范命题及其推理，属于广义模态逻辑。规范模态逻辑结合伦理学、法学等具体科学来分析讨论其中某些形式方面的原则、推理和方法，扩展了逻辑研究领域，因此，它又是一种应用逻辑。

一、规范模态命题

规范模态命题，又称为道义命题，是反映对人们行为加以规范及其规范程度的命题。也可以说，规范模态命题是包含有"必须""允许""禁止"等规范模态词的命题。例如：

［1］一切公民都必须遵守法律。

［2］允许公民信教或者不信教。

［3］酒后开车是禁止的。

这些都是规范模态命题，它们不仅规范人们的行为，还对规范的强度作了反映。

规范模态命题与真值模态命题一样，其语言表达式中的规范模态词可以位于句首、句中或者句尾，我们也像对待真值模态命题那样分析处理规范模态命题，即分解为两个组成部分，并将规范模态词前置。此外，规范模态命题同样可以是简单规范模态命题，也可以是复合规范模态命题，我们主要介绍简单规范模态命题。

1. 规范模态命题的种类

在现代规范模态逻辑中，规范模态命题包含的规范模态词主要有三种：

"必须""禁止""允许"。由这三种规范模态词组成的规范模态命题又可以是肯定的，或是否定的。所以，规范模态命题相应地分为以下六种：

（1）必须肯定命题：是表示规定某种行为必须实施的命题。例如："公民必须依法纳税。"其形式是：必须 p，用符号表示为：Op。必须肯定命题是一种表达伦理或法律义务的命题，其中的义务是作为的义务。在现代汉语中，语词"应该""一定""有……义务"也可表达义务概念，包含这些语词的命题都是义务命题。

例如：

［1］人民教师应该为人师表。

［2］我们一定要努力学习。

［3］子女有赡养父母的义务。

（2）必须否定命题：是表示规定某种行为必须不实施的命题，它表述了伦理或法律上不作为的义务。例如："所有在校学生的行为都必须不违反校纪校规。"其形式是：必须非 p，用符号表示为：O￢p。

（3）允许肯定命题：表示规定某种行为可以实施的命题。例如："允许青年有个人志愿。"其形式是：允许 p，用符号表示为：Pp。

允许肯定命题表达伦理、法律上作为的权利。在现代汉语中，"可以""准予""有权"等语词用以表达权利概念，包含这些语词的命题都是作为权利命题。例如：

［1］子女可以随母姓。

［2］准予当事人替自己辩护。

［3］被告有权上诉。

（4）允许否定命题：表示规定某种行为可以不实施的命题。它表达了不作为的权利。例如："允许公民不信教"，其形式是：允许非 p，用符号表示为：P￢p。

（5）禁止肯定命题：表示规定某种行为不得实施的命题。例如："公共场所禁止吸烟。"其形式是：禁止 p，用符号表示为：Fp。

禁止肯定命题实际上表达伦理、法律上不作为的义务。在现代汉语中，"不准""不得""不许"语词也可表达这种义务概念，包含这些语词的命题都是禁止命题。例如：

〔1〕不准在墙上乱贴乱画。

〔2〕任何人不得利用宗教进行破坏活动。

〔3〕不许损坏公物。

（6）禁止否定命题：表示规定某种行为不得不实施的命题。它实际上表达伦理、法律上作为的义务。例如："禁止公务员不按国家规章办事。"其形式是：禁止非 p，用符号表示为：$F \neg P$。

在以上六种命题中，"禁止 p"与"必须非 p"是等值的。例如："公共场所禁止吸烟"等值于"公共场所必须不吸烟"。"禁止非 p"与"必须 p"是等值的。例如："禁止公务员不按国家规章办事"等值于"公务员必须按国家规章办事"。为此，可以把"禁止 p"用"必须非 p"表示，把"禁止非 p"用"必须 p"表示。于是，上述六种规范模态命题可以归结为四种：必须 p（Op）、必须非 p（$O \neg p$）、允许 p（Pp）、允许非 p（$P \neg p$）。

2. 规范模态命题的真值条件

真值模态命题反映事物情况的存在或发生等是否具有必然性和可能性，即反映客观的模态，因而有真假问题。而规范模态命题有所不同，它反映的是人类社会中行为的模态，本身不存在真假，只存在从其所反映的是否符合某种社会的行为规范而确定其正确与否或妥当与否的问题。但是正误与真假是相通的，为了简便，我们这里就不作严格区分了。

规范模态命题的真值条件也要借助于可能世界理论来定义，不过所涉及的可能世界除了不违反逻辑外，还必须有一定的道德规范或法律体系。对于必须肯定命题来说，如果它在道义可能世界 Wi 里为真，当且仅当它在所有道德或法律上不弱于 Wi 的道义可能世界为真；如果允许肯定命题在道义可能世界 Wi 里为真，当且仅当它在有的道德或法律上不弱于 Wi 的道义可能世界里为真。套用莱布尼兹方式粗略地说便是：

必须——在所有道义可能世界里为真

允许——在有的道义可能世界里为真

3. 规范模态命题的对当关系

上述四种规范模态命题之间存在着类似 A、E、I、O 四种性质命题之间的对当关系。这种关系可用逻辑方阵表示：

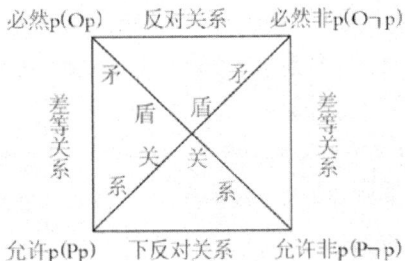

必然p（Op）　反对关系　必然非p（O¬p）

矛　　　　盾　　　　矛

差等关系　盾　关　盾　差等关系

关　系　系

系　　　　　　　　系

允许p（Pp）　下反对关系　允许非p（P¬p）

上图表明：

（1）必须p（Op）与必须非p（O¬p）之间具有反对关系。

（2）允许p（Pp）与允许非P（P¬p）之间具有下反对关系。

（3）必须p（Op）与允许非p（P¬p），必须非p（O¬p）与允许p（Pp）之间具有矛盾关系。

（4）必须p（Op）与允许p（Pp），必须非P（O¬p）与允许非p（P¬p）之间具有差等关系。

二、规范模态推理

规范模态推理是以规范模态命题作为前提和结论的推理。本书仅就其中比较简单的三种加以介绍：

1. 根据规范命题逻辑方阵进行推演的规范模态推理

（1）根据矛盾关系进行的推演：

必须p（Op）→不允许非p（¬p¬p）；不允许非p（¬p¬p）→必须p（Op）

必须非p（O¬p）→不允许P（¬Pp）；不允许p（¬Pp）→必须非p（O¬p）

允许p（Pp）→不必须非p（¬O¬p）；不必须非p（¬O¬p）→允许p（Pp）

允许非p（P¬p）→不必须p（¬Op）；不必须p（¬Op）→允许非p（P¬p）

例如：

　　［1］作为定案根据的证据必须查证属实，所以，作为定案根据的

证据不允许不查证属实。

[2]合同的内容必须不违反社会公共利益,所以,合同的内容不允许违反社会公共利益。

[3]允许子女随母姓,所以,子女不必须不随母姓。

[4]允许有的商品不申请商标注册,所以,有的商品不必须申请商标注册。

（2）根据反对关系进行的推演（以下例子从略）：

必须 p（Op）→不必须非 p（¬O¬p）

必须非 p（O¬p）→不必须 p（¬Op）

（3）根据下反对关系进行的推演：

并非允许 p（¬Pp）→允许非 p（P¬p）

并非允许非 p（¬P¬p）→允许 p（Pp）

（4）根据差等关系进行的推演：

必须 p（Op）→允许 p（Pp）

必须非 P（O¬p）→允许非 P（P¬p）

并非允许 p（¬Pp）→并非必须 p（¬Op）

并非允许非 p（¬P¬p）→并非必须非 p（¬O¬p）

2. 根据规范词与命题联结词的逻辑性质进行推理的规范模态推理：

必须（p 并且 q），所以，必须 p 并且必须 q；必须 p 并且必须 q，所以，必须（p 并且 q），即二者等值而可互推。

允许（p 或者 q），所以，允许 p 或者允许 q；允许 p 或者允许 q，所以，允许（p 或者 q），即二者等值而可互推。

必须 p 或者必须 q，所以必须（p 或者 q）。

允许 p 并且 q，所以，允许 p 并且允许 q。

要注意不能逆推的情况，例如：从"允许张三结婚，也允许张三独身"，推不出"允许张三结婚并且独身"。

3. 规范模态三段论

规范模态三段论就是在直言三段论中引入"必须""禁止""允许"等规范模态词所构成的三段论。较常见的形式是：大前提是规范模态命题，小前提是直言命题，结论是规范模态命题。最主要有以下三种：

（1）必须规范模态三段论

其推理形式是：

> 所有 M 必须是 P
> 所有 S 是 M
> 所以，所有 S 必须是 P

例如：

> 所有公民都必须依法纳税，
> 个体户业主是公民，
> 所以，个体户业主必须依法纳税。

（2）禁止规范模态三段论

其推理形式是：

> 所有 M 禁止 P
> 所有 S 是 M
> 所以，所有 S 禁止 P

例如：

> 凡是公共场所禁止大声喧哗，
> 图书馆内是公共场所，
> 所以，图书馆内禁止大声喧哗。

（3）允许规范模态三段论

其推理形式是：

> 所有 M 允许 P
> 所有 S 是 M
> 所以，所有 S 允许 P

例如：

> 允许外国商人在中国合资办企业，
> 法国商人是外国商人，
> 所以，允许法国商人在中国合资办企业。

因为规范模态三段论是在直言三段论的基础上，引入规范模态词所构成的三段论，所以，规范模态三段论应该遵守直言三段论的有关规则，不然推理就不是有效的。

第八章

归纳逻辑

归纳逻辑与前面所讲的演绎逻辑不同，它所研究的推理一般不能保证从真前提得出真结论，其体系的建立晚于演绎逻辑，理论上也不如演绎逻辑完善。但归纳逻辑在人类认识上的地位与演绎逻辑并重，共同发挥作用，尤其是在科学发现上有重要意义，只有学习了归纳逻辑，才能对逻辑学有一个全面的了解，才能更好地运用归纳推理，积累知识，上升认识，指导实践。

第一节　归纳逻辑概述

一、归纳逻辑

逻辑主要研究推理，归纳逻辑也不例外。但归纳逻辑所研究的推理是人们在日常生活和科学研究中经常使用的另一类推理。这类推理与演绎推理不同，一般说来，并不能保证由真前提必然地得出真结论。因此，现在人们为了突出这一基本特征就称其为或然性推理或者概然性推理。例如：在发现鸭嘴兽之前，人们一直这样推理并以为结论正确，结果事实并非完全如此：

　　　　牛是胎生的，

　　　　马是胎生的，

　　　　虎是胎生的，

　　　　狼是胎生的，

　　　　所以，哺乳动物都是胎生的。

如：化学家雷姆在 1895 年运用下面推理认定地球上存在当时尚未发现的一种惰性元素，后来被证实：

太阳上有氢、氧、硫、钾、磷、氮元素。

地球上有氢、氧、硫、钾、磷元素。

所以，地球上有氮元素。

演绎逻辑对推理进行定性研究，通过推理规则来区分判别推理的有效性，指导人们运用有效推理形式从真前提得出真结论。归纳逻辑中的推理具有上述逻辑特性，因此，归纳逻辑主要是推理进行一种定量的研究，即通过相应的规则来提高推理的可靠度或确证度，指导人们在运用这类推理时，尽可能地去提高其可靠程度。

二、归纳逻辑的推理类型

正如演绎逻辑一样，归纳逻辑也有传统与现代之分，其区分点在于是否运用形式化的方法。此外，站在不同的逻辑角度来看，归纳逻辑研究的推理类型也有差异，例如完全归纳推理，现代逻辑认为是演绎推理。我们这里主要介绍传统归纳逻辑，其推理分类如下：

首先，根据思维进程的方向是由具体到一般还是具体到具体，将归纳逻辑所研究的推理分为归纳推理和类比推理。

其次，根据考察的是某类事物的全部对象还是部分对象，将归纳推理分为完全归纳推理和不完全归纳推理，再根据考察对象性质的不同，将不完全归纳推理分为简单枚举归纳推理、典型归纳推理以及概率归纳推理、统计归纳推理。但后两种不是传统归纳逻辑所研究的推理，因此另列。

此外，根据考察对象是否为自然的，类比推理可分为观察类比推理和实验类比推理。

归纳逻辑的推理以上分类如下图所示：

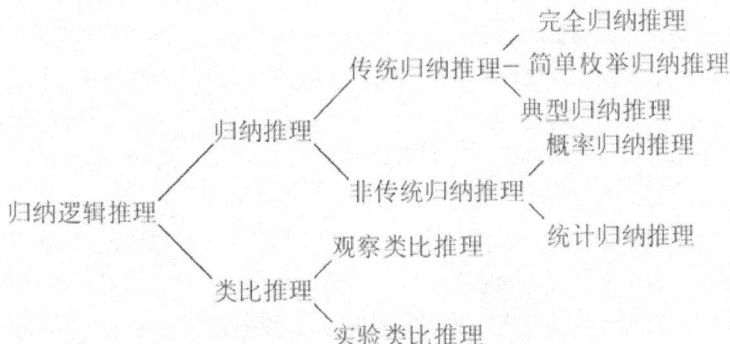

```
                                        完全归纳推理
                   传统归纳推理 — 简单枚举归纳推理
                                        典型归纳推理
      归纳推理                        概率归纳推理
归纳逻辑推理                非传统归纳推理
                                        统计归纳推理
                   观察类比推理
      类比推理
                   实验类比推理
```

三、归纳与演绎的关系

归纳与演绎都不仅可指推理，也可指方法，这里主要论及归纳推理与演绎推理之间的关系。如何认识归纳和演绎的关系及其作用，逻辑史上曾产生过两个对立的派别。演绎派片面夸大演绎的作用，把演绎推理当作唯一的科学方法。归纳派则相反，它完全否定演绎的作用，认为归纳方法是唯一科学的方法。这两种观点都是片面的、错误的。恩格斯在谈到这一问题时说："归纳和演绎正如分析和综合一样，是必然相互联系着的。不应当牺牲一个而把另一个捧到天上去，应当把每一个都用到该用的地方，而要做到这一点，就只有注意它们的相互联系、它们的相互补充。"因此，归纳和演绎既相互联系又互有区别。

1. 归纳与演绎的联系

（1）归纳是演绎的基础，演绎是归纳的指导。一方面，演绎逻辑推理的大前提，是通过归纳从经验中概括提炼出来的，如"所有的人都是处于一定历史条件下的人"。另一方面，归纳的不足需要演绎来补充，因为归纳在如何观察、实验，并对具体性知识分析、整理、概括时需要演绎的指导，其结论的可靠程度也有赖于运用演绎来检验。

（2）在人们的实际思维过程中，归纳和演绎是相互渗透的。在人类从个别到一般又从一般到个别的整个认识过程中。归纳和演绎的联系一方面表现为它们的前后相继上面，另一方面表现为它们的相互渗透上面，即归纳中包含着演绎的成分，演绎中包含着归纳的成分。纯粹的归纳或纯粹的演绎的思维过程是不存在的。

2. 归纳与演绎的区别

（1）推理的方向不同。归纳逻辑推理的方向有两类，归纳推理的方向都是从具体性前提到普遍性结论；类比推理的方向都是从具体性前提到具体性结论。而演绎逻辑推理方向主要是从普遍性前提到具体性结论。

（2）结论所断定的范围不同。归纳逻辑推理的结论所反映对象的范围超出其前提所反映的范围（完全归纳推理除外）。而演绎逻辑推理的结论所反映对象的范围比其前提所反映的范围小或相等。

（3）推理结论的性质不同。归纳逻辑推理的前提和结论之间只有或然联系（完全归纳推理除外），即使前提内容真实，推理形式正确，结论也不一定真实。而演绎逻辑推理的前提与结论之间有必然联系，只要前提内容真实，推理形式正确，则结论一定是真实的。

总之，归纳和演绎在思维实际中是既相互区别又相辅相成的，二者不能截然分开，任何夸大一个而否定另一个的观点都是错误的。

第二节 传统归纳推理

统归纳推理都是全称归纳推理，即结论为全称命题的归纳推理。

一、完全归纳推理

1. 完全归纳推理概述

完全归纳推理是指根据某类对象中的每一个都具有（或不具有）某属性，从而推出该类对象的全部都具有（或不具有）某属性的归纳推理。例如：

[1] 深圳特区有中美合资企业。

珠海特区有中美合资企业。

汕头特区有中美合资企业。

厦门特区有中美合资企业。

海南特区有中美合资企业。

深圳、珠海、汕头、厦门、海南是我国的全部经济特区。

所以，我国所有的经济特区都有中美合资企业。

又如：

[2] 直角三角形内角和是 180°。

锐角三角形内角和是 180°。

钝角三角形内角和是 180°。

直角三角形、锐角三角形、钝角三角形是三角形的全部类型，

所以，三角形的内角和都是 180°。

例 [1] 的前提对我国经济特区的每个分子对象都作了考察，结论对我国经济特区的该类全部对象加以反映；例 [2] 的前提反映"三角形"的每个子类对象情况，结论反映"三角形"的该类全部对象情况，两例都属于完全归纳推理。

完全归纳推理的逻辑形式是：

S_1 是（或不是）P，

S_2 是（或不是）P，

S_3 是（或不是）P，

……

S_n 是（或不是）P，

S_1、S_2、S_3 是 S 类的全部对象，

所以，所有的 S 都是（或都不是）P。

2. 完全归纳推理的特点

（1）前提考察周全。这是完全归纳推理与不完全归纳推理最主要的区别。运用完全归纳推理，不论对象数目多少，都要在前提中逐一进行考察。上述例［1］中，是在前提对我国经济特区的每一对象即深圳、珠海、汕头、厦门、海南都进行考察后，才据此得出"我国所有的经济特区都有中美合资企业"的结论。如果前提没有对某类对象逐一考察就下结论，那这个推理就不是完全归纳推理。

（2）结论必然得出。这是完全归纳推理同不完全归纳推理最重要的区别。由于完全归纳推理是对一类对象中的全部进行考察后得出一般性结论的，因此，这种推理结论所概括的范围没有超过前提所反映的范围。只要前提真实，则完全归纳推理的结论就必然是真实的。上述例［2］中，由于前提关于三角形的每一子类对象的认识是正确的，因而结论在此基础上所作出的概括，即关于所有三角形的认识就必然正确。

完全归纳推理的结论是必然的，具有演绎推理的某些特征。因此，现代逻辑认为它属于演绎推理。但由于完全归纳推理的推理方向是从具体性前提导出普遍性结论，又具有归纳推理的特征，因此，传统逻辑将其纳入归纳推理体系。

3. 完全归纳推理的作用

（1）完全归纳推理具有认识作用。例如，在化学上，当我们知道纯碳只有三种类型，并考察了石墨、金刚石、无定形碳三种物质燃烧都变成二氧化碳之后，可得出结论："所有纯碳在纯氧中燃烧都变成二氧化碳气体。"而这一正确的普遍性认识的获得，正是运用完全归纳推理的结果。

（2）完全归纳推理具有论证作用。例如，1840 年，德国几何学家默比乌斯提出一个观点：每张地图只需要四种颜色，就能使有公共边界的每

两个国家都用不同的颜色来着色。在 20 世纪，美国科学家运用高速电子计算机花了 1200 个小时，最终穷尽了由此假设形成的 2000 多个组合构成的 200 亿次判断，从而完满地证明了默比乌斯这一著名的论点。

4. 完全归纳推理的运用

为保证完全归纳推理得出正确的结论，无论它所涉及到的对象数量有多少，都必须逐一考察，不能遗漏。因此，当所考察的对象在数量上不仅有限并且数量不大时，完全归纳推理是可行的，否则就很难甚至无法运用完全归纳推理，而要用后面介绍的不完全归纳推理。除了前提要穷尽考察的全部对象外，每个前提的真实性也是完全归纳推理正确的关键所在。

二、简单枚举归纳推理

1. 简单枚举归纳推理概述

简单枚举归纳推理是根据某类对象的部分具有（或不具有）某种属性，且没有发现反例，从而推出该类对象的全部都具有（或不具有）某种属性的推理。简单枚举归纳推理又称为简单枚举法，它属于不完全归纳推理。例如：牛顿根据太阳与地球之间是互相吸引的，地球与月亮之间是相互吸引的等具体性认识，得出任何两个物质之间都是互相吸引的，即万有引力定律的结论，其所运用的推理就是简单枚举归纳推理。

简单枚举归纳推理的逻辑形式为：

S_1 是（或不是）P，

S_2 是（或不是）P，

S_3 是（或不是）P，

……

S_n 是（或不是）P，

S_1、S_2、S_3……S_n。是 S 类的部分对象，且未发现反例，所以，所有的 S 都是（或都不是）P。

2. 简单枚举归纳推理的特点

（1）前提考察不周全，属于不完全归纳推理。简单枚举归纳推理只要求前提考察一类对象中的一部分，而这一部分一般来说不止一二个对象，但究竟是多少，并无限制。

（2）概括的根据是没有反例。简单枚举归纳推理只要在考察过程中未发现反例，不需要其他条件，就可在此基础上作出普遍性的结论。

（3）结论是或然的。由于简单枚举归纳推理的结论断定的范围超出了其前提断定的范围，前提与结论之间没有必然的逻辑联系，因而结论是或然的。

3. 简单枚举归纳推理的作用

简单枚举归纳推理简便易行，在人们的日常生活中应用广泛。

对一些重复出现的事物情况，人们经常运用简单枚举归纳推理概括出一些客观规律性的认识。生活谚语和天气谚语的产生就是这种推理的典型。例如："近朱者赤，近墨者黑""路遥知马力，日久见人心""燕低飞，披蓑衣""瑞雪兆丰年"等。

简单枚举归纳推理在科学研究中，是不可或缺的。许多科学发现都是在观察或实验的基础上，通过运用简单枚举归纳推理而提出假设并进而获得的。例如哥白尼的"日心说"、哈维的"血液循环论"、达尔文的"物种进化论"等等。即使像"哥德巴赫猜想"，至今虽未被最终证明，但它的启发意义也不可否认。

4. 简单枚举归纳推理的运用

简单枚举归纳推理是常用的推理类型，但由于其结论是或然的，因此，在思维实际中必须注意提高其结论的可靠程度。提高简单枚举归纳推理可靠程度的方法是：

（1）前提应尽量大量考察对象。简单枚举归纳推理是根据考察某类对象中的一部分具有或不具有某种属性，且在考察过程中未发现反例而作出结论的，因此，结论的可靠程度与前提考察的对象的数目是正比关系。被考察的对象数目越多，且无相反的情况，就说明作出结论的根据越充分，结论就越可靠。例如对全班40个同学情况进行推理，依据30个同学的情况就比依据10个同学的情况更为可靠。

（2）前提中应尽量广泛考察对象。由于现实世界丰富多彩，因而一类中的不同对象各具特点，如范围、层次等等方面的差异。这就要求我们在思维实际中应尽量选择不同范围、不同层次的对象，使之具有全面的代表性。被考察的有代表性的对象越多、越全面，且考察时未遇到反例，则结论就越可靠。例如，对文学作品的考察，就应尽量将诗歌、小说、散文、戏剧等不同体裁的事例纳入视野。

（3）要注意寻找与结论相矛盾的反面事例。由于简单枚举归纳推理的结论是在个别对象情况重复出现且没有遇到反例的情况下得出的，因此，没有反例对结论至关重要。但是，考察中未发现反例并不一定就是无反例。为了提高结论的可靠程度，除正面广泛枚举出能证明结论的事实外，还必须注意寻找反面的事例。一旦发现有反面事例，就应放弃原结论。

在运用简单枚举归纳推理时，如果不按照提高这种推理可靠性的办法行事，仅仅依据很窄的范围、很少的事例就轻率地作出一般性结论，那么就会犯"轻率概括"的逻辑错误。

三、典型归纳推理

1. 典型归纳推理概述

典型归纳推理是根据某类对象的典型具有（或不具有）某种属性，且没有发现反例，从而推出该类对象的全部都具有（或不具有）某种属性的推理。例如，我们经常在工作中推广先进典型的经验，其逻辑基础就是典型归纳推理，即先进典型的做法在他那里是可行的，推论出在别的地方、别的人那里都是可行的。

典型归纳推理的逻辑形式为：

S_1 是（或不是）P，

S_2 是（或不是）P，

S_3 是（或不是）P，

……

S_n 是（或不是）P，

S_1、S_2、S_3……S_n 是 S 类的典型，所以，所有的 S 都是（或都不是）P。

2. 典型归纳推理的特点

（1）前提考察不周全，也属于不完全归纳推理。但简单枚举归纳推理前提考察的对象通常都有若干个，而典型归纳推理前提考察的对象可以少至一个；简单枚举归纳推理前提所考察的对象是任意的或随意的一部分，而典型归纳推理前提考察的对象是挑选出来具有代表性的一部分。

（2）结论是或然的。典型归纳推理的结论断定的范围超出了其前提断定的范围，因而结论也是或然的。但是，其可靠程度大大高于简单枚举归纳推理，甚至可以趋近于必然。

3. 典型归纳推理的作用

典型归纳推理一方面不失简单枚举归纳推理简便易行的优点，另一方面又有结论更为可靠的优点，可以说是兼取了完全归纳推理与简单枚举归纳推理两者的长处，因而被广泛应用。当我们既需要比较可靠的结论，又由于条件限制而难以全面考察时，就常用这种解剖麻雀式的推理。

4. 典型归纳推理的运用

典型归纳推理是常用的推理类型，但由于其结论还是或然的，因此，在思维实际中必须注意提高其结论的可靠程度。提高典型归纳推理可靠程度的方法是：

（1）尽量选准典型。典型归纳推理结论是否可靠，同典型的代表性关系密切。找准了典型，哪怕这典型只有一个，由此进行的典型归纳推理，结论也是可靠的。

（2）前提中应尽量去对共有属性进行推导。即使是典型，也并非所有属性都是其他对象所共有的，因此在运用典型归纳推理时，应尽量对共有属性来进行推导，因为共有属性并不专属于典型，也为其他对象所具有，这样就能保证结论的可靠性。

第三节　概率归纳推理与统计归纳推理

一、概率归纳推理

1. 概率归纳推理概述

概率归纳推理是根据某类事物中的部分对象具有某种属性的概率，推出该类事物的全体对象都具有该属性概率的推理。

例如，某厂领导为了解某种新产品质量合格情况，让质量检查员检查了 100 件产品。检查过程中发现有合格的，也有不合格的，总计为 83 件合格，17 件不合格。于是质检员由此得出结论：该厂新产品合格的概率是83％。

上述例子以事件出现的可能性大小作出数量估计为前提，推知全体的概率，就是一个概率归纳推理。

概率归纳推理的形式是：

S_1 是 P，

S_2 是 P,

S_3 不是 P,

……

S_n 是 P,

S_1、S_2、S_3……S_n 是 S 类部分对象，并且 n 个 S 中有 m 个是 P，所以，全体 S 中有 m/n 的概率是 P。

在认识事物过程中，经常会遇到这样的现象：在所考察的 S 类部分对象中，有的 S 具有 P 属性，有的 S 不具有 P 属性，即个别的 S 是否具有 P 属性是偶然的、随机的，我们不能由此进行简单枚举归纳推理式的全称概括。对这种情况，我们可以运用概率归纳推理，作出全体 S 有多大的可能性是 P 的概率结论。

2. 概率归纳推理的运用

概率归纳推理是从部分概率到整体概率的推理，虽然结论相对简单枚举归纳推理来说更为可靠。但仍然是或然的。在运用概率归纳推理时，也必须注意提高其结论的可靠性。提高概率归纳推理结论可靠程度的条件是：

（1）考察的次数应尽可能多。人们通常是通过事件出现的频率去推断事件的概率。因此，观测的次数越多，频率就越接近事件的概率，由此得出的结论才会越可靠。而考察的次数少了，频率就会较大地偏离概率。例如，只抛掷一次硬币，若正面出现，按这一结果，则正面出现频率为 1；若反面出现，则正面出现频率为 0。但事实上，当抛掷次数足够多的时候，正面出现的频率便接近 50%，与概率一致。

（2）考察的范围应尽可能广。当考察的范围过于狭窄时，在这一场合中某事件出现的频率与在另一场合中出现的频率，往往会有较大的误差。因此，在进行概率归纳推理时，只有考察的范围尽可能地广，某事件出现的频率才会趋于稳定，得出的结论才可靠。例如，要推知双胞胎出生的概率，就不应只在某个地区考察，尤其是有些地区双胞胎出生的概率明显高于其他地区。

（3）注意考察情况的变化。随机事件同其他发展变化着的事物一样，也会不断发展变化，因而不能运用对某类随机事件原有的概率来推断已经发生变化了的该事件概率。例如，某人射击命中的概率会随着其技术水平的提高而发生变化，我们只能以当时的部分概率推知某一阶段的全体概率，而不能一劳永逸，认为其命中的概率永远如此。所以，注意考察随机事件的变化情况，对于不同阶段的概率是很重要的。

二、统计归纳推理

1. 统计归纳推理概述

统计归纳推理是根据被考察的样本中百分之几的对象具有（或不具有）某种属性，从而推出总体中百分之几的对象具有（或不具有）某种属性的推理。它是一种运用统计方法的归纳推理。例如，某农场在估计 1000 亩水稻产量时，依据水稻长势不同分为三个层次：好的为 500 亩，中等的为 400 亩，差的为 100 亩。然后从这三个层次中分别随机抽取 10 亩、8 亩、2 亩共 20 亩作样本，这 20 亩水稻平均亩产为 400 公斤，从而推断出该农场 1000 亩水稻平均亩产量为 400 公斤。

又如，某家电公司生产了 1000 台 DVD 机。检查员检查这批 DVD 机的质量时，从中随机抽出 200 台，结果发现有 184 台是合格产品，16 台是不合格产品，所以这 200 台 DVD 机的合格率为 92%，他们进而推出"这 1000 台 DVD 机的合格率为 92%"的结论。

上述两例都是由样本的百分之几对象具有某属性而推导出全部对象的百分之几具有某属性，因而都是统计归纳推理。其逻辑形式可表示如下：

样本中百分之几的 S 是（或不是）P，所以，总体中百分之几的 S 是（或不是）P。

统计归纳推理是从样本过渡到总体的推理，而样本只是总体的一部分，所以，统计归纳推理实际上也是一种不完全归纳推理。

统计归纳推理的结论也是或然性的，因为结论的范围超出了前提的范围，但是，它所概括的根据不像简单枚举归纳推理那样随意，而是要经过选样过程，就使得结论的可靠程度比简单枚举归纳推理的可靠程度更大，而且还超过概率归纳推理。

2. 统计归纳推理的运用

在认识到统计归纳推理的结论是或然性的之后，运用时应从以下几个方面注意提高统计归纳推理结论的可靠程度：

（1）样本的数量。由于统计归纳推理是从样本到总体的推理，因此，样本具有的属性与总体具有的属性可能存在误差。为减少和消除误差，样本要足够大，而且样本越大，代表性就大，结论就越可靠。

（2）样本的范围。样本的范围广泛，尤其是根据总体的差异区分层次，再从各个层次中抽样，就使得样本更具代表性，结论越可靠。

（3）抽样的客观性。为保证抽样的客观性，应正确应用各种抽样方法，但总的原则是抽样应当是随机的，不能专挑具有或不具有某种性质的对象，尽可能排除主观性和预谋性，以提高结论的可靠性。

（4）统计平均数的求得。在运用各种选样方法时，经常会用到求统计平均数，其方法主要有算术法与加权法。用算术法就是将数据简单地相加后去除以数据的数目，如（45+40+35+30）÷4。加权法则要将权数考虑进来。例如演讲比赛中，某学生演讲内容90分，语音80分，表情70分，仪态80分，算术平均分为80分；而如果内容权重为4，语音权重为3，表情权重为2，仪态权重为1，则加权平均分为（90×4+80×3+70×2+80×1）÷（4+3+2+1）=82分。在求统计平均数时，要正确运用相应的方法。

第四节　类比推理

一、类比推理概述

类比推理简称为类推，它根据两个（或两类）对象某些属性的相同，以及其中某个（或某类）对象还具有（或不具有）其他属性，推出另一个（或另一类）对象也具有（或不具有）该属性。例如，罗马体育馆的设计师研究了人头盖骨的构造和性质，发现头盖骨由额骨、顶骨和颞骨等八块骨片组成，具有多块、薄片、体轻、组合成半球形的特点，因而非常坚固。设计师便由此想到，建造大型体育馆的房顶，如果采用这种多块、薄片、体轻、组合成半球形的构件，房顶也会非常牢固耐用。按此设想，设计师设计了罗马体育馆的房顶，付诸实施，结果取得了成功。这就是运用类比推理，先对头盖骨与房顶进行类比，再推出相应结论。

1. 类比推理的特点

（1）思维进程方向是从具体到具体。传统逻辑对推理的分类正是根据类比推理这一既不同于演绎推理，又不同于归纳推理的特点，认为类比推理是一种独立的推理类型，因而将推理分为三种。

（2）前提与结论的联系是或然性的。类比推理是以事物的相似性（或相同性）为推理根据的，但这个根据是不充分的。类比推理结论所断定的也就超出了前提断定的范围，因而由前提的真无法保证结论的真。

要注意类比推理中的类比与比较及比喻之间的差别。比较是在思维中确定对象之间共同点和差异点的逻辑方法，而类比推理中的类比不涉及差异点。比喻只要求本体与喻体之间有一点相同或相似之处即可，其余方面悬殊越大越好，类比推理中的类比对共同点有更多的要求。

2. 类比推理的种类

类比推理与归纳推理一样，以经验材料为基础，同经验的认识方法密切相连。根据所依赖的搜集材料方法的不同，类比推理可分为观察类比推理和实验类比推理两种。观察类比推理又可分正类比推理、反类比推理和合类比推理三种，它们之间的差别是类推有某属性或无某属性。实验类比推理则以类推方向为标准，分为原型类比推理和模型类比推理。

3. 类比推理的作用

类比推理是科学研究和创造发明不可缺少的工具。科学上许多重要理论，最初都是通过类比推理提出的；许多重大发现和发明，也是应用类比推理的认识成果。惠更斯提出的光波动说，是与声音相类比而受到启发提出来的；传说我国古代著名的工匠鲁班发明锯子，是与边缘上有许多锋利小齿的草叶相类比，在此基础上制造出来的。

类比推理在说明和论证方面具有重要的作用。恰当地运用类比推理，把抽象道理运用于生动、具体的事例之中，往往能收到良好的效果。例如以张海迪的事迹去激励其他残疾青年奋发向上。而在工程技术的可行性论证中，类比推理具有独到之处，不可取代。对我国葛洲坝工程建造的认可，没有相应的模拟试验以及运用类比推理所作的论证，是不可设想的。

类比推理在学习中能启迪人们的思路，触类旁通，举一反三，收到事半功倍的成效。善于学习的，不死记硬背，而是运用创造性思维，实现学习上的水平迁移，闻一知十，活学活用，取得观察类比推理就是在事物或现象的自然状态下，对观察到的情况进行类比得出结论的推理，它包括正类比推理、反类比推理。在观察基础上，根据两个（或两类）事物具有若干相同或相似的属性，而其中一个（或一类）事物还具有另一属性，从而推出另一个（或另一类）事物也具有相同或相似属性的推理就是正类比推理，其逻辑形式为：

对象 A 具有属性 a、b、c、d，

所以，对象 B 也具有属性 d。

例如，发明叩诊法的奥地利医生奥恩布鲁格是酒商的儿子，他时常看到父亲用手指上下敲击酒桶，从木制酒桶发出的声音推断桶内是否有酒及酒量的多少。他由此联想到，人的胸腔不也像木桶吗？叩击胸腔，从胸腔发出的声音不就可以推断胸内积水的有无或多少吗？后来的结果证明，奥恩布鲁格反类比推理是从不具有若干属性进行类比，从而推出另一对象也不具有前一对象所无的属性这样一种类比推理，逻辑形式可表示如下：

对象 A 不具有属性 a、b、c、d，

对象 B 不具有属性 a、b、c，

所以，对象 B 也不具有属性 d。

我国古代曾有位官员运用反类比推理侦破了一起杀人后又焚尸的刑事案。从死后被焚的猪口腔、鼻腔、气管内没有烧伤过程中吸入的烟灰、炭末等异物，而现场死尸的口腔、鼻腔、气管内也没有烧伤过程中吸入的烟灰、炭末等异物，于是他推断出死者并非因失火致死，而是被人谋杀的。

4. 合类比推理

合类比推理是对正类比推理与反类比推理的综合，即根据两事物都有某些属性以及都无某些属性，推出两事物都有另外的某属性以及都无另外的某属性。其形式可表示如下：

对象 A 有 a、b、c、d 属性，无 e、f、g、h 属性，

对象 B 有 a、b、c 属性，无 e、f、g 属性，

所以，对象 B 也有 d 属性，无 h 属性。

例如，将美国的加利福尼亚州与我国的江浙地区作一类比，可以发现两者的自然环境（地形、水文、土壤）和气候条件（湿度、温度、光照）都具有某些属性以及都不具有某些属性，而我国江浙地区适于种柑橘，不适于种苹果，由此可以推断出美国加利福尼亚州也适于种柑橘而不适于种苹果。

5. 观察类比推理的运用

观察类比推理的结论是或然性的，运用时应注意提高其可靠程度。

（1）尽可能多地类比两个或两类对象之间的属性。类比的属性越多，意味着它们在整体上越相近，结论的可靠性就越大。如高等动物更接近于人类，所以用于人的药物试验就常在高等动物身上做。

（2）尽可能找出联系紧密的属性进行类推。前提中共有或共缺的属性若与所要推断的属性密切相关，它们之间常常存在着制约关系，一有俱

有，一无俱无。例如上例中的自然环境、气候条件与种植之间就是密切相关的，因而结论是可靠的。如果作为依据的属性是本质的，结论就更可靠了。

如果我们把某对象的特有属性或偶有属性类推到另一对象，就会犯"机械类比"的错误。例如基督教神学家从钟表各部分构成一个和谐整体，并且有创造者，而宇宙各部分也构成和谐整体，于是推断宇宙也有创造者，即所谓的万能上帝，就犯了机械类比的错误。

二、实验类比推理

实验类比推理也叫模拟类比推理。这种类比推理是在实验室里参照自然现象或实际对象（即原型）设计出相应的模拟对象（即模型），然后根据两者在性质、关系、结构、功能方面的共同点进行类比，从而推出结论。它包括原型类比推理和模型类比推理。

1. 原型类比推理

原型类比推理是从模型类推原型的推理。例如，要研制新型飞机，建造高吨位的大型油轮，设计大型水利工程等等，先按一定的比例及构造原理制作小型的模型，以便在实验室里进行研究。再模拟原型将面临的外部条件进行测试。然后将模型所具有的性质、功能等类推到原型上去，使研制、建造工作更有成效地进行。

这种类比推理形式可表示如下：

试验模型具有属性 a、b、c、d，

研制原型具有属性 a、b、c，

所以，研制原型也有属性 d。

2. 模型类比推理

模型类比推理是从原型类推模型的推理。这种推理在仿生学中广为运用。例如青蛙的眼睛是跟踪运动目标——飞虫的非常完善的器官，人们根据其结构及反应原理设计出"电子蛙眼"，以跟踪天上的卫星及监视空中的飞机。根据类推，人们自然期望"电子蛙眼"的功能也是完善的。这种类比推理形式可表示如下：

自然原型具有属性 a、b、c、d，

技术模型具有属性 a、b、c，

所以，技术模型也具有属性 d。

3. 实验类比推理的特点

实验类比推理的共同点是以简单模拟复杂、以小模拟大等，从中研究共同的规律。它与观察类比推理相比，具有以下几个特点：

（1）类推的对象不同。观察类比推理直接对自然状态的对象进行类比并推论，实验类比推理则要求为进行这种推理特地设计模型，从而对原型和模型进行类推。

（2）类推的范围不同。观察类比推理往往是就外在的属性进行类推，而实验类比推理则不限于此，它广泛深入地进行类推，因而能在看起来完全不同的对象（如人脑与电子计算机）之间进行。此外，观察类比推理所类推的属性往往是零散的或零星的，而实验类比推理所类推的属性是包括性质、功能、结构、关系在内的，全面而系统。

（3）类推所依据的精确度不同。观察类比推理所依据的共同点是粗疏的，如酒桶与胸腔在外形上只是大致相同。实验类比推理所依据的共同点是精确的，尤其是试验模型与研制原型之间，除了体积外，前者可以说是后者的翻版，各种比例关系及数据都是一样的。

（4）结论的可靠程度不同。实验类比推理由于上述原因，结论比观察类比推理的结论可靠程度高得多。

对实验类比推理来说，要使其结论更为可靠，关键是解决模型在质和量上相似的精确度问题。

第九章

逻辑基本规律

逻辑基本规律是从不同思维形式之间共同的、本质的关系中概括出来的，包括同一律、矛盾律和充足理由律、排中律。这四条基本规律高屋建瓴，从不同角度来表现和保证思维的确定性，具有普遍适用意义，是人们进行正确思维必须遵守的起码准则。应把握其内容、适用范围和逻辑要求，并结合分析相应的逻辑错误，从而自觉地遵守和运用这些基本规律。

第一节　逻辑基本规律概述

一、逻辑基本规律的含义与特征

逻辑基本规律是抽象思维中思维形式的基本规律，包括同一律、矛盾律和排中律、充足理由律。

逻辑基本规律是思维的规律，不是事物本身的规律；是抽象思维中的规律，不是所有思维的规律；是关于抽象思维形式的规律，它不考虑思维具体内容之间的联系问题。

那么，为什么说这四条规律是逻辑基本规律呢？这是因为：

第一，它们概括了各种思维形式之间内在的、本质的联系，具有普遍性。例如，词项外延间有矛盾关系、反对关系，命题真假间也有矛盾关系、反对关系。逻辑基本规律将它们的共同点在一个更高层次上统一起来。正由于如此，逻辑基本规律普遍适用于各种思维形式，而不像词项内涵与外延的反变关系，以及三段论推理规则那样，只适用于某些思维形式。

第二，它们是人们正确地进行抽象思维所必须遵守的起码准则，是正确地进行抽象思维的必要条件。任何正确的抽象思维，首先必然是具有同一性，无矛盾性、排中性的、充足理由律，而这些正是由这四条基本规律所制约、所决定的。如果违反这些规律的要求，就不能正确地反映与认识世界，人们的实践活动也必定失败。

二、逻辑基本规律的客观基础

逻辑基本规律虽然不是客观事物本身的规律，但它并不是先验的，也不是约定俗成的。一方面，它是人类在长期实践的基础上对抽象思维活动规律性的概括和总结，具有客观性质；另一方面，正如列宁所指出的，逻辑规律就是客观事物在人的主观意识中的反映，有其客观基础。唯物辩证法揭示出：客观事物是在运动、变化、发展着的。但任何事物在一定的发展阶段，都有着自己的规定性。这种规定性决定了某类事物之所以成为某类事物，并同别的事物区分开来。客观事物质的规定性就是逻辑基本规律的客观基础，四条基本规律从不同方面对之进行反映、表现。既然某类事物不是另一类事物，我们在思维中就不能把它们相互混淆；既然某类事物具有这种质的规定性，就不具有别的质的规定性，我们在思维中就不能把它们合在一起。这说明了逻辑基本规律的规范性、强制性，是由其客观基础所决定的。唯心主义者把这些规律解释为脱离自然、脱离实践的先验东西，显然是错误的。

第二节　同一律

同一律是任一思维形式与其自身，以及与具有相同逻辑值的思维形式之间的基本规律。

一、同一律的基本内容是

在同一思维过程中，任一思维形式与其自身具有全面的同一性；具有相同逻辑值的思维形式之间具有相对同一性。它可以用公式表示为"A是A"。

所谓同一思维过程，亚里士多德早就有所论述，它指的是对象、时间、关系三者的同一，即在同一时间和关系下，对同一思维对象进行思维。同一律公式中的"A"表示任一思维形式，如词项、命题形式等，公式中的"是"其含义为"等于"。这个公式简明地告诉我们：在同一思维过程中，逻辑中的某思维形式其内容是什么就是什么，有什么样的逻辑性质就有什么样的逻辑性质，它与自己是全面同一的，而思维形式的内容若相同，则它们之间相对同一。例如：一个词项指称什么对象就指称什么对象，它就不指称别的不同对象；一个命题反映什么事物情况就反映什么事物情况，它就不反映别的不同事物情况；两个词项指称同一个对象，则它们的外延重合；两个命题反映同一事物情况，则它们的真值相同。

同一律基本内容所揭示的相对同一是由自身同一所决定的，因为只有自身是同一的，才能由此判明两思维形式之间是否相对同一。

同一律作为一种科学规律，具有必然性和客观性，不管人们对此是否认识，是否承认，它都存在并发挥着作用。

二、同一律的要求和违反它的逻辑错误

同一律的要求是根据同一律的基本内容对正确思维所提出的要求。同一律要求人们在同一思维过程中运用思维形式时，必须保持同一，识同辨异，不要把不同的思维形式当作相同的，或把相同的思维形式当作不同的，否则就不能正确地把握事物的规定性。保持同一包括词项、命题的同一。词项的同一是说在同一思维过程中，保持词项的内容不变，原来在什么意义上使用某词项，就一直在这个意义上使用该词项（即有确定的内涵和外延），不能随意变换其内涵和外延；另外也不能把不同的词项混淆起来。如果违反这一要求，就会犯"混淆概念"或"偷换概念"的逻辑错误。混淆概念是指误把不同的词项当作同一词项来使用。例如，某人在一次讨论会上作了这样的发言："有些人主张写作时应当讲究语言形式。我的看法则与之不同，我认为应提倡内容与形式的统一，必须纠正和反对这种形式主义的倾向。""讲究语言形式"与"形式主义"是两个不同的词项，这里把两者混为一谈，违反了同一律的要求，犯了"混淆概念"的逻辑错误。

偷换概念是指故意把不同的词项（即具有不同的内涵或外延）当作同一词项来使用。德国帝国主义兼并政策的辩护士库诺夫曾运用这样一个推理来辩护："帝国主义是现代资本主义，资本主义的发展是不可避免的和进步的，所以帝国主义也是进步的。""现代资本主义"与"资本主义的

发展"是两个不同的词项，库诺夫却有意将两者等同起来，这就犯了偷换概念的错误。

命题的同一是指在同一思维过程中，必须保持命题含义的统一，不能将不同的命题当作同一命题来使用，也不能用其他命题来代替原来所要谈论的主题，违反这一要求的逻辑错误叫做"转移论题"或"偷换论题"。某报曾发表了一篇读者来信，信中批评某些领导者植树造林搞形式主义，实际效果差，而该报所登的回信却说什么领导参加植树，也有积极的一面等等，不是针对批评作出回答，这就转移了论题。"下笔千言，离题万里"说的就是这种逻辑错误。而偷换论题是诡辩者常用的伎俩。

三、同一律的作用及运用

同一律是逻辑基本规律之一，在抽象思维领域中起作用。而在辩证思维中，不仅要反映对象的同一性，还要反映对象的对立性，因此，当我们要认识事物的多种规定性的统一时，就不能生搬硬套同一律了。

同一律所要求的同一，是就思维而言的，因为同一律不是客观事物的规律，也不是世界观。形而上学者把逻辑的规律当作世界观的基本原则，认为事物绝对同一，永远不变，这是非常错误的。同一律对思维所要求的同一，也是有条件的。在不同时间、不同关系或不同对象的情况下，我们就不能要求必须保持同一了。毛泽东同志在《关于正确处理人民内部矛盾的问题》中说过："人民这个概念在不同的国家和各个国家的不同历史时期，有着不同的内容。"

对相对同一来说，逻辑考虑的是词项外延方面和命题真值方面。如果超出这个范围，就不是逻辑同一律所能制约、适用的了。因此，同一律全面适用于自身同一，有条件适用于相对同一。在我们的思维过程中，我们不仅要遵守同一律的要求，而且还应该积极主动地利用同一律为我们服务。例如，变换使用具有全同关系的词项，使表达更加生动，根据命题间的等值关系，进行替换、推理等。

第三节　矛盾律

矛盾律是具有矛盾思想以及反对思想的思维形式之间的基本规律。

一、矛盾律的基本内容

在同一思维过程中，具有矛盾以及反对思想的思维形式之间必有一个不成立。它可以用公式"A 不是非 A"来表示。

公式中的"A"表示任一思维形式，"非 A"表示与 A 思想相矛盾的思维形式。例如，"团员"与"非团员"是相矛盾的，"所有金属是导体"与"有金属不是导体"也是相矛盾的。公式说的是 A 这个思维形式不是"非 A"这个思维形式，A 和非 A 在同一思维过程中不可能是成立的。对于词项来说，如果 A 反映某一对象，非 A 就不反映这一对象；对于命题来说，如果 A 反映某一事物情况是真的，非 A 就不反映这一事物情况是真的。

矛盾律也是事物质的规定性的反映。这种规定性不仅决定了某事物之所以是某事物，还决定了它不是别的事物，尤其是相矛盾的事物，并由此进而同别的事物，尤其是相矛盾的事物区别开来。就此而言，矛盾律是同一律的展开和深化。既然 A 自身同一，显然就不与非 A 同一；更进一步，若其中有一个成立，另一个就不成立。

二、矛盾律的要求和违反它的逻辑错误

矛盾律揭示的是具有矛盾或反对思想的思维形式之间不两立性。根据这一内容，矛盾律对正确思维提出不矛盾的要求，即在同一思维过程中不能承认、接受具有矛盾或反对思想的思维形式，否则就会犯"两可"的逻辑错误。这种逻辑错误是自相矛盾的一种表现。

"两可"表现在词项中，就是将相矛盾的内涵作为一个词项的内容，从而形成了含有逻辑矛盾的词项。德国的无政府主义者杜林在攻击马克思主义时，为了建立自己的体系，曾提出了"可以计算的无限数列"的词项。恩格斯一针见血指出其逻辑错误：如果是可以计算的，就不是无限的，反之，如果是无限的，就不是可以计算的。

"两可"表现在命题中，一种表现是同一思维过程中包含有两个相矛盾或相反对的命题，如韩非子所讲寓言故事中的那个楚人，既说"吾盾之坚，物莫能陷也"，又说"吾矛之利，于物无不陷也"。另一种表现是在同一个命题中，包含着相互排斥的内容，例如，"入侵的敌人基本上全部

被我们消灭了"。

违反矛盾律要求有一种特殊的表现叫做悖论。对于悖论，无论我们是否承认、肯定它，都会得到相反的结果。也就是说，实际上是犯了"两可"的错误。

古希腊有个著名的悖论，叫做"说者悖论"，即有个人说："我正在说的这句话是假的。"试问，他说的这句话是真还是假？如果认为真，则要否认他说的话，因为话里已表明了这一点；如认为是假，则要承认他说的是真话，因为"说假话"是假的，则是说真话。

悖论在逻辑学和数学的意义是深远的。它推动了逻辑学和数学的发展。例如，在逻辑学中，有人提出了语言层次理论，以求解决悖论问题。虽然作为一种解决方法来说不是完全有效的，但至少这一理论使我们明确了语言的提及与使用之间的区别以及这种区别的意义。

三、矛盾律的作用及运用

矛盾律作为逻辑基本规律之一，其主要作用是保持抽象思维的一致性，避免自相矛盾，这种矛盾，也叫做逻辑矛盾。具有反对关系的思维形式蕴涵了逻辑矛盾。如 SAP 可推出 SIP，与 SEP 相矛盾。避免、排除逻辑矛盾也就包括这种情况。列宁指出："逻辑矛盾——当然，在正确的逻辑思维的条件下——无论在经济分析中或在政治分析中都是不应当有的"，否则就不可能正确地认识现实。而科学常常就是在发现逻辑矛盾并且逐步解决逻辑矛盾的过程中发展的。例如微积分以极限论法去解决无穷小量的逻辑矛盾问题，从而促进了这门科学的进一步完善。

矛盾律所要避免、排除的矛盾是逻辑矛盾，而不是辩证矛盾。辩证矛盾存在于自然界和社会的一切事物以及人们的思维之中，是一切事物发展的动力和源泉，是由两个对立面组成的统一体。例如马克思揭示的资本"既在流通中又不在流通中产生"的这一辩证矛盾。处理辩证矛盾，必须运用辩证思维的基本规律。逻辑矛盾只是思维中的矛盾，因为在现实中，例如商品不可能既是又不是劳动产品。

在抽象思维中，如果不是同一思维过程中，即使是具有矛盾或反对思想的思维形式，也不构成逻辑矛盾。例如，关于社会主义革命胜利的问题，马克思、恩格斯作出过社会主义不能单独在一个国家内取得胜利的论断，列宁则作出"社会主义革命完全可能在单独一个国家内取得胜利"的论断，这两个论断一个是在自由竞争的资本主义时期作出的，一个是在帝国主义阶段作出的，不仅不违反矛盾律要求，而且事实上两个都是正确的。

根据矛盾律所揭示的必然联系，我们就可以选择相应的命题去有效地驳斥错误命题，我们也可以从某个命题的真推出其矛盾或反对命题的假，我们还可以通过从对方命题中引出逻辑矛盾，从而确定其虚假性。这些都是在实际思维中对矛盾律的积极运用。

第四节　排中律

排中律是具有矛盾思想以及下反对思想的思维形式之间的基本规律。

一、排中律的基本内容

在同一思维过程中，具有相矛盾思想以及下反对思想的思维形式之间必有一个成立。它的公式可表示为："A 或者并非 A"。

公式中的"并非 A"与矛盾律公式中的"非 A"是相同的，也包括词项间的矛盾关系和命题间的矛盾关系。

这个公式告诉我们，除了"A"和"非 A"之外，没有第三种选择，二者必取其一。例如在词项中，若某词项不反映某一对象，则具有矛盾关系的词项必反映该对象，反之亦然；在命题中，若某个命题反映某一事物情况是假的，则与之具有矛盾关系的命题（如其负命题）就必反映该事物情况是真的，反之亦然。

排中律是对矛盾律的补充。矛盾律揭示了具有矛盾思想的思维形式不两立，对此，排中律从另一方面揭示了这种关系的逻辑性质：具有矛盾思想的思维形式不能两者都否定，从而使之全面完整地被人们所认识。显而易见，排中律也是具有客观性和必然性的逻辑基本规律。

二、排中律的要求和违反它的逻辑错误

既然对于现实情况我们只能有"A"或"并非 A"两种判定形式，因此，

排中律对正确思维提出了排斥第三者的要求，即不能对"A"和"并非A"都加以否定和反对，否则就会犯"两不可"的错误，而这是自相矛盾的另一表现，因为否定、反对"A"等于肯定、接受"并非A"，否定、反对"并非A"等于肯定、接受"A"，其性质与"两可"是类似的。

"两不可"的逻辑错误一般出现在命题中。例如，世界上究竟有鬼还是无鬼呢？有的人这样说："既不能说有鬼，也不能说无鬼。信则有，不信则无。"这就违反了排中律的要求，因为"鬼存在"与"鬼不存在"是具有矛盾关系的命题，两者必有一真，即我们或持有鬼的主张，或持无鬼的主张，除此以外，再提出第三种主张，在逻辑上是错误的，更不用说在事实上也不可能存在这种情况。

三、排中律的作用及运用

排中律作为矛盾律的补充，从另一方面保证了思维的无矛盾性。但排中律不适用于具有反对关系的思维形式。如果客观事物确实存在第三种可能情况，否定对立的情况就没有违反排中律的要求。例如，对于某盘棋的和局结果来说，"他既没有赢也没有输"就是正确的。

排中律揭示了具有矛盾关系的思维形式之间必有一个是成立的，但究竟哪一个是成立的，排中律没有也不可能具体认定。因此，当人们由于认识上或其他方面的原因，无法或不想在两者之间作出抉择以肯定或接受其一时，即不明确表态以及不置可否时，也没有违反排中律的要求，不能从逻辑方面加以指责。

我们这里所讲的逻辑是一种二值逻辑，此外还有多值逻辑、模糊逻辑等等，它们统称为非二值逻辑。对于非二值逻辑来说，排中律就不适用了。我们在这里不作进一步的说明，但它提醒我们：这里所讲的逻辑基本规律与抽象思维的基本规律不等同，在运用这些规律时要注意其适用范围。

排中律所要求的非此即彼是对具有矛盾关系的思维形式而言的，它并不否认也不涉及事物的中间状态。恩格斯指出："辩证的思维方法同样不知道什么严格的界线，不知道什么普遍绝对有效的'非此即彼！'，它使固定的形而上学的差异互相转移，除了'非此即彼！'，又在恰当的地方承认'亦此亦彼！'，并使对立通过中介相联系"。正由于如此，不能将排中律误解为形而上学的"非此即彼"观。

否定两个具有下反对关系的命题，蕴涵否定两个具有矛盾关系思想的命题，如同时否定 SIP 与 SOP 时，前一否定蕴涵否定 SAP，其结果与后一否定构成"两不可"；后一否定蕴涵 SEP，其结果与前一否定构成"两不可"，因此，排中律直接适用于具有矛盾关系的思维形式，间接适用于具有下反对关系的思维形式。

在实际思维中，我们也经常运用排中律。例如，从一个命题的假，根据排中律，推出相应命题的真；又如，根据排中律原理，进行反证法的间接证明等等。

运用排中律时，要注意"复杂问语"之类的问题。对一简单问语（是非问），或肯定回答，或否定回答，总有一个是正确的。但复杂问语中隐含着假定，而这一假定是错误的时候，就不能简单地以是否来回答，也不能说这两个回答中必有一个是正确的。对一个从不吸烟的人问道："你是否戒烟了？"就属于这种情况。回答"是"意味着以前吸烟而现在不吸了，回答"否"意味着以前吸烟现在还吸。而事实上"以前吸烟"的假定是错误的，应对此加以否定。

第五节　充足理由律

一、充足理由律的基本内容

在同一思维过程中，一个思想被确定为真，必须有其充足的理由。用公式表示为：

A 真，因为 B 真并且由 B 能推出 A

即

$B \wedge (B \rightarrow A) \rightarrow A$

上述公式中，"A"表示在论证过程中被确定为真的命题，叫论断或论题。"B"可以是一个命题也可以是许多命题，它是用来确定 A 真的命题，称为理由或论据。"→"表示推出。整个公式的意思是说，A 被确定为真，因为 B 真，并且由 B 能推出 A，B 就是 A 的充足理由。

二、充足理由律逻辑要求

第一，理由必须真实。违反这个要求就要犯"理由虚假"的错误。例如，20 世纪 50 年代"人手论"在和"人口论"争论时，坚持不必控制人口增长的观点，所用的论据就是：人有两只手，一个口，两只手做出来的东西一个口肯定吃不完。这一论据显然是虚假的。再例如，甲、乙二人互相打斗，甲把乙的鼻子咬了下来。事情告到官府，官老爷审案时，甲说乙的鼻子不是他咬掉的，而是乙自己咬下来的。官老爷生气地说，鼻子长在嘴上，自己怎么会咬下鼻子呢？甲说：因为他是站在凳子上往下咬的呀！

甲的论点"乙的鼻子是乙自己咬下来的"是十分荒唐的，而他用来证明的论据"他站在凳子上往下把自己的鼻子咬下来的"，同样是极其荒唐、站不住脚的。因为一个人的鼻子总在自己的嘴巴上面，站在凳子上面也无法改变这种局面，因此，论题虚假，论据也是虚假的。

第二，理由与推断之间要有必然联系。违反这个要求就要犯"推不出"的错误。

推不出包括"形式的推不出"和"非形式的推不出"。形式的推不出，指的是违反推理规则所犯的逻辑错误。如充分条件肯定后件到肯定前件，就属于"形式的推不出"。

非形式的推不出，指的是理由和推断的内容之间没有直接关系。"非形式的推不出"包括的情况比较复杂。主要有以下几种情况：

1）论据和论题不相干

"论据和论题不相干"是指论据和论题在内容上毫无联系。比如，我脑袋小，知识装不进，这说明我学习不好的原因，就在这倒霉的脑袋上。

"脑袋小"和"学习不好"之间毫无联系。科学研究表明，人的智力与人的脑袋大小没有关系，主要与大脑皮质的沟回复杂程度有关。

2）以相对为绝对

"以相对为绝对"是指，把在一定条件下的真实命题，当作无条件的真实命题作为论据来使用。比如，甲、乙二人都非常喜欢辩论。一天，他们又聚在了一起。辩论开始了。甲说：我可以证明儿子一定比父亲聪明，因为创立相对论的是爱因斯坦而不是他的父亲。乙说：恰恰相反，这个例子只能证明，父亲比儿子聪明，因为创立相对论的是爱因斯坦而不是他的儿子。

爱因斯坦创立相对论这一事实，对双方的论点都只具有相对的支持作用，不具有绝对支持作用，双方都犯有"以相对为绝对"的错误。

3）论据不足

"论据不足"是指，虽然论据和论题之间有某种联系，但这种联系并不足以构成对论题的支持作用。比如，某人书读得多，所以，思想复杂，进步就慢了。书读得多，不一定思想就复杂。

充足理由律的根本作用，是保证思维的论证性。思维要有论证性，才会有说服力。理由不真实，或者理由和推断之间没有必然联系的论证，是没有说服力的。

第六节 悖论问题

违反矛盾律就要犯"自相矛盾"的错误。自相矛盾是同时断定两个互相矛盾的命题或者互相反对的命题都是真的。自相矛盾的一种较复杂情况是，互相矛盾的命题或者互相反对的命题被凝缩在一个语句中的情况，这个情况也被称为半截子悖论。

一、什么是悖论

在英文中，最早出现的悖论叫说谎者悖论。

古希腊的伊壁门尼德说："所有克里特人都是说谎者"（P）。由P真可推出P假（因为P包括P自己），即P→ㄱP。具体推理过程是：SAP→SaP→ㄱ（SAP）。但由P假并不能推出P真，而可推出P假。具体推理过程是：ㄱ（SAP）→SOP→ㄱ（SAP）。通常把这种情况称为"半截子悖论"。

中国古代的《墨子·经上篇》说："言尽悖，悖，说在其言"，表达的也是半截子悖论。墨家还有"非诽""学无益""知不知"等关于悖论的议论。墨家的解悖方案是：如果A真，则A假；所以，A不真，所以，A假。使用了归谬法，假设了矛盾律。半截子悖论在本质上都可以归结为逻辑矛盾。

严格悖论是在公元前 4 世纪由欧布里德提出来的。"如果某人说他正在说谎,则他说的话是真的还是假的?"上述表达可以简化为 A: 我在说谎。

A=B: 本语句假。

A=B=C: 写在方框里的这句话是假的

若 A 真,则 A 假;若 A 假(即非 A 真),则 A 真。严格悖论用公式表示出来就是: $A \leftrightarrow \neg A$,即命题 A 及其否定非 A 之间可以互推。

二、三次数学大危机

古希腊的希帕索斯悖论,毕达哥拉斯学派认为,"数"是万物的本原,而且任何数都可以表示为自然数及其比。但是毕达哥拉斯学派希帕索斯却发现了等腰直角三角形的斜边不可公度。假设一个等腰直角三角形的两直角边的长度为 1,则其斜边的长度就应该是 $\sqrt{2}$。这个数既不能表示为自然数,也不能表示为自然数的比,即 $\sqrt{2}$ 既是数又不是数。引出数学史上的第一次危机。危机的结果导致"实数"产生,实数包括有理数和无理数,$\sqrt{2}$ 是无理数。

第二次数学危机是指无穷小悖论的出现。17 世纪末、18 世纪初,牛顿和莱布尼茨创立微积分,其基础是无穷小量。无穷小量似零但又不是零,这就是无穷小悖论。第二次数学危机的结果,产生了高等数学即变量数学。

1901 年罗素提出"集合论悖论",又称罗素悖论,引发第三次数学危机。此悖论至今未获得完满、公认的解决,因而被称为"罗素的哥德巴赫猜想"。

三、集合论悖论

在素朴集合论中,任意性质都可以构成一个集合。集合可以分为两类:一类是良性集合,即不自属的集合,集合自身不能再是自己的一个元素,即 $X \notin X$;另一类是非良性集合,即可自属的集合,集合自身还可以是自己的一个元素,即 $X \in X$。

显然,我们也可构造一个由所有的良性集合所构成的集合,即一切不自属的集合所构成的集合,$R=\{x|x \notin x\}$。但是这个集合是否也是自身的

一个元素呢？如果是自身的一个元素，则这个集合不是良性集合，则它不能是自身的元素；如果不是自身的一个元素，则这个集合是良性的，则又应该是自身的一个元素。即如果 R∈R，则 R∉R；如果 R∉R，则 R∈R。于是 R∈R↔R∉R。

四、理发师悖论

为了给集合论悖论寻找一种通俗的能用日常语言陈述的"翻版"，罗素在 1919 年把集合论悖论改造为理发师悖论。

某村只有一个理发师，他规定，给而且只给村子里不给自己刮胡子的人刮胡子。那么他自己该不该给自己刮胡子呢？如果他给自己刮，那么他就不该给自己刮，如果他不给自己刮，则他又该给自己刮。据说，该理发师刚一拿起剃刀就赶紧放下，而一放下却又觉得可以拿起来，就这么一拿一放，始终手足无措，不知所从。

对理发师悖论的解决方案主要有：

（1）理发师的胡子永远不刮。不行，因为理发师因此就会属于不给自己刮胡子的人了。

（2）请别的理发师刮。不行，因为理发师还是属于不给自己刮胡子的人。

（3）这个理发师是女的。问题是现在这个理发师就是男的。

（4）理发师的规定不能成立，世界上决不会有能实行这条规定的理发师。

罗素提出这个悖论的根本用意，是让人思考这个悖论怎么会出现的，因此不能简单处理。

五、悖论的成因

1. 自我指称

如说谎者悖论，"本语句假"中的主语"本语句"，却指称这整个语句本身。部分直接指称整体。

2. 使用否定性概念

所有悖论都是自我指称，但自我指称的语句未必造成悖论。如"本句话真""本语句是中文语句"等。

3. 涉及整体与无限

所有悖论都是"自我指称"加上"否定"，但是"自我指称"加上"否定"不一定就能构成悖论。如"本语句不是中文语句"肯定是一个假句子。悖论产生涉及无穷。无穷包括潜无穷和实无穷。潜无穷是把无穷对象看成一个永无止境的过程，强调其过程性；实无穷把无穷对象看成是完成了的整体，强调其完成性。大多数语法悖论都是源自对潜无穷对象作实无穷的把握。如罗素悖论，解决办法就是不允许对潜无穷对象作实无穷的处理。

六、悖论的解决方案

1. 否定性解决

悖论的否定性解决方案，从根本上说，就是认为悖论是人类思维患病的表现，悖论必须从人类的思想中加以排除。如根据语言层次论的观点，"本语句假"这句话中的"本语句"为对象语言，是第一个层次的语言。"假"为元语言，是第二个层次的语言。令 T 表示"本语句"，T̄ 表示"本语句假"。如果 T 不指 T̄，则 T 为空语句，T̄ 为无意义。如果 T 指 T̄，则是自我指称。悖论产生的原因就是混淆了语言层次的结果。如果严格区分语言层次，就可以避免悖论。

2. 肯定性解决

悖论的肯定性解决方案，从根本上主张不片面排除矛盾，而是要容纳有意义的真矛盾。从悖论产生的原因来看，自我指称、否定性概念的使用和涉及整体与无限等等，都是悖论产生的必要条件。如果不允许自我指称、不允许使用否定性概念或者不涉及整体和无限，当然悖论也就不会出现。但是，如果我们增加这些禁止条件，也就会大大缩小科学研究的范围。而且凭什么就不能自我指称呢？难道因为会导致悖论就不能吗？其实这都是矛盾律在作怪，将矛盾律的作用绝对化了。超协调逻辑认为，对待矛盾律起作用的程度需要作具体分析，在经典逻辑看来是矛盾的未必一定真的就矛盾，在经典逻辑看来不协调的逻辑系统也未必就是不协调的。对待矛盾的合理做法也许不是拒斥，而是容纳。

第十章

逻辑方法

作为逻辑研究对象之一的逻辑方法，是简单逻辑方法，指认识现实、处理思维材料的一些特定门路、程序、规则等，包括明确词项的逻辑方法、探求因果联系的逻辑方法、建立假说的逻辑方法。它们一般没有固定的形式结构，但又与逻辑所研究的思维形式密切相关，有的甚至形成初步的框架模式。学习时要注意结合思维形式，了解基本内容，掌握运用原理。

第一节　明确词项的逻辑方法

一、限制与概括

1. 词项的内涵与外延之间的反变关系

内涵和外延是词项的两个逻辑特征。一个词项要从两个方面来反映对象，即一方面要反映对象的特有属性，另一方面又要反映具有这些特有属性的对象。在逻辑中把前者叫做词项的内涵，把后者叫做词项的外延。在具有属种关系的词项间，内涵有多少之分，外延有大小之别，而且内涵与外延存在反变关系，即外延愈大，内涵愈少；外延愈小，内涵愈多；反之亦然。例如，"人"与"工人"这两个词项之间具有属种关系。"人"的外延大，而"工人"的外延小；前者的内涵是："有理性的动物"，后者的内涵就比前者多，因为：工人除了具有一般人的属性外，还有"从事生产劳动和以工资收入为生活来源"这些属性。显然，"人"和"工人"这两个属种词项的内涵与外延之间存在着反变关系。

属种词项的内涵与外延上的反变关系，是对词项进行限制与概括的逻辑根据。

2. 词项的限制

词项的限制，是通过增加词项的内涵，以缩小词项的外延来明确词项的一种逻辑方法。

词项的限制，实际上也是一种推演，它通过增加词项的内涵来缩小词项的外延，即由属词项过渡到种词项。例如，"我们现在从事现代化的建设，不仅是社会主义现代化建设，而且是具有中国特色的社会主义现代化建设"。就从"现代化的建设"递进到"社会主义现代化建设"，再递进到"具有中国特色的社会主义现代化建设"，这是逐步缩小了外延，这个过程就是由属词项过渡到种词项的过程，是通过增加词项的内涵而实现的。

对于一个外延较大的词项，可以进行连续限制。但究竟要限制到什么程度，视思维的实际需要而定。从逻辑上说，限制到单独词项就到了限制的极限，即单独词项不能限制。

词项的限制方式之一是增加限定成分，包括在名词前面加定语成分，在形容词、动词前面加状语成分。如在"国家"前加"人口众多的"，在"市场经济"前面加"社会主义"，在"美丽"前加"非常"，在"走"前加"快"等。限制也可以直接地把表属词项的语词换成表种词项的语词。如把"动物"限制为"人"，把"粮食"限制为"高粱"等。第一种方式能把所增加的内涵明示出来。但要注意，增加限定成分并不就是词项外延的限制。如"青年马克思"并不是对"马克思"的外延上限制，"新中国"也不是对"中国"的外延上限制，因为它们增加限定成分后，并没有缩小"马克思"和"中国"的外延。限制帮助人们准确、具体表达思想。"实践是检验真理的标准"这句话中，对"标准"加上"唯一"的限制后，才准确。我们到商店买东西，也只有通过限制，才能具体选购到所需要的物品。

3. 词项的概括

词项的概括，是通过减少词项的内涵，以扩大词项的外延来明确词项的一种逻辑方法。词项的概括，也是一种同项的推演，它通过减少词项的内涵来扩大词项的外延，即由种词项过渡到属词项。例如，"《红楼梦》是中国古典名著"，"黑格尔的客观唯心主义和其他客观唯心主义一样，也是唯心主义"，"不论是大陆同胞还是台湾同胞，大家都是中国人"。这几个例子中，把"《红楼梦》"过渡到"中国古典名著"，把"黑格尔的客观唯心主义"过渡到"唯心主义"，把"大陆同胞"和"台湾同胞"

过渡到"中国人",都是由种词项上升为属词项,把外延较小的词项过渡到外延较大的词项,都是对词项的概括。

对一个词项要概括到什么程度,也必须根据思维的实际需要。连续概括只能概括到范畴,因为范畴是一定领域的最大的属词项,它的外延最广,是概括的极限,不能对它再进行概括了。

词项的概括方式之一为去掉种词项中的起限制作用的语词,如把"诗人"中的"诗"去掉,过渡到"人",把"具有中国特色的社会主义"中的"具有中国特色的"去掉,过渡到"社会主义"。概括的方式也可以是将种词项直接换成属词项,如把"天鹅"过渡为"鸟",把"电视机"过渡为"家用电器"就是如此。

概括帮助人们高度地、全面地认识事物,表达思想。例如,从腐败的高度来认识用公款大吃大喝现象,用"杂货"来涵盖一些商店所卖的各种日用零星货物。

4. 限制与概括的运用

限制和概括必须在属种词项之间进行。具有属种关系的词项在内涵与外延上具有反变关系,这是限制与概括的根据。因此,限制与概括只能在属种词项之间进行,否则,就会犯"随意限制"或"随意概括"的逻辑错误。例如,"青年,特别是女人,最渴望的是婚姻,最痛苦的也是婚姻"。这里,把"青年"限制为"女人",就犯了"随意限制"的错误,因为"青年"与"女人"不是属种关系而是交叉关系。再如,"严冬,朔风漫天扫来,江边上的灰砂、纸屑、稻草叶等尘土一起扬了起来",例中,把"灰砂""纸屑"等概括为"尘土",犯了"随意概括"的逻辑错误,因为"纸屑"与"尘土"不是种属关系,而是全异关系。

二、定义

1. 定义概述

定义是揭示词项内涵的逻辑方法。换句话说,给词项下定义,就是用精练的语言,简明的方式,将词项指称的对象所具有的特有属性明确揭示出来的逻辑方法。例如:

所谓新民主主义革命,就是无产阶级领导的、人民大众的、反帝反封建的革命。

这个定义，用一个偏正词组，来明确"新民主主义革命"这一词项的内涵，揭示出"新民主主义革命"的特有属性是"无产阶级领导的、人民大众的、反帝反封建的"，这就把"新民主主义革命"与"辛亥革命"的区别阐述清楚了。

定义由被定义项、定义项和定义联项三部分组成。其内涵被揭示的词项是被定义项，可用 Ds 表示。如上例中的"新民主主义革命"。定义项又叫下定义项，就是用来揭示被定义项内涵的词项，用 Dp 来表示，如上例中的"无产阶级领导的、人民大众的、反帝反封建的革命"。定义联项，就是表示被定义项和定义项之间联系的词项。如上例中的"所谓……就是……"，此外，还可用"……就是……""……是……"等来表达定义联项。但传统逻辑一般以"……就是……"为代表，从而定义的形式表示为：Ds 就是 Dp。

定义凝结、巩固了人们的认识成果，具有两大作用：其一是区别对象，即通过揭示词项的内涵，使人们了解该词项所指称的事物及其属性，掌握相应的知识，在此基础上与其他事物区分开来；其二是明确词项，我们在思维过程中所使用词项是否明确，可通过定义来检验，如能作出正确定义，则是明确的，否则是不明确的。而要使别人更好地掌握词项，也可运用定义，使之明确。但是，定义只是以概括的形式揭示人们在一定时期的认识成果，不可能揭示事物全部的、丰富的内容，总是不完全的，我们不能将认识局限在定义上。

2. 定义的方法

下定义的方法很多，但最常用的是"属加种差"的方法。其模式是：

被定义项＝种差 + 属词项

采用这种方法给词项下定义，第一步是要先找出被定义项（作为种词项）的属词项。第二步是找出种差。所谓种差，是被定义项与包含了被定义项的属词项中其他种词项之间的差别。第三步，是采用恰当的定义联项把被定义项和"种差"以及"属"联结起来，使其成为定义。例如，我们要给"商品"下定义，首先要确定"商品"的属词项是"劳动产品"，然后找出"商品"的种差，即商品与其他劳动产品的区别，即是"用来交换的"，再把种差与属词项组合，进行限制，成为"用来交换的劳动产品"这一定义项。最后，用定义联项"就是"把被定义项和定义项联结起来，就得出了"商品"的定义。我们可以从不同方面来揭示种差，从而产生不同的属加种差定义。主要有性质定义、关系定义、发生定义和功用定义。

性质定义是以被定义项所反映对象的性质为种差的定义。例如："人是理性的动物。"

关系定义是以被定义项所反映对象与其他对象之间的关系为种差的定义。例如："叔父就是与父亲同辈、年龄较小的男子。"

发生定义是以被定义项所反映对象发生、形成的情况为种差的定义。例如："角是由一点引两条射线而成的图形。"

功用定义是以被定义项所反映对象的功能和用途为种差的定义。例如："国家是阶级压迫的工具。"

3. 语词定义

上面所讲的定义都是关于词项所指称的对象的，是给词项指称的对象下定义，因此，在逻辑上叫做真实定义或实质定义。此外还有语词定义。

语词定义揭示、解释语词所表达的意义，与定义类似，因而又称之为类似定义，它包括规定的语词定义与说明的语词定义。规定的语词定义指对语词给出使用者规定的意义、解释。这些语词可以是新语词、特别使用的语词、缩略语等。例如：

［1］"四有"指有理想、有道德、有文化、有纪律。

［2］"$E=mc^2$"中，"E"表示能量，"m"表示质量，"c"表示光速。

［3］"孝子"在这里不是指对父母孝顺的人，而是指孝顺子女。现在社会上有些老人不仅得不到子女的好处，反而要帮子女做这做那，他们就是这种"孝子"。

说明的语词定义是指用已确定、明白的语词来说明另一语词意义。如对古语词、外来词等加以说明，使人们了解其意义。例如：

［1］"道"，是中国古代哲学的通用语，它的意义是"道路"或"道理"，可作"法则"或"规律"解说。

［2］"乌托邦"是希腊语，"乌"按希腊文的意思是"没有"，"托邦"是"地方"。"乌托邦"是指没有的地方，是一种空想、虚构和童话。

4. 定义的规则

想发挥定义的作用，就要作出正确的定义。而要作出正确的定义，除了要具备相应的科学知识、掌握下定义的方法外，还必须遵守下定义的规则。

（1）定义必须相应相称

定义相应是指定义项从相应的角度来揭示内涵,使之与被定义项吻合。如果将"等边三角形"定义为"三个角度数相等,均为 60° 的三角形",虽然也能将等边三角形与其他三角形区分开来,但未揭示边长相等的特有属性,由于不相应而有误。

定义相称是指定义项和被定义项在外延上具有全同关系。如"商品就是用来交换的劳动产品",这个定义的被定义项和定义项在外延上具有全同关系,符合规则要求。

违反这条规则,出现的逻辑错误主要有两种:一是"定义过宽",如"商品就是劳动产品",定义项的外延大于被定义项的外延;另一种是"定义过窄",如"商品就是用来交换的工业产品",定义项的外延小于被定义项的外延。

（2）定义项不得包含被定义项

下定义就是用定义项去阐明被定义项的内涵,达到明确词项内涵的目的。如果定义项中包含了被定义项,无论是直接的还是间接的,结果都达不到目的。

违反这条规则,就会犯"同语反复"或"循环定义"的逻辑错误。

"同语反复"就是在定义项中,直接包含了被定义项。例如:"麻醉就是麻醉剂所引起的作用",其中定义项中直接出现了"麻醉"。"循环定义"就是在定义项中,间接地包含了被定义项。例如:"原因就是引起结果的事件",其中的"结果"需用"原因"来阐明而出现循环。

（3）定义项揭示的内涵应清晰

下定义的目的是为了明确词项的内涵,这就首先要求定义必须揭示词项所指称对象的特有属性,不能用比喻,因为比喻虽然形象生动,但它并不能揭示被定义项所反映对象的特有属性。例如:

［1］教师是人类灵魂的工程师。

［2］书籍是人类进步的阶梯。

这两个语句作为定义去看,都犯了"比喻定义"的错误。

其次是要求揭示的内涵清楚确切,否则,就会犯"定义含混"的错误。例如,托洛茨基给"列宁主义"下了这样一个定义:"作为革命行动体系的列宁主义,就是由思维和经验养成的嗅觉,这种社会领域里的嗅觉,如同体力劳动中肌肉的感觉一样"，使人不知所云。

（4）定义必须采用肯定形式

下定义是为了明确词项有什么内涵，而不是了解它没有什么内涵，所以定义必须采用肯定形式，违反这一规则，会犯"定义否定"的错误。例如："电笔不是写字绘图的工具"采用了否定形式，我们只能从中知道电笔不是什么，但电笔是什么却不得而知。此外，给正词项下定义不仅不能用否定的语句形式，而且定义项也不能是负词项。如上例若改为"电笔是非写字绘图的文具"，仍然是错误的，因为一是定义过宽，二是未明确被定义项的内涵究竟是什么。但是，给负词项下定义则不受这一限制，因为负词项所指称的对象恰好是以缺乏某种属性为其特有属性的。例如，"无机物是指不含碳的化合物"。其定义项虽然为"不含碳的化合物"这个负词项，但这恰好揭示了无机物的特有属性，所以是一个正确定义。

三、划分

1. 划分概述

划分是明确词项外延的逻辑方法。具体地说，划分是把一个属词项分为若干种词项，明确其包含哪些对象，适用哪些范围的逻辑方法。对于单独词项或分子较少的普遍词项，我们可以直接指出或用枚举的方法来解决这个问题。但分子较多乃至无限的普遍词项，就行不通了，而要运用划分的方法。例如，为了明确"三角形"这个同项，就可以把它划分为"直角三角形""锐角三角形"和"钝角三角形"，这样，"三角形"这个词项所指称的对象或适用范围是哪些就明确了。

划分由划分的母项、划分的子项和划分的联项三部分组成。划分的母项就是被划分的词项，如上例中的"三角形"。划分的子项就是划分后所得的相对母项而言的种词项，如上例中的"直角三角形""锐角三角形""钝角三角形"。划分的联项反映划分的母项与子项的关系，常用"可分为"之类语词表达，也可用相应的线条等符号来表示。此外，划分总是依据一定的标准来将一个属词项分为若干个种词项的，这种标准称之为划分的根据，也就是被划分词项所指称对象的某方面属性。如上例对"三角形"的划分所采用的划分标准是三角形角的大小，虽然它没有表达出来。词项所指称的对象的属性是多种多样的，因此划分的依据可以不止一个。究竟采用什么属性作为划分的根据，这是由思维实际的需要决定的。如"人"这个词项可按国籍分为"中国人""外国人"，按性别分为"男人""女人"。

划分与分解不同。分解是在思维中把一个对象分成几个部分，部分和整体之间的关系不是种属关系，各个部分的属性与被分解对象的属性是不同的。例如，"树"可分为"树根""树干""树叶"等，就是分解，而不是划分。

2. 划分的种类

（1）一次划分与连续划分

一次划分是只包括母项和子项两个层次的划分。如把"人"分为"中国人"和"外国人"就属于一次划分。

连续划分是具有三个层次以上的划分，即把母项划分为若干子项之后，再将子项作为母项继续进行划分，直到满足需要为止。例如，把"哲学"分为"唯物主义哲学"和"唯心主义哲学"后，再把"唯物主义哲学"分为"朴素唯物主义哲学""机械唯物主义哲学""辩证唯物主义哲学"；把"唯心主义哲学"分为"客观唯心主义哲学""主观唯心主义哲学"，就是连续划分。

（2）二分法与非二分法

二分法是根据对象有无某种属性，将一个母项分为正词项与负词项这样两个子项。如把"行为"分为"合法行为"和"不合法行为"，将"人"分为"成年人"和"未成年人"都属于二分法。而将"认识"分为"感性认识"与"理性认识"，虽然也是两个子项，但不是二分法的划分。

非二分法是把一个母项分成两个或两个以上子项的划分，这些子项均为正词项。如把"文学"分为"小说""诗歌""戏剧""散文"；把"命题"分为"简单命题""复合命题"都属于这种划分。

（3）划分与分类

划分以能区别对象的任何属性作为划分根据，具有简便性、灵活性。例如，为了某次劳动，将本班同学分为扫地的同学、抹窗的同学等等；为了某场球赛，又将本班同学分为参加比赛的同学与不参加比赛的同学，而相应活动一结束，这种划分就不再保留。

分类是特殊的划分，以对象的本质属性作为划分根据，具有稳定性、系统性。如中国图书馆图书分类法对图书的分类，门捷列夫对化学元素的分类，科学家对动物、植物的分类等。它们将知识系统化，在科学发展中长期发挥作用。

3. 划分的规则

（1）划分必须相称

划分相称是指划分所得子项的外延之和等于母项的外延，两者具有全同关系。如果违反这条规则，就会犯"划分不全"或"多出子项"的逻辑错误。例如："社会可以分为奴隶社会、封建社会、资本主义社会和社会主义社会"这一划分，母项外延大于子项外延之和，划分不全；而"学校包括幼儿园、托儿所、小学、中学、大学、研究生院"这一划分，有的子项与母项之间有种属关系，犯了"多出子项"的错误。

（2）每次划分的根据必须同一

划分的根据可以是一个属性，如将"性质命题"分为"肯定命题""否定命题"，也可以是一组属性，如将"性质命题"分为 A、E、I、O 以及单称肯定命题、单称否定命题。但是，每次划分只能有一个根据，不能同时这里采用一个根据，那里又采用另一个根据。违反这条规则，就会犯"混淆根据"的逻辑错误。例如"商品分为耐用商品、高档商品、日用商品、紧缺商品"，这一划分同时采用了几个根据，是错误的划分。

划分的根据不同一，还会引起另一个错误，即"子项相容"，使得一些对象既属这个子项的外延，又属于另一个子项的外延，造成混乱。例如，小轿车既是耐用商品，又是高档商品，也就是说耐用商品与高档商品是相容的。

第二节　探求因果联系的逻辑方法

一、因果联系

因果联系是自然界和人类社会中普遍存在的一种联系。它具有以下特点，这些特点是探求因果联系逻辑方法的客观根据。

首先，因果联系是确定的，一定质的原因必然产生一定质的结果，而原因的量的变化也必然引起结果的量的增减。正是根据这一特点，就能根据事物情况的存在与否、变化与否去探求因果联系。

其次，因果联系在时间上具有先后相继性，即因总是在先，果总是在后。因此，探求因果联系就是从先行情况出发找出结果，或者从后行情况出发找出原因，但同时又不仅仅以先后为因果。

再次，因果联系是复杂的，不仅有一因一果，而且还有一因多果、多因一果、多因多果。探求因果联系就要通过分析比较，排除不是原因或结果的现象，探求出真正的原因或结果来。

二、穆勒五法

穆勒五法是 19 世纪英国哲学家 J·S·穆勒所提出的判明现象因果联系的五种最基本的逻辑方法，它包括：契合法、差异法、契合差异并用法、共变法和剩余法。这些方法自培根以来就有所研究，后来经过了穆勒的系统总结和概括，便称为"穆勒五法"。

1. 契合法

契合法又称求同法，它是这样来探求现象间的因果联系的：当被研究现象发生在两个以上不同场合中，而各个不同场合只有一个先行情况是共同的，那么就可以确定该共同情况是被研究现象的原因。

例如，20 世纪初，科学家为了找出甲状腺肿大的病因，对盛行这种病的地区进行了调查研究，发现这些地区的人口、风俗、气候、地理等情况各不相同，但其土壤、水流以及人们的饮食中都缺碘，根据这一共同点，科学家作出结论：缺碘是引起甲状腺肿大的原因。

契合法模式可表示如下：

场合	先行情况	被研究现象
①	A、B、C	a
②	A、D、E	a
③	A、F、G	a

所以 A 是 a 的原因

契合法的特点是"异中求同"，即通过排除各场合中的不同先行情况，找出这些不同场合中的唯一共同情况，来确定因果联系。契合法主要与观察相联系，得出的结论是或然的。为了提高契合法的可靠性，应注意以下两点：

（1）注意分析相比较场合的数量与差异性。比较的场合越多，差异性越大，结论的可靠性就越高。否则，就会把巧合当作原因，如认为眼皮跳与福祸之间有因果联系。

（2）注意是否隐藏其他共同情况，若有，则应继续分析比较，不匆忙作出结论，因为可能隐藏的共同情况恰恰是真正的原因。

例如，独立犯渎职罪的人都是国家公务人员，但身为国家公务员这一共同情况，并不是独立犯渎职罪的原因。

2. 差异法

差异法又称求异法，它是这样来探求现象间的因果联系的：如果被研究现象出现的场合与被研究现象不出现的场合，除一个先行情况不同外，其余情况相同，而且这唯一情况不同表现为与被研究现象同有或同无，那么确定这个唯一不同的情况是被研究现象的原因。

例如，科学家做过这样的实验，证明音乐与庄稼产量有因果联系：用同样温室及其土壤、温度、湿度、施肥条件，种植同样的庄稼，但在一温室里播放音乐，另一个温室则不播放。结果，播放音乐温室的庄稼长势、收获都特别好，未播放音乐温室里的庄稼就未出现这种情况。

求异法的模式是：

场合	先行情况	被研究现象
①	A、B、C	a
②	—、B、C	—

所以，A 是 a 的原因

差异法的特点是"同中求异"，即通过排除两个场合中的相同情况，找出相异之处，来确定被研究现象的原因。在差异法中，通常把被研究现象发生的场合叫正面场合，把被研究现象不发生的场合叫反面场合。由于差异法不仅有正面场合和反面场合的比较，而且要求其他情况相同，只有一个不同，因此，一方面它比契合法有较大的可靠性，另一方面可在人工控制条件下控制被研究对象的出现和不出现，因而在科学实验中得到广泛的应用。

应用差异法时需要注意以下两点：

（1）正面场合中是否还隐藏其他差异情况。应用差异法时，要求其他情况都相同，如果其他情况中还隐藏着另一个不同情况，那么，这个被隐蔽的不同情况，有可能是被研究现象的真正原因。例如，有人一到办公室上班就头晕，不上班头不晕，就认为自己头晕是上班造成的，后来才发现刚装修的办公室用了有毒的涂料才是主因。

（2）判明原因是总因还是分因。例如，运用差异法可知阳光照射是绿色植物进行光合作用的原因，但这个原因只是分因，如果我们以二氧化碳作为差异情况，也会出现同有同无现象，与我们用差异法所得知的空气是声音传播的原因不相同。

3. 契合差异并用法

契合差异并用法又称求同求异并用法。其方法为：当被研究现象发生的若干场合（正事例组）只有一个共同情况，而被研究现象不发生的若干场合（负事例组），却都没有这个情况时，则推断这个共同情况是被研究现象的原因。

例如，人们很早就知道，种植豆类作物，如大豆、蚕豆、豌豆等时，不仅不需要给土壤施氮肥，而且这些豆类作物还可以使土壤增加氮；而种植其他作物如小麦、玉米、高粱等，则土壤不增加氮。经过研究后，人们发现，豆类作物的根部都长有根瘤，而其他农作物则没有。因此，人们得出结论：豆类作物的根瘤能使土壤中增加氮。

契合差异并用法的模式如下：

场合	先行情况	被研究现象	
①	A、B、C	a	
②	A、c、E	a	正面场合
③	A、F、G	a	
①	B、M、N	—	
②	K、H、O	—	反面场合
③	F、P、R	—	

所以，A 是 a 的原因。

契合差异并用法的特点是既正面求同，又反面求同，再比较正反结果得出结论，与契合法和差异法的相继应用是不同的。

应用契合差异并用法，要注意以下两点：

（1）正事例组与负事例组的组成场合越多，结论就越可靠。因为考察的场合越多，就越能排除凑巧的偶然相同的情况，这样就可以避免把一个不相干的因素与被研究现象联系起来。

（2）对于负事例组的各个场合，应选择与正事例组较为相似的来进行比较。因为反面场合可以有无数多个，但它们对于探求被研究现象的原因并不都是有意义的。反面场合的情况与正面场合的情况越相似，就等于综合了契合法与差异法的优点，结论的可靠性就越大。

4. 共变法

共变法是这样一种方法：在被研究现象发生变化的各个场合中，如果只有一个情况是相应变化的，而其他情况均保持不变，那么推定这个唯一变化着的情况就是被研究现象的原因。

例如，上海第一口深井是 1860 年开凿的，到新中国成立前夕共有 708 口深井，每天出水量是 24 万吨。1948 年地面沉降达 35 毫米。新中国成立后，到第一个五年计划期间，深井增加到 854 口，出水量每天 34 万吨，地面沉降达到 54 毫米。"大跃进"中深井增加到 1183 口，出水量每天达到 56 万吨，地面沉降达到 98 毫米。由此，人们得出一个结论。上海市地面沉降的原因是开凿深井以抽取地下水。

共变法的模式为：

场合	先行情况	被研究现象
①	A_1、B、C	a_1
②	A_2、B、C	a_2
③	A_3、B、C	a_3

所以，A 是 a 的原因。

共变法的特点是同中求变，具有定量分析的特点。

运用共变法时要注意以下事项：

（1）共变的唯一性。如果不是唯一的，有些共变现象便可能是偶然的巧合或没有因果联系。比如电闪与雷鸣之间有共变现象，但二者没有因果联系，它们都是自然放电的结果。

（2）共变的限度性。共变关系超过限度就失去原有关系。例如农作物密植，在一定限度内可以增加单位面积的产量，可超过了一定的限度，不但不能丰产，反而会减产。

（3）共变的方向性。有同向共变与异向共变之分。例如，大多数金属受热后体积增大，但有的稀有金属受热后体积反而缩小。

5. 剩余法

剩余法是探求复合现象之间因果联系的：已知某一复合现象是另一复合现象的原因，如果把两者间确认有因果联系的部分排除，则推知剩余部分也有因果联系。

例如，19世纪，人们根据万有引力定律计算出已知的各个天体对天王星的影响：天王星在其轨道上运行时，有四个地方发生偏斜现象。已知三个地方的偏斜现象是由于受到其他行星吸引的结果。于是天文学家们认定，其余一个地方的偏斜现象，一定是受另一个未知行星的吸引所引起的。后来，天文学家们在1864年用望远镜发现了一个新的行星海王星。

剩余法模式可表示如下：

复合现象A、B、C、D是复合现象a、b、c、d的原因，

B是b的原因，

C是c的原因，

D是d的原因，

所以，A是a的原因。

剩余法的特点是根据余果找余因。运用剩余法时要注意以下两点：

（1）余果只能是余因的结果，而不能是其他任何原因的结果。

（2）复合原因的剩余部分A不一定是一个单一的情况，还可能是个复杂情况，也就是说，剩余现象a可能是由复合原因引起的。

第三节　建立假说的逻辑方法

一、假说概述

这里所说的假说是指科学假说，即以已有的事实材料和科学原理为依据对未知的事物或规律性所作的假定性解释。例如，美籍物理学家伽莫夫在勒梅特的"原始原子"的宇宙模型基础上，把宇宙的起源和化学元素的起源联系起来，运用粒子物理学的知识，于1948年提出了"宇宙大爆炸"的学说，认为我们所处的宇宙起源于一个温度和密度都极高的原始火球，其中的物质都是以基本粒子形态出现的。在基本粒子的相互作用下，原始火球发生爆炸，并向四面八方均匀地膨胀。这就是我们所说的假说。

1. 假说的特征

（1）假说具有根据性。假说在真实知识的土壤里生长，是人类洞察自然的能力和智慧的高度表现。因此，假说与毫无根据的胡思乱想和信口

开河是截然不同的。

（2）假说具有猜测性。假说所作的论述，其真实性有待于验证，不是确切可靠的，因此，假说与已被证实的科学理论又是不同的。

（3）假说具有综合性。假说要运用多种思维形式和方法，构成内容丰富的体系，不同于只是以命题形式表现的假定、假设。

2. 假说的种类

根据假说内容的一般性质，可以把假说分为如下三种类型。

（1）溯因假说。根据已有事实和知识对某种现象产生的原因而提出的假说。20世纪50年代的一天，夏威夷群岛的欧胡岛上有三百多盏电灯突然熄灭，这是什么原因造成的呢？当时有各种不同的假说，有的认为是核爆炸中冲击波的影响，有的认为是热辐射的破坏，有的则认为是电磁作用，不一而足，都是推测原因的。

（2）定性假说。即对事物的本质、规律等所提出的假说。在人的脑细胞中有一种脂肪代谢产生的废物，称作脂褐质色素。不同年龄的人脑细胞中脂褐质色素含量不同，六十岁以上的人，脑细胞中有大量的这种色素的积累。因此，有人认为脂褐质色素是老年性色素。这种假说就是定性假说。

（3）预测假说。即运用已知科学理论或新的事实材料对可能出现的事物情况作出预言。由于航空技术的突飞猛进，有人预言，在未来战争中，空中交战可能成为局部战场的重心，就是用了预测未来的方法而提出的假说。

3. 假说的作用

假说是人的认识接近客观真理的一种方式。虽然假说的真实性有待证实，但它是有根据之推测。而且假说经过不断修改、补充和更新，就会更多地、更正确地反映客观现实。

假说是理论思维的重要形式。我们在进行理论思维时，都要经过假说阶段，由它指明研究方向及线索。

假说是科学发展的形式。通过假说的提出、验证等，最后一些假说得以确立，成为新的科学理论。科学认识活动的一般进程正是这样，科学也由此而发展。

诚然，有的错误假说会将人们引入歧途。但从科学发展上看，燃素说和热素说等后来完全被否定的假说，也曾给科学发展带来过不少益处。人们在推翻错误假说时，会总结教训，提出新假说。

二、假说的提出

假说是在社会实践的基础上产生的。人们在改造世界的实践中，收集了新的材料，遇到了新的情况，发现了新的问题，原有的看法对它们不能作出完满的解释，或者需要从理论上重新认定，以指导下一步实践活动，于是人们便对这些事实材料综合地运用各种思维方法，如比较、分析、抽象、概括、归纳、类比等，然后对被研究的对象作出初步的假定，这就是假说的提出。例如：医生在给病人看病时，就要对病人进行询问、观察，并借助医疗仪器测量、透视、化验等，从各方面了解病情，并加以分析、综合来确定病因。

1. 根据与假说的提出

提出假说既要大胆，又要科学，除了以事实材料为基础外，还应做到三个一致，即与科学世界观的基本原理相一致，与已为实践证明的科学理论相一致，与逻辑要求相一致。否则，假说就必然失去其科学性质。

以事实材料为基础并不是说必须等掌握了全部事实或大量事实以后才能提出假说。如那样，就会造成理论思维活动的停滞不前。19世纪60年代门捷列夫提出化学元素周期律假说时，已知的元素只有63种。可是他并不是等待所有化学元素都被发现后，再去探讨周期律，而是先提出假说，并在元素周期表上留出空白，预言未知元素的存在及其性质。在此之前，大部分元素的发现是偶然的、盲目的，自元素周期律的假说提出后，化学工作者才开始系统地探索新元素，大大推进了发现新元素的工作，并给化学的发展带来极为深远的影响。

与已知科学理论相一致，也并不是要我们受传统观念的束缚，因循守旧。传统观念根深蒂固，不易突破，但不是完美无缺的，它将随着客观对象和人的认识之变化而发展。因此，我们又要有大胆的立新勇气，敢于挑战，善于突破，提出富有创见的新假说。20世纪初爱因斯坦提出相对论时，人们听了都瞠目结舌，理解不了在高速运动的系统中，长度会缩短、时间会变慢的论断，因为这太不合常识了。然而，相对论这一假说恰恰是运用已有科学原理又不受传统观念束缚的产物。

2. 推理与假说的提出

在假说的提出过程中，类比推理、归纳推理等起着重要的作用。人们在实践活动中，最初总是以有限数量的事实和观察为基础，来进行思维活动的。因此，人们提出某一假说时，也往往借助于由某一具体性知识得出另一具体性知识的类比推理，借助于由具体性知识得出普遍性知识的归纳推理等。如前所述，"大陆漂移说"在提出时，魏格纳因为看到巍峨的冰山浮在水里从北极向南极漂浮，由此产生联想，将原始大陆同冰山作类比，将较重的黏形流体——岩浆同水作类比，找出其共同点，从而提出大陆块是漂浮的初步假定。而数学中的大多数假说，则是运用简单枚举归纳推理提出的，如"哥德巴赫猜想"等。总之，假说的推测性与这些推理从已知推广到未知的或然性是一脉相通的，因而这些推理才在假说的提出中具有突出的作用。

3. 抉择与假说的提出

假说所提出的初步假定具有明显的尝试性和暂时性。在假说的初始阶段，以提出初步假定为标志，而对同一事实材料，研究者往往会因为知识、角度等因素的不同，提出多种不同的初步假定。这些初步假定是未展开的简单观念，也未经过仔细推敲，因此，有的在初步抉择中就被淘汰掉，只有那些经过比较，把握较大的才确定下来，再进一步充实为假说体系。例如，脉冲星为什么能够有规则地发生脉冲呢？据此天文工作者提出了脉动（星体时而膨胀时而收缩）、双星作轨道运动（互相绕转而相互遮掩）、自转（如灯塔光束那样旋转）等初步假定，后经过一番考察，确认自转说更为合理，于是选定它来进一步展开、充实为结构稳定的系统。

三、假说的推演

假说的推演是提出假说和验证假说的中间环节。假说被提出后，为了便于检验它的真实性，就要以其初步假定为前提，进行种种逻辑推演，从而推导出与该初步假定有必然联系的一系列结论，以广泛而综合地解释已有事实或预言未知的事实。例如，达尔文的进化论认为人类是由猿进化来的，他从这个初步假定中得出这样的结论：在地壳中必有类人猿的遗骸。有了这个推演出的结论，我们就可将其付诸实践检验了。如果这个初步假说成立，那么其推出的论断也成立。反之，若推出论断不成立，就说明初步假定也是不成立的。

在假说的推演中，一是以已初步确立的假定为中心，去解释有关事实。能解释的事实越多，支持该假说的证据也就越充分。"大陆漂移说"能从几何方面、地质方面、古生物方面及古气候方面等作出解释，显示出可信度其二是根据假说有关内容，预言未知的事实。这一点比前者更为重要，因为预言成真，是对假说强有力的支持。门捷列夫的元素周期假说就预言了一些化学元素的存在及其性质，并大胆地修改了当时所测得的原子量。

假说的推演过程与提出过程不同，它主要应用演绎推理，尤其是充分条件假言推理。因为只有运用演绎推理，才能必然推出关于具体事实的结论供检验；也只有运用演绎推理，才能联系多方面的知识，使初步假定得以充实，发展为完整的学说。在上个世纪 20 年代初，俄国人奥巴林提出了地球上的生命是地球表面的无机物通过一系列生命前的化学演化而产生、存在的假说。如果这一点成立，运用充分条件假言推理，就可以得到如下结论：第一，它必然会从无机物小分子形成有机小分子；第二，它必然会从有机小分子形成生物大分子；第三，它必然会从生物大分子发展为多分子体系；第四，它必然会再从多分子体系进化为原始生命。所有这些，都是以假定为前提，逻辑地引申出来的。

四、假说的验证

假说通过逻辑推演，只是巩固发展为一个学说体系，在理论意义上得以完成。但是，这个体系能否转化成科学理论，还有赖于将假说推演的结果拿到实践中去检验。这种通过实践检验其推断的真实性，进而评价、处理的过程，就是假说的验证过程。当然，假说的验证从某种意义上说，并不是整个假说完成之后才开始的。

许多假说之所以能包含真理性认识，与研究者在酝酿、提出假说时就进行考察、实验等局部验证是分不开的，但是，假说完成之后的验证过程具有决定意义。

假说的验证可以采用经验的直接对照方式，也可采用经验的间接对照方式。例如，为了验证"地球是个圆球体"的假说，麦哲伦及其同伴所作的环球航行，以经验直接验证了其可靠性。而关于"地球上生命是地球表面无机物通过一系列生命前的化学演化而生成的"这一假说的验证，就是通过间接对照方式，经过长期工作，逐步验证的，这是因为人类的历史只是地球演化史的一个短暂阶段。

在假说的验证过程中，应当注意如下几点：

第一，假说的验证过程往往是一个历史的过程。假说不是仅仅由个别的实践活动就能完全验证的。从一个假说中可推断出一系列的结论，而某些推断被验证为真，并不能就此认定假说被完全证实。另外，人的具体实践具有其历史的局限性，要受到当时条件的限制。这种种因素决定了人们必须借助大量的事实材料以及相应的工具器材等，在长期的社会历史实践中去进行验证，以适应这一复杂过程的需要。

第二，假说的验证包括证伪和证实。只要从假说引申出的推断与事实矛盾，那么一个假说就被证伪或部分被证伪。而证实具有相对性，只有假定与引申出推断达到了逻辑上的等值，构成充分必要条件关系，证实了其推断时才完全证实了假说，使假说转化为科学理论。否则，要一一证实能引申出的所有推断，一般是不易做到甚至不能做到的。这就告诉我们，假说的验证是具有相对性的。假说经过验证所得的结果是复杂的，常见的有以下几种结果：

（1）假说完全成立，转化为科学理论，如"四色定理"。

（2）假说被推翻，成为谬误，如"燃素说""热素说"等等。于是人们提出新的假说取而代之。

（3）假说部分成立，即其中既有正确的部分，又有错误的部分，如哥白尼的"日心说"其中就包含了不正确的东西，需要修正，使其去伪存真，向科学理论转化。

（4）假说已部分验证，但尚有待于决定性的验证，因而假说还是假说。如"哥德巴赫猜想"，若证明了"1+1"，就成为定理；若"1+1"不成立，至多只能部分成立。

第十一章

论证

　　论证包括证明与反驳，通过推理来确定某一判断的真假，而反驳又可理解为一种特殊的证明。在抽象思维中，论证是层次结构最为繁复的思维形态，包含了概念、判断等，与推理关系最为密切，其内容综合了前面所讲的知识。在这个基础上，我们进而要能够分析论证的构成，会运用各种不同的论证方式、方法，并遵守论证规则，避免论证中的逻辑错误，使我们的思想具有论证性及说服力。

第一节　论证概述

一、论证的含义与类型

　　论证就是用已知为真的判断通过推理确定另一判断真实性的思维过程。例如：

　　　　[1]政治经济学是一门具有强烈阶级性的科学，因为它以生产关系即经济关系作为自己的研究对象，直接关联着社会各阶级的最基本的利益经济利益。

　　　　对于历史上存在过的和当前存在着的各种生产关系，各个阶级无不从其本阶级的利益出发来决定其肯定或否定的态度。所以，资产阶级有为资产阶级利益服务的政治经济学，无产阶级也有为无产阶级利益服务的政治经济学。总而言之，政治经济学具有强烈的阶级性。

　　　　[2]有人认为电脑比人脑强，将取代人脑，甚至统治人类，这一观点是站不住脚的。思维模拟或人工智能毕竟是机械、物理

的过程，它没有社会性、能动性和创造性，它的功能都是人设计和给予的。因此，思维模拟只是人的思维活动的一种手段和工具，它是人的意识物化的一种表现。由此可见，尽管电脑的某些功能可以超过人类的部分思维能力，但它不可能完全取代人脑的思维，更不能反过来统治人类。

例［1］的目的是确定"政治经济学是一门具有强烈阶级性的科学"这一判断为真，例［2］的目的是确定"电脑比人脑强，将取代人脑，甚至统治人类"这一判断为假。它们的确定过程就是论证的过程。

论证包括证明与反驳。证明是确定某判断为真的论证，主旨在"立"，如例［1］。反驳是确定某判断为假的论证，主旨在"破"，如例［2］。两者之间目的不同，形式有别，但又互相联系，常常是"立中有破"，"破中有立"，尤其是确定某判断为假，亦即确定该判断的负判断为真，因而反驳是一种特殊的证明，在这个意义上，可以说论证都是确定判断真实性的思维过程。

二、论证的构成

1. 论证的组成部分

无论是证明还是反驳，都由论题、论据、论证联项三部分组成。

（1）论题

论题是需要确定其真实性的判断。它回答的是"论证什么"的问题，在内容上是论证的中心或核心，在形式上是论证的起点与终点。证明的论题常简称为论题。证明的目的在于确定某一判断为真，证明的论题就是需要确定其为真的该判断本身。如例［1］中的"政治经济学是一门具有强烈阶级性的科学"。它可以是已知为真的，通过证明使其被人确信并接受，如教科书里的证明；也可以是未知为真的，通过证明探求其真实性，如科学研究中的证明。但论题不能是已知为假的判断。

反驳的论题不能简称。反驳的目的是要确定某一判断为假，亦即要否定该判断，它通过负判断表现出来。因此，反驳的论题不是所需反驳的判断本身，而是其负判断，它也是需要确定真实性的判断。如例［2］中的"有人认为电脑比人脑强，将取代人脑，甚至统治人类，这一观点是站不住脚的"。注意不要将反驳的论题与被反驳的判断混为一谈。

（2）论据

论据是用来确定论题真实性的判断。它回答的是"用什么论证"的问题，是论证的基础或根据。

证明的论据也常简称为论据，而反驳的论据则不简称。除论题以外的其他判断都是论据。

论据可以是关于具体事实情况的，即事实论据；也可以是哲学和各门科学中的基本原理、定义和公理等，即事理论据。在论证中，这两种论据往往是结合着使用的，既摆事实，又讲道理，这样才能使论证更加具有说服力。

论据又可分为基本论据和推出论据。例如，对总论题分别论证时，论证分论题的论据是基本论据，分论题被论证后，以推出论据身份再综合论证总论题。

（3）论证联项

论证联项是将论据与论题联系起来的逻辑常项。正是通过论证联项，一组判断才能构成论证，相应的判断分别成为论题、论据。如例［1］中的"总而言之"与例［2］中的"由此可见"。

2. 论证的构成方面

论证包括内容与形式两方面。论证的形式称为论证方式。

论证方式是论据与论题联系的形式。它回答的是"怎样论证"的问题。有了论据与论题并不等于作出了论证，还必须将它们组合成有序的系列，显示出从论据推出论题的过程及方式。若一个论证只用一个推理，其论证方式实质上就是该推理的形式。但论证通常不止用一个推理，这时，论证方式为所用各推理形式的总和。

对同一论题，可以用不同的方式来论证，对不同的论题，也可用相同的方式来论证。在实际思维活动中，应根据需要确定采取相应的论证方式。

证明的论证方式常简称为论证方式，反驳的论证方式通常直接称为反驳方式。

三、论证与推理

论证和推理既有联系又有区别。它们之间的联系主要表现在：第一，推理是论证的工具；论证是推理的运用，必须借助推理来进行。第二，论证与推理在构成上相互对应：论题相当于推理的结论，论据相当于推理的前提，论证联项相当于推理联项，论证方式相当于推理形式。

论证和推理的区别主要表现在：第一，认识过程不同。论证是先有论题，然后寻找论据来确定论题的真实性；而推理是先有前提，然后由前提推出结论。第二，形式结构不同。论证往往需要运用多种或多个推理，其形式结构一般比推理更为复杂。第三，构成成分不同。推理的前提与结论都是命题。命题虽有真假，但推理本身并不断定它们的真假。论证的论据与论题是判断，即断定了其真假的命题。第四，逻辑要求不同。推理只要求前提与结论之间的联系是合乎逻辑的，并不要求前提与结论的真实性；而论证不仅要求论据和论题之间的联系是合乎逻辑的，而且要求论据和论题的真实性。此外，等值命题或判断可以作为前提与结论互推，但不能作为论题与论据间互证。

四、论证的作用

1. 论证有助于人们探求真理，发现谬误

在自然科学领域中，俄国数学家罗巴切夫斯基在对"过直线外一点可以引出无数条直线与它相平行"的论证过程中，发现了新的公理体系，建立了不同于欧几里得几何学的罗巴切夫斯基几何学。在社会科学领域，马克思通过《资本论》中的论证，使唯物史观由假说变成科学地证明了的原理。而"物体越重下落速度越快"这一谬误，则是伽利略借助论证发现的。

2. 论证有助于人们验证真理，判明谬误

实践是检验真理的唯一标准，但论证对实践检验有指导作用。

最显著的就是在进行科学实验验证真理时，不仅要明确实验的目的、过程、意义，还要对结果进行分析，而这一切都是在理论尤其是在论证的指导下进行的。否则，做什么实验，如何做实验，为什么要如此做实验，实验结果说明了什么问题都不清楚，也就无从谈起验证的问题。谬误的确定与真理的验证其原理是一样的。

3. 论证有助于人们传播真理，批驳谬误

对于已经探求到并检验了的真理，有些人可能并未认识到，或知其然而不知其所以然。要让真理为人们所普遍知道并接受，在传播真理时，就需要通过论证，使其令人信服。同样，没有充分的论证来揭露、批驳谬误，就不能清除其影响，也就难免其改头换面或死灰复燃。

第二节　证明

一、证明方式

证明方式指证明所运用或主要运用的推理形式，由此，证明可分为演绎证明、归纳证明和类比证明。

1. 演绎证明

演绎证明是运用或主要运用演绎推理形式来进行的证明。它常常表现为用一般性原理作为论据来确定某一特殊性论题的真实性，因此也称为事理证明。我们用一个几何证明题作为例子：

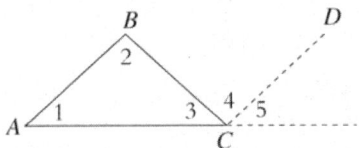

[已知] ΔABC

[求证] $\angle 1 + \angle 2 + \angle 3 = 180°$

[证明]：①延长直线 AC（直线可以无限延长）

②从 C 点作 $CD \parallel AB$（过线外一点可作一条平行线）

③$\angle 1 = \angle 5$（同位角相等）

④$\angle 2 = \angle 4$（内错角相等）

⑤$\angle 3 + \angle 4 + \angle 5 = 180°$（180°角的定义）

⑥$\angle 1 + \angle 2 + \angle 3 = \angle 5 + \angle 4 + \angle 3$（由③、④等量代换）

⑦$\angle 1 + \angle 2 + \angle 31 = 180°$（由⑤和⑥等量代换）

这个证明看似简单，其实包含了许多演绎推理，如①括号里的话为大前提，省略"AC 是直线"这个小前提，推出"AC 可以无限延长"这一结论并付诸实施。其证明方式就是如①的各个推理形式的总和。前面我们已知道了有关的推理形式，因此这里就不再列出其证明方式了。以下有关证明方式我们均从略不列出。

演绎推理是必然性推理。因此，当论据真实且所用推理形式正确时，演绎证明对论题真实性的确定完全有效的，具有严格的逻辑证明的性质，并广泛运用于科学理论证明之中。

2. 归纳证明

归纳证明是运用或主要运用归纳推理形式来进行的证明。它常常表现为用特殊性事实作为论据来确定关于一般性原理的论题的真实性，因此也称为事实证明。例如，英国哲学家培根的一段名言对"学问变化气质"所进行的证明：

史鉴使人明智；诗歌使人巧慧；数学使人精细；博物之学使人深沉；伦理之学使人庄重；逻辑与修辞使人善辩。"学问变化气质"，不仅如此，精神上的缺陷没有一种是不能由相当的学问来补救的……

完全归纳推理是必然性推理，运用完全归纳推理来进行的证明，当论据真实时，对论题真实性的确定是完全有效的，具有严格的逻辑证明的性质。而不完全归纳推理是或然性推理，运用不完全归纳推理来进行的证明，如果没有其他条件，是非严格的证明。但它立足于事实，明白亲切，易于被接受，因而运用比较普遍。

3. 类比证明

类比证明是运用或主要运用类比推理形式来进行的证明。它常常表现为用某一事物的某些属性与另一事物的某些属性相同或相似作为论据，来确定某一事物的某些属性与另一事物在另一属性上也相同或相似。例如：《邹忌讽齐王纳谏》中邹忌在论证"王之蔽甚矣"时，就运用了类比证明：

……臣诚知不如徐公美，而臣之妻私臣，臣之妾畏臣，臣之客欲有求于臣，皆曰"美于徐公"。

今……宫妇左右，莫不私王，朝廷之臣，莫不畏王，四境之内，莫不有求于王。

由此观之，王之蔽甚矣。

类比推理是由特殊到特殊，由此及彼的推理，其结论所断定的范围超出了前提所断定的范围，其结论是或然的，因此，类比证明也是非严格的证明，但由于其生动明了，颇具说服力而常被运用。

二、证明方法

证明方法是论据与论题联系的途径、步骤。按照证明是否由论据直接确定论题的真实性来分，证明可分为直接证明和间接证明。

1. 直接证明

直接证明是由论据的真实性直接确定论题的真实性的证明方法。任何推理形式都可用来作直接证明。上述演绎证明、归纳证明和类比证明中所举的实例都是直接证明。直接证明方法的模式为：

［求证］：p 真

［证明］：⊢如果 q，那么 p

⊢q

所以，⊢p 真

2. 间接证明

间接证明是通过证明与论题相关的其他命题的虚假性来确定论题的真实性的证明方法。它包括反证法和选言证法两种。

（1）反证法

反证法是通过确定与论题相矛盾的命题为假来确定论题为真的间接证明方法。在论题涉及不存在的对象或无穷多对象时，常用这种证法。例如，大数学家欧几里得用反证法这样来证明"素数有无穷多个"：

如果素数不是无穷多个，而是有穷多个，那么就可以把它们统统写出来，记为：P_1、P_2、P_3 …、Pn，此外，就没有更大的素数了。然而，$P_1 \times P_2 \times P_3 \times \cdots \times Pn+1$ 也是一个素数，并且比一切 P_1、P_2、P_3、Pn 都大，于是，认为素数只有有限多个的假设是错误的，从而"素数有无穷多个"得到了证明。

从上可知，反证法的步骤是：第一，设一个与论题相矛盾的反论题。第二，运用充分条件假言推理否定后件式来证明反论题为假。第三，根据排中律，由反论题的假得出所需证论题为真。反证法的模式为：

［求证］：p 真

［证明］：非 p（假设）

$$\vdash 如果非\ p，那么\ q$$
$$\vdash 非\ q$$
$$p\ 并非（非\ p）$$
$$所以，\vdash p\ 真（根据排中律）$$

（2）选言证法

选言证法是通过确定与论题相关的其他所有的可能性的命题为假，从而确定论题为真的间接证明方法。例如，我国考古工作者用选言证法证明长沙马王堆一号汉墓的女尸是病死的：

汉墓中的女尸或是老死的，或是暴力致死的，或是病死的。但是女尸年龄约为五十岁左右，皮下脂肪丰满，并无高度衰老现象，不可能是自然死亡。经仔细检查，也未见任何暴力所造成的致死创伤。所以，认定为是病死的。

选言证法的步骤是：第一，先列出与论题相关的所有可能的命题，使之与论题一起构成一个选言判断。第二，证明与论题相关的其他所有可能的命题为假。第三，运用选言推理否定肯定式，推出论题为真。选言证法的模式是：

$$［求证］：p\ 真$$
$$［证明］：\vdash p\ 或者\ q\ 或者\ r$$
$$\vdash 非\ q$$
$$\vdash 非\ r$$
$$所以，\vdash p\ 真$$

第三节　反驳

一、反驳的类型

我们知道，论题、论据和论证方式是论证的三个重要方面或要素，因此要反驳一个论证也可以从这三个方面入手，即反驳可以分为反驳论题、反驳论据和反驳论证方式三种类型。

1. 反驳论题

反驳论题是以某一论证的论题为驳斥对象，通过反驳确定其为假。由于论题是论证的中心或核心，因此，反驳论题是反驳的主要任务，其意义也更为重要。我们进行反驳时，应首先以此为靶子。而驳斥论证的其他部分或方面，最终还是为驳斥论题服务，或是与驳斥论题密切相关的。例如，数学家华罗庚以下反驳就是以论题为驳斥对象的：

中国古代有一个说法，切忌班门弄斧。可是我的看法是反过来的：弄斧必到班门！……你到鲁班面前耍一耍，如果他说你有缺点，一指点，我下回就好一点了；他如果点点头，说明我们的工作有相当成绩。

2. 反驳论据

反驳论据是以某一论证的论据为驳斥对象，通过反驳，确定其为假，并由此确定该论题未被证明。例如，《曹刿论战》中曹刿对鲁庄公所提出前两个论据的反驳：

问："何以战？"公曰："衣食所安，弗能专也，必以分人。"对曰："小惠未遍，民弗从也。"公曰："牺牲玉帛，弗能加也，必以信。"对曰："小信未孚，神弗福也。"公曰："小大之狱，虽不能察，必以情。"对曰："忠之属也，可以一战。"

值得注意的是，确定了某一证明的论据为假，并不等于确定了该证明的论题为假，只是说明该证明的论据不能证明论题，论题因而未被证明，其真假与否要以其他判断为据，另行确定。

3. 反驳论证方式

反驳论证方式是以某论证的论证方式为驳斥对象，通过反驳，确定其错误性，并由此确定该证明的论题未得到证明。对论证方式的驳斥，实质上就是驳斥对方所用论据不能确定要论证的论题。

例如，有一个小偷偷了一个密码箱。在审问过程中，小偷一口咬定密码箱是他自己的，并以能打开它为证。公安人员当即针对他的论证方式加以反驳："如果是你的密码箱，你就能打开它。但你能打开它，并不能证明是你的密码箱。"这个小偷使用了充分条件假言推理的肯定后件式进行论证，犯了"肯定后件"的逻辑错误，其论据和论题没有必然的联系。公安人员正是针对小偷的论证方式进行反驳的。

值得注意的是，驳倒了论证方式，并不等于驳倒了该论证的论题。驳倒了对方的论证方式，只能说明由对方的论据推不出论题，而不能说明该论题是假的。

二、反驳方式

反驳方式指反驳所运用或主要运用的推理形式，由此，反驳分为演绎反驳、归纳反驳、类比反驳三种。

1. 演绎反驳

演绎反驳是用或主要运用演绎推理形式来进行的反驳。例如，苏轼有一首诗叫做《琴诗》，其中驳斥了两个错误的观点，用的就是演绎反驳：

若言琴上有琴声，放在匣中何不鸣？

若言声在指头上，何不于君指上听？

将其补充完整可知，两个反驳都运用了充分条件假言推理的否定后件式。

2. 归纳反驳

归纳反驳是用或主要运用归纳推理形式来进行的反驳。例如，周恩来1960年9月5日接见英国记者时，针对其一个错误论断进行了如下归纳反驳：

你似乎认为一个国家向外扩张，是由于人口太多，我们不同意这种看法。英国的人口在第一次大战前是四千五百万，不算太多，但是，英国在一个很长的时期内曾经是"日不落"殖民帝国。美国的面积略小于中国，而美国的人口还不及中国人口的三分之一，但是美国的军事基地遍于全球，美国的海外驻军达150万人。中国人口虽多，但是没有一兵一卒驻在外国的领土上，更没有在外国建立军事基地。可见一个国家是否对外扩张，并不决定于它的人口多少，而决定于它的社会制度。

与归纳证明大多不能严格证明全称命题为真不同，归纳反驳能完全确定全称命题为假。

3. 类比反驳

类比反驳是运用或主要运用类比推理形式来进行的反驳。例如，《晏子春秋》中记载了晏子使楚时，对楚王"齐人固善盗"污蔑之辞所作的类比反驳：

婴闻之，橘生淮南则橘，生于淮北则枳，叶徒相似，其实味不同，所以然者何？水土异也。今民生长于齐不盗，入楚则盗，得无楚之水土使民善盗耶？

类比反驳在严格性方面的性质与类比证明是相同的。

三、反驳方法

常见的反驳方法有两种，即直接反驳和间接反驳，后者又分为独立证明的反驳和归谬反驳。

1. 直接反驳

直接反驳是由论据直接确定被反驳判断为假的反驳方法。其步骤是列出与被反驳对象在真假上相矛盾或相反对的论据，由论据的真直接确定被反驳对象的假。例如：

认为只有长文章才有分量的观点是错误的。在解放战争中，我军30万大军南渡长江，这一举世瞩目的大事，毛泽东同志为新华社写的新闻中只用了一百九十多个字，难道这没有分量吗？

由于反驳是一种特殊的证明，就可以套用证明方法的模式来刻画反驳方法。直接反驳的模式一般为：

［求证］P 假

［证明］⊢非 p

所以，⊢p 假（根据矛盾律）

2. 间接反驳

间接反驳是通过确定与被反驳判断具有矛盾关系或反对关系的其他判断为真，再进而确定被反驳对象为假的反驳方法，包括独立证明与归谬反驳。

（1）独立证明

独立证明是通过先独立确定与被反驳判断相矛盾或相反对的判断为真，进而确定被反驳的判断为假的反驳方法。其反驳步骤是：第一，先设立一个与被反驳的判断相矛盾或相反对的论题。第二，证明所设论题为真。第三，根据矛盾律，由所设论题为真而确定被反驳的判断为假。独立证明的模式一般是：

［求证］：P 假

［证明］：非 p（假设）

⊢非 P 为真

所以，⊢p 假（根据矛盾律）

例如，语言学家吕叔湘在驳斥"贵报反映我饭庄饭菜内有蝇事，经查基本属实"的说法时，用了独立证明反驳法：

总要有个数量问题，或者说是程度问题，才用得上"基本"二字。基本如何如何，意思是十之八九如何如何。比如说：基本可行、基本有效、基本同意、基本够用、基本吃素、基本不出门……这些都是有意义的。

上面的反驳法即独立证明了"基本"只适用于有数量、有程度的场合为真，从而确定所驳斥的论断为假。

（2）归谬反驳

归谬反驳是从被反驳判断中引出假的甚至荒谬的判断，进而确定被反驳判断为假的反驳方法。其反驳步骤是：第一，以被反驳的判断作为充分假言判断的前件，并由此引出假的甚至荒谬的后件。第二，否定这个假言判断的后件。这步在语言表达时，由于后件明显为假，可省略对它的否定。第三，根据充分条件假言推理的否定后件式，确定前件（被反驳对象）为假。归谬法的模式是：

［求证］：p 假

［证明］：⊢如果 P，那么 q

⊢非 q（q 显然荒谬）

所以，⊢p 假。

例如，鲁迅在《文艺的大众化》一文中写道："倘若说，作品愈高，知音越少，那么，推论起来，谁也不懂的东西，就是世界上的绝作了。"由于"谁也不懂的东西就是世界上的绝作"明显为假，从而有力地反驳了"作品愈高，知音越少"的谬论。

归谬法所引出的假判断，并不限于上面一种类型，还包括引出两个自相矛盾的判断，如伽利略对"物体越重下落速度越快"的反驳；以及引出与被驳斥判断相矛盾的判断，如亚里士多德对"一切命题都是假的"所作的反驳。

第四节　论证的规则

无论证明还是反驳，要想使论证正确，就必须遵守以下论证规则：

1. 论题要明确

论题是论证的中心与核心，只有论题明确，论证才能有的放矢地进行。因此，论题应当清楚明白，没有歧义；态度明确，不含糊其辞。如果违反了这一规则，就会犯"论题不清"的逻辑错误。例如，算命先生的"父在母先亡"式论题，有不同的意思而论题不清。又如，有个故事说两个猎人为是否围绕松鼠转了一圈而争论得不可开交。一个认为是，因为他们以松鼠为定点，所走的路线形成了一条封闭的曲线；一个认为不是，因为松鼠始终将头朝着他们，没有见到松鼠左右两侧及尾部。这一争论是徒劳的，因为论题含混不清楚，应该先明确。

2. 论题要保持同一

论题要保持同一，是指在论证过程中，论题一旦确立，就必须保持前后一致，而不能中途变换。如果违反了这一规则，就会犯"偷换论题"或"转移论题"的逻辑错误。其表现形式主要有：

第一，证明过多，即所论证的论题范围比原论题的范围要广。例如：要证明"过量喝酒有害身体健康"，可是在证明过程中有意或无意地变换为"喝酒有害身体健康"，这就把论题的范围扩大了，犯了"证明过多"的逻辑错误。

第二，证明过少，即所论证的论题范围比原论题的范围要窄。例如：要证明"搞社会主义建设，要两手抓，两手都要硬"，可是在证明过程中有意或无意地变换为"搞社会主义建设，要抓物质文明建设与精神文明建设"，对后一部分不加证明，这就把论题的范围缩小了，犯了"证明过少"的逻辑错误。

第三，完全转移或偷换论题，即所论证的论题与原论题无关。例如，《艾子杂说》中记载：

营丘士性不通慧，好析难而不中理，一日造艾子问曰："凡大车之下，与骆驼之项，多缀铃铎，其何故也？"艾子曰："车驼之为物甚大，且多夜行，忽狭路相逢则难以回避，以借鸣声相闻，使预得回避尔。"营丘士曰："佛塔之上，亦设铃铎，岂谓塔亦夜行而使相避邪？"

本来要证明的论题是关于大车与骆驼所系铃铎的原因，艾子已加以论证，营丘士则将其转移为关于佛塔之上所系铃铎原因来加以责难，其逻辑错误是十分明显的。

3. 论据必须已知为真

论据是论题的根据，如果作为根据的判断不真或真假未知，就不可能在这个基础上确定所要证明的论题为真或所要反驳的判断为假。违反了这一规则，就会犯"虚假理由"或"预期理由"的逻辑错误。

所谓"虚假理由"，就是以虚假判断作为论据的逻辑错误。例如，在犹太教和基督教的教义中，夏娃违反了上帝的禁令，偷吃了智慧树上的果实，结果使夏娃和亚当被逐出伊甸园。以此为据来证明妇女是人类万恶之源，显然是错误的。又如，抗金英雄岳飞被杀的罪名是谋反，其所谓的论据，秦桧说："飞子云与张宪书虽不明，其事体莫须有"，实际上是凭空捏造证据。

所谓"预期理由"，就是以真假未知的判断作为论据的逻辑错误。例如：昆曲《十五贯》中的无锡知府过于执，在审案时想当然地认为尤葫芦被其养女苏戌娟及商人熊友兰所杀：

看她艳如桃李，岂能无人勾引？年正青春，怎会冷若冰霜？她与奸夫情投意合，自然要生比翼双飞之意。父亲拦阻，因之杀其父，盗其财。此乃人之常情。这案情就是不问，也已明白十之八九了。

将真实性尚待验证的判断作为定罪证据，结果酿成了冤案。秦桧诬陷岳飞的所谓证据，即使按他自己所说是"莫须有"，在逻辑上也与过于执一样，犯了"预期理由"的错误。

此外，对于宣传、教育性的论证来说，论据的已知是指受宣传、教育方已了解、掌握的。否则，用其所未学过的知识作为论据，也是错误的，因为论据不是他们已知为真的。

4. 论据的真实性不应依赖论题的真实性来论证

论据本是用来论证论题的判断，如果论据的真实性还要依赖论题，那么就等于用论题来论证论题，实际上是什么也没有论证。因此，论据的真实性不应依赖论题。违反了这一规则，就会犯"循环论证"的逻辑错误。例如，曾有俩基督教士这样作出关于上帝本体论的证明：

当我们思考着上帝时，我们是把他作为一切完美性的总和来思考的，因为，不存在的东西必然是不完美的。因此，我们把存在包括在上帝的完美性之内。所以上帝一定存在。

这一证明以"上帝是完美的"来证明"上帝是存在的"，又以"上帝是存在的"来证明"上帝是完美的"，实际上什么也没有证明，犯了"循环论证"的逻辑错误。

5. 从论据应能合乎逻辑地推出论题

论证方式是论据与论题联系的方式，即由论据推出论题的推理形式。论证的过程，实际上就是运用恰当的推理形式由论据合乎逻辑地推出论题的过程。既然运用了推理形式，那么就必须遵守推理规则和逻辑规律。因此，这条规则就是指由论据推出论题时必须遵守推理规则和逻辑规律。如果违反了这一规则，就会犯"推不出"的逻辑错误。其表现形式主要有：

第一，论据与论题不相干。由于论据与所要论证的论题之间缺乏必然的联系，即使论据是真实的，也不能确定论题的真实性。例如，北宋邵伯温假借苏洵之名写的《辨奸论》，以王安石"衣臣虏之衣，食犬彘之食，囚首丧面而谈诗书"，来证明王安石为大奸臣，论据与论题不相干。因为奸臣是指不忠于君主的人，要证明王安石为大奸臣应从他大逆不道、心怀不轨等方面去证明才行。

第二，论据不足。这是指论据对于论题来说，只是一个必要条件，但不充分，还不能由此推出论题，尚需其他论据相配合。例如，最初人们论证"地球是圆球体"时，列出"海里的船向陆地驶来，陆地上的人先见其桅杆，然后才见船身"，"站得愈高，看得愈远"这样一些论据，而这些论据只能证明地球是曲面的密闭形并没有边缘，还不足以证明地球是圆球体。

第三，论证所运用的推理形式违反了推理规则或逻辑基本规律。例如，有一则《武官看戏》的笑话，讲一位武官看"诸葛亮七擒孟获"的戏，大为感慨，说："想不到这个孟子的后代竟然这样野蛮，不服王化。"一文官反问道："难道孟获是孟子的后代吗？"武官说："他们都是姓孟嘛！"这位武官在运用三段论论证自己的观点时，以"孟子的后代姓孟，孟获姓孟"为前提，去推"孟获是孟子的后代"，就违反了"中项必须周延一次"的规则，从论据不能推出论题。

第十二章

法律逻辑

第一节　法律逻辑的对象

　　逻辑与法学是关系极为密切的学科。诚如《牛津法律大辞典》所指出的："事实上，法律研究和适用法律均要大量地依靠逻辑。在法律研究的各个方面，逻辑被用来对法律制度、原理、每个独立法律体系和每个法律部门的原则进行分析和分类，分析法律术语、概念，以及其内涵和结论，他们之间的逻辑关系。在实际适用法律中，逻辑是与确定某项法律是否可适用某个问题，试图通过辩论说服他人，或者决定某项争执等因素相关联的。"由于经常要解决互相对立的诉讼要求，要对案件事实予以揭示和证明，要辨别是非曲直，因此司法过程往往便是一个自觉或不自觉地运用逻辑进行推理和判断的过程。西方逻辑史学家黑尔蒙指出，三段论的逻辑形式早在古埃及和美索不达米亚的司法判决中就已经有所运用了。而在立法文献中，古巴比伦的《汉谟拉比法典》也是用逻辑的对立命题与省略三段论的论断方式宣示法律规则的。在西方，亚里士多德等古希腊哲学家所发展出的一整套严密的逻辑学体系，对于罗马法的发展产生了深远影响，加上罗马法学家们对于各种法律、法律关系的热心探讨和细致阐述，终于使罗马法得以摆脱其他古代法律体系不合理性、不合逻辑的轨道，成为一个博大精深、结构严密的体系。这种讲求逻辑严密的传统对后世西方的影响非常大。

　　既然法律适用和法学研究都离不开逻辑的运用，因而逻辑研究就不能不把目光投向法律领域。于是，研究法律领域中特有逻辑现象和逻辑问题的交叉学科——法律逻辑应运而生。

　　20世纪70年代末、80年代初，我国的逻辑工作者，特别是在法律院校从事逻辑教学与研究的逻辑工作者，开始提出创建法律逻辑的设想，并对此展开了初步的研究。近年来，随着我国社会主义法治建设的不断完善，司法工作者在审理案件、适用法律的实践中已积累了较为丰富的正反两方面的实际思维材料，从而为我们总结概括这一特定领域中的思维方法和思维规律提供了条件，使得我们有可能在已有逻辑理论成果的基础上，探索和总结法律适用过程中的逻辑问题。

法律适用中的逻辑问题，也就是人们常说的法律逻辑问题，其核心是法律推理。正如有的法学家所言，研究法律推理可以有不同的角度和层次，可以是法律逻辑学的，也可以是诉讼法学的或法哲学的角度。角度不同，其任务及具体研究内容当然也就不同。然而，把"法律逻辑学的任务"理解为"以法律推理活动的外在形式如公理、定理或符号系统等为对象的研究"却未必妥当。因为这样的"法律逻辑"，实际上是以现代逻辑为主要工具的纯形式的逻辑，其研究方法局限于形式逻辑领域。大量的司法实践表明，对法律逻辑的研究如果仅局限于形式逻辑的角度，只是从逻辑的已有原理出发并用现有的模式去解说司法实例，或者运用纯形式的符号运算构造出一个哪怕是完美的法律逻辑（或称规范逻辑）系统，这样的法律逻辑并非法律工作者真正需要的逻辑，虽然其理论与实践意义不可完全否定，但从它在司法工作中的应用效果来看，显然难以得到法律工作者的普遍认可和真正接受。

逻辑学皆以推理研究为中心，同样，法律逻辑也以研究法律推理为核心。国外不少法学家在他们的论著中，甚至将"法律逻辑"与"法律推理"当作同义词使用。不过，我们这里所说的"法律推理"却是狭义的，仅指适用法律的推理，也就是法学家通常所说的司法推理。

"法律推理区别于其他推理在于它所关注的是法律行为。在 18 和 19 世纪，许多西方法学家把法律推理看成逻辑三段论的运用：法律规范被视为大前提，某一案件的事实被视为小前提，法院判决或某一问题的解决方案被视为结论。"

不过，这种机械的法律推理观，即"将法官视为适用法律的机械，只能对立法者所制定的法规，作三段论的逻辑操作"的观点，在 19 世纪末期，还有 20 世纪初期，遭到了西方各派法学家的批判。因为在这些法学家看来，尽管将一般法律适用于具体案件的过程，总的可看作一种演绎过程，但其推论活动却是非常复杂的。"除了事实认定方面的困难之外，面对千变万幻、复杂多歧的具体事实，如何妥当地适用法律也往往是颇费踌躇的，究其理由，或者成文法的条文语意暧昧、可以二解，或者法律规范之间互相抵触、无所适从，或者对于某种具体的案件无明文，或者墨守成规就有悖情理、因而不得不法外通融，如此等等，不一而足"。不但如此，而且"即使在法律原文的拘束较强的场合，法律家也不可能像一架绞肉机：上面投入条文和事实的原料，下面输出判决的馅儿，保持着原色原味"。因此，法律推理，亦即将一般法律适用于具体案件的推理，并不是形式逻辑推理的简单应用。这一点，已经成为中外法学家的共识。

关于法律推理的形式，法学家们一般都认为其总的推演模式是演绎推理，具体表现为典型的三段论形式，即法律的规则为大前提，法庭认定的事实为小前提，推理的结论便是判决。法律推理的模式为：

R——法律规定
F——确认的案件事实
————————————
D——裁决、判处结论

法律推理的复杂性主要不在于从既有的大、小前提推出结论，而在于如何构建法律推理的大、小前提，构建大、小前提本身就是相当复杂的推理过程。

首先，法律推理的大前提是法律规范，它通常表现为判断（或命题）形式，并都有其特定的逻辑结构，且总是以某个法律概念（或称"专门术语"）为中心而展开的。这里涉及很多复杂的逻辑问题。比如，对法律规范逻辑结构的分析，如何从一般性规范推出适用于个案的特殊规范，法律规范中模糊概念的解释问题，等等。这些都不是简单应用形式逻辑知识所能解决的，需要结合法律思维进行综合分析，并经过一系列推理论证，才能建立起法律推理的大前提。

其次，作为法律推理小前提的事实认定，也不是简单的断定。任何案件在事实方面总是生动具体且各不相同的。不仅如此，即使对于同一事实材料，不同的法官出于不同的考虑，也会注意事实的不同方面，从而形成不同的判断。对于案件事实的认定实际上是对过去事件的追溯，因而不能不依靠一系列证据通过逻辑推理进行诉讼证明。严格说来，诉讼证明的结论只能是或然的，而不是必然的。因此，对于建立法律推理小前提的诉讼证明，就不宜简单套用形式逻辑的推理规则来作判断。就连法学家也认为，对于事实认定只要它不存在"合理疑点"就可以成立。西方法学家甚至认为"事实认定是概率性的而不是确定的"。

最后，法律推理并不是由前提到结论的简单推论。在从前提到结论的推理过程中，既要运用形式法律推理，更要运用实质法律推理进行综合推断。不仅复杂案件和疑难案件需要如此，即使是简单案件也不可能是纯粹靠形式法律推理就能推得结论的。因为在法律推理中必须加入法官等人的价值判断，而这一点绝不是靠形式推理所能解决的。这也正是机器模拟法官推理进行判案难以令人满意的关键所在。

由于法律推理具有上述的复杂情形，不能靠简单套用形式逻辑的已有理论来予以概括和说明，而必须运用包括非形式逻辑在内的一系列逻辑学理论，对法律思维中特有的逻辑现象和规律进行具体分析，形成符合法律思维实际的科学理论。

综上所述，我们认为，法律逻辑是一门研究法律领域中特有的逻辑现象和逻辑问题的交叉学科，作为交叉学科的法律逻辑以法律推理为主要研究对象，同时还要研究构成法律推理大前提的法律规范命题，以及构成法律规范命题的法律概念，还要对大前提的构建和小前提的建立进行详细考察，从而为完整的法律推理过程提供理论和实践指导。

第二节　法律逻辑的性质和研究方法

目前关于法律逻辑的性质主要有以下三种观点：

一是将法律逻辑视为形式逻辑的分支。此种观点认为，法律逻辑与形式逻辑有共同的研究对象，只是两者的侧重点不同。形式逻辑研究推理的普遍形式及其有效性，法律逻辑研究形式逻辑推理在法律领域的具体运用规律。这是一种具有普遍影响的法律逻辑观。不少学者虽然没有公开表明这一观点，但他们实际上采用形式逻辑的原理去解说司法实例，单纯从形式逻辑知识的应用角度构思法律逻辑，正是此种法律逻辑观的具体体现。

二是将法律逻辑视为应用逻辑的一个新分支。此种观点认为，逻辑学包括理论逻辑和应用逻辑。应用逻辑不同于逻辑应用，它不是某种逻辑理论的简单应用。法律逻辑虽然要运用形式逻辑，但并不是形式逻辑的简单应用，也就是说，法律逻辑不仅运用形式逻辑知识，还运用非形式逻辑知识，如辩证逻辑、语言逻辑、论辩逻辑等。法律逻辑运用逻辑知识的结果是要形成自己的逻辑体系。因此，法律逻辑是应用逻辑的一个新分支，它是研究如何将逻辑理论应用于法律工作实践的具体思维过程。

三是将法律逻辑视为理论法学的一个分支。此种观点认为，法学家要为法官寻找各种不同的（逻辑的以及逻辑以外的）判案指导思想，即法官裁断案件的方法论学说。他们将这种研究司法技术的方法论与理性思维等同起来，并称之为"法律逻辑"（或"法律推理"）。大多数西方法学家持有这种观点。当然，在这些法学家眼里，"逻辑"的含义也各不相同。有的人如佩雷尔曼所说的"法律逻辑"，是指他所创立的"新修辞学"；有的人如利益法学代表人物赫克所说的法官活动的"逻辑"，则不属于认识思维的逻辑，而属于"情动思维的逻辑"。但作为法学方法论的法律逻辑，在西方法学家眼里，一般都被当作理论法学的一个分支。我们认为，从司法工作者的实际思维及法律逻辑研究的既有成果看，将法律逻辑视为形式逻辑分支的观点，显然满足不了法律工作者司法实践的需要。形式逻辑在司法实践中具有重要作用，但把法律逻辑的研究视野局限于形式逻辑显然太狭窄了。

将法律逻辑视为理论法学的分支，其实是把法律逻辑划入法学，这种做法也是欠妥当的，因为从国内外法律逻辑研究现状看，法律逻辑主要研究逻辑学在立法和执法中的应用问题，而不是主要研究逻辑学在法学中的应用问题。法律逻辑应属于逻辑学，即它主要是逻辑科学在司法实践中的应用，因而属于应用逻辑的分支。

由此可见，将法律逻辑视为应用逻辑新分支的观点，或许更接近人们对法律逻辑的设想。

法律逻辑研究方法其实是一个与法律逻辑研究对象密切相关的问题。我们把法律推理设定为法律逻辑的主要研究对象，而在法学家看来，"法律推理是一种创造性的法律实践活动，无论是立法，还是执法、司法，甚至守法，都离不开法律推理"。法律推理涉及的内容较广，人们可从不同角度运用不同方法来加以研究。本章中，我们仅从逻辑角度，对法律推理的构造以及与此相关的逻辑问题进行探讨，我们的方法仅限于逻辑方法，包括形式逻辑方法和非形式逻辑方法。

第三节　法律推理

一、法律推理的含义与特征

法律推理现已成为国内外法哲学研究的热点，并被法哲学家称为法哲学的基本问题。如英国法哲学家哈特就认为，法哲学基本问题包括：定义和分析问题、法律推理问题、法律批评问题。美国法学家肖尔也说："哲学的很大一部分，有的哲学家说是最重要的一部分，是对推理的研究。那么，毫不奇怪，法哲学的很大一部分就是对法律推理的研究。"

关于什么是法律推理，目前尚未形成公认的定义。从国内外学者对"法律推理"这一术语的使用情况看，法律推理主要有以下三种含义：

1. 法律推理就是形式逻辑推理在法律中的应用。此乃国内外较有代表性的法律推理观。如《牛津法律大辞典》的编者戴维·M·沃克就认为：法律推理就是对法律命题的一般逻辑推理，在不同情况下，可使用各种推理。国内法律逻辑著作也多将法律推理理解为形式逻辑推理在审判和侦查实践中的简单应用。因此对法律逻辑的研究，便主要立足于形式逻辑简单应用，即运用形式逻辑所讨论的各种推理形式或规则去注解司法实例。

2. 法律推理就是法律规范推理。随着现代逻辑尤其是模态逻辑和规范逻辑（道义逻辑）内容的日益丰富及其影响的日益扩大，国内外逻辑学界及法学界的不少学者都主张，应将现代逻辑理论应用于法律领域中去研究其中的逻辑问题，建立以法律推理为核心的法律逻辑系统。如波兰的齐姆宾斯基就将审判推理（即法律推理）归结为"由规范推导规范"的推理，并区分为"以规范的逻辑推导为基础的推理""以规范的工具推导为基础的推理"和"以立法者评价一贯性的假定为基础的推理"。捷克法理学家克纳普和格尔洛赫也认为，法律推理主要就是以非古典逻辑为基础的法律规范推理，并试图建构法律规范推理的逻辑模型。

3. 法律推理就是法官、检察官或律师将法律规范适用于具体案件的法律思维方法。这个意义上的"法律推理"成为"法律逻辑"的同义语。西方国家的一些法学家，在他们的论著中，时常将"法律推理"与"法律逻辑"视为同义语而交替使用。按照西方法学家们的说法，法律逻辑就是法律适用的逻辑，法律推理就是法律适用的推理。法律逻辑或法律推理就是法官、检察官或律师将一般法律规定适用于具体案件过程中，论证判决之所以正当、合理的一种技术，因而是"供法学家、特别是法官完成其任务之用的一些工具——方法论工具或智力手段"。

综合以上各种观点，我们认为，狭义的法律推理也就是法律适用推理。它是指法律工作者在法律适用过程中，运用证据确认案件事实，选择、分析法律规范，从而将确认的案件事实归属于相应的法律规范，援用相关的法律条款而导出待决案件的裁决、判处结论，并论证其结论可靠、正当和合理的理性思维活动。简而言之，法律推理就是以确认的具体案件事实和援用的一般法律条款这两个前提，运用科学方法和规则为法律适用结论提供正当理由的一种逻辑思维活动，因而，其推理过程是逻辑演绎论证模式与辩护性推理的有机结合。

了解法律推理，必须注重把握法律推理的以下特征：

第一，法律推理指的是法律适用的总体推理模式而非法律适用中某个具体的推理形式。法律适用推理的总体思维模式表现为演绎论证模式，通常分析为演绎三段论（或假言推理）。法律推理的演绎论证性质得到包括大陆法系和普通法系在内的世界法学家的公认。大陆法系法学家对成文法法律适用中法官法律推理模式的概括，一向以三段论式演绎推理为标准形式，如18世纪意大利法学家贝卡利亚就十分肯定地说："法官对任何案件都应进行三段论式的逻辑推理。大前提是一般法律，小前提是行为是否符合法律，结论是自由或者刑罚。"

普通法系法学家也同样肯定判例法法律适用推理模式为演绎推理。例如，英国法学家哈特就说过："传统理论认为，法院的判决是演绎三段论中的结论，规则是大前提，而案件中一致同意或确立的事实陈述是小前提。与此相类似，就法院引用判例而言，传统观点认为法院从过去判例中抽出规则是归纳推理，而将抽出的规则适用于当前的案件是演绎推理。"

法律推理虽总体表现为"演绎论证模式"，但它并不能简单归结为普通逻辑中的任一具体演绎推理形式。一个具体的法律推理绝不可能如此简单，它往往是各种推理的综合应用。法律推理作为一种理性思维活动，它必须以法律规则和确认的案件事实为已知前提，推导出裁决、判处结论。而为了获得法律推理的前提，首先就必须运用证据认定案件事实并对其进行司法归类活动，以获得小前提，在这当中就已经包含着许多逻辑推理，这些推理自然成为法律推理不可分割的组成部分；其次则要在此基础上查明、选择并援用相关的法律条款，以获得大前提，而这一过程也同样包含许多复杂的推理和论证。也有学者将法律推理理解为获得法律推理大前提的推理，即法律规范的推导，但这并不是我们所理解的法律推理。

第二，法律推理是为判决结论提供正当理由的法律行为。法律推理区别于其他推理的一个重要方面，就在于它是为司法判决提供正当理由的法律行为。法律推理贯穿于法律适用活动的始终，目的在于为法律适用提供正当理由。因此，法律推理总是同亚里士多德所说的辩证推理或论辩推理密切相关，通过辩论和讨论，为法律适用结论提供正当理由，以此来论证或证明法律适用结论的合法性、正当性和合理性。

法律推理总是同法律适用结论的理由相关，正如英国法学家麦考密克所指出的："任何法律推理的研究都是致力于得出并解释关于法律辩论的好与坏、能否接受的标准的。"他在《法律推理和法律理论》一书序言中，明确地指出，他这部书"试图描述和解释在判决的正当理由上发展起来的法律辩论的要素"。他认为，法律辩论实际上是说服人，而说服的功能是靠提出正当理由，至少表面上是正当理由。所谓正当理由，不仅是指判决的理由正当，而且包括原告提出主张的理由正当，被告进行辩护的理由正当；不仅是指理由本身正当，而且还包括证明适当（指承认对方所控诉的事实，但用所作行为是正当和合法作为理由来加以辩护）。

比利时哲学家佩雷尔曼所创立的新修辞学也是通过辩论提供法律理由的法律推理工具。他宣称："新修辞学可解释为辩论学。它的研究对象是商讨技术，旨在促进人们在思想上接受向他们提出并争取他们同意的命题；新修辞学也研究得以使辩论开始和发展的条件以及这种发展的效果。"这表明新修辞学是用来说服人的手段或提出问题的工具。他声称，新修辞学的"这些方法已被法学家在实践中长期运用。法律推理是研究辩论的沃土"。美国法学家戈尔丁也指出，法律适用过程中的法律推理（司法证明）不是抽象的，而是法官试图向败诉一方、向有可能受影响的其他人、向司法社团证明他的判决，而这其中必然要介入价值判断。

第三，法律推理不能仅靠形式逻辑，它还必须广泛采用各种非形式逻辑方法。法律推理作为提供法律理由的辩护性推理，不能单纯依靠形式逻辑，如传统的演绎、归纳和类比等方法，它还必须注意吸收和采纳各种非形式的方法，如批判性思维、论辩推理和辩证逻辑等。关于法律推理方法不能局限于形式逻辑的观点，西方法学家已有较多论述。例如，佩雷尔曼就主张"法律逻辑并不是像我们通常所设想的，将形式逻辑应用于法律。我们所指的是供法学家，特别是法官完成其任务之用的一些工具——方法论工具或智力手段"。这些智力手段是法律逻辑而不是形式逻辑。因为问题涉及的是法律的内容而不是形式推理，形式逻辑就无能为力。形式逻辑也不能帮助消除法律中的矛盾或填补法律中的空隙。因此，我们必须使用其他手段，即法律逻辑或法律推理手段。

著名法哲学家博登海默也认为，"形式逻辑在解决法律问题时只具有相对有限的作用"，"当作为推理基础的前提是清楚的、众所周知的或不证自明的时候，我们就不需要采取辩证推理之方法"，而仅仅依靠形式逻辑的分析推理就可以"极为明确地得出一种演绎结论"；但是如果发生另外一种情况，即当解决一个问题并非只有一种答案时，也就是"当在两个或两个以上可能存在的前提或基本原则间进行选择成为必要时"，"就必须通过对话、辩论、批判性探究"等方法来发现最佳答案，也就是通过亚里士多德的辩证推理通过提出"有道理的、有说服力的和合理的论辩去探索真理"。关于法律推理必须突破形式逻辑界限、广泛采用各种非形式逻辑方法的问题，正如国内一位学者概括的那样："法律推理不等于形式逻辑推理，并不意味着它缺乏逻辑性。法律推理的逻辑是一个系统。在这个系统中，各种法律推理方法都可视为广义的逻辑方法，包括演绎逻辑、归纳逻辑、类比逻辑、概率逻辑、模糊逻辑、辩证逻辑乃至实践理性的经验逻辑等等。只有把法律推理的逻辑理解为广义的'法律逻辑系统'，认真探索各种非形式逻辑方法在法律推理中的作用，才能全面揭示法律推理的思维过程。在这个问题上，对某些法学家的所谓'非逻辑推理'，只能作'非形式逻辑推理'来理解。"

由上述可见，法律推理不是主观推测，也不是经验擅断，而是严密的逻辑推理。主观推测或经验擅断尽管也有推导过程，但其推导过程往往缺乏逻辑联系和可靠的推导依据，因此结论十分可疑，缺乏论证性和说服力。在司法过程中，仅凭自己的直接经验而进行的主观推测或经验擅断，与现代法治精神水火不容，已为近代以来各国的法律理论和法治实践所摈弃。

二、法律推理的基本类型

1. 形式（分析）推理与实质（辩证）推理

就适用法律过程而言，根据推理是否涉及法律规范的具体内容，可以将法律推理分为形式推理（又称分析推理）和实质推理（又称辩证推理）。

（1）形式推理，是指撇开法律规范的具体内容和价值判断，仅依据法律规范的形式结构从逻辑上推出结论的法律推理。如果法律规范的含义明确清晰，待判决案件的事实清楚，它所适用的法律规范也是确定的，那么在这种情况下，运用已有的法律规范对具体案件做出处理结论的过程，也就是根据法律规范本身的逻辑特性，遵照相应的逻辑规则进行推论的过程。这种推理可以用形式化的方式加以刻画，故称形式推理，亦称分析推理。

美国法哲学家博登海默也把法律推理分为分析推理和辩证推理。他认为，所谓分析推理，是指"解决法律问题时所运用的演绎方法、归纳方法和类推方法。分析推理的特征乃是法院可以获得表现为某一规则或原则的前提"。根据博登海默的论述，北京大学沈宗灵先生明确提出了将法律推理区分为形式推理和实质推理的主张。关于什么是形式推理，沈宗灵先生指出，形式推理也叫分析推理，它是在法律适用过程中经常使用的推理，一般是形式逻辑的推理，有三种形式，即：演绎推理、归纳推理和类比推理（类推）。形式推理能够满足人们对法律要有确定性、稳定性和可预见性的要求。但这种推理方式一般仅适用于简易案件。对于疑难案件，则必须进行一种高层次的实质推理。

在我们这样一个以成文法为主要甚至唯一法律渊源的制定法国家，形式推理是适用法律中最基本和最常用的推理，而且从逻辑上可给予形式化研究和刻画的法律推理，严格说来也只有这种推理。

形式推理的特点在于，依据同样的前提就应得出相同的结论。比如，根据同样的犯罪事实，同样的符合法律规范的假定条件，就应适用同样的法律规范，援用相同的法律条款，并得出相同的裁决、判处结论。在运用形式推理适用法律过程中，不掺杂、不介入其他非法律因素，不因人而异地实行"区别对待"。因此，严格而又准确地运用形式推理，既可以充分体现"法律面前人人平等"和"依法审判"的原则，也可以保证法律的确定性、稳定性和可预见性，有利于维护司法的统一和一致，这无疑是达到法治（尤其是形式法治）所必需的。

但在法律适用过程中，许多时候往往无法简单地根据现有的法律规范对某一案件作出理所当然的判决，而是要深入探究法律规范的具体内容或者当初的立法意图，以及其他各种复杂社会因素，才能确定前提，推出结论，并说明作出某一裁决的理由，表明它的正当性和合理性。这样的推理过程涉及思维的具体内容，是实质的而不是形式上的，故称为实质推理。

（2）实质推理，是指在某些特定场合，通过对法律或者对案件事实的实质内容进行分析、评价，并以价值判断为主要依据所进行的适用法律的推理。这些"特定场合"，是指法律无明文规定，出现法律漏洞；或者法律虽有规定，但规定本身过于笼统和抽象；或者法律规定本身互相交叉或互相冲突；或者运用形式推理适用法律，则明显违背法律精神或立法者的真实意图，等等。而"以价值判断为主要依据"，通常是指以法律规范之外的各种根据和理由，主要有适用者需要考虑的立法者意图、法律精神、法律的一般原则以及法理、国家政策、当前情势、社会公共道德和秩序等伦理道德或社会方面的因素。

博登海默也把实质推理叫做辩证推理。他认为："辩证推理乃是要寻求一种答案，以对在两种互相矛盾的陈述中应当接受的问题作出回答。由于不存在使结论具有确定性的、无可辩驳的首要原则，所以我们通常所能做的只是通过提出有道理的、有说服力的和合理的论辩去探索真理。"博登海默认为，辩证推理所依据的逻辑并不是形式逻辑，"但它却有一种自身的逻辑。这种逻辑是建立在理性考虑基础之上的，而这就使它同武断的判断完全区别开来。这种逻辑的特征在于它是实质性的，而不是形式上的"。关于什么是实质推理，沈宗灵先生更加明确地指出，这种推理并不是指思维形式是否正确，而是关系到思维的实质内容如何确定的问题。因此这种推理已不是形式推理，而是非形式逻辑的思维。因为它涉及对法律规定和案件事实本身的实质内容所做的价值评价。一般地说，在疑难案件的情况下需要进行实质推理，这种推理具有一定的灵活性，但也为法官留下了滥用权力的空隙。

实质推理一般不以或不仅仅以确定的法律条款作为推导依据，它必须以价值判断为主要依据或作为隐含前提进行推导。实质推理结论的合理与否一般不取决于推理的结构形式，而依赖于分析法律规定或案件事实所形成的价值判断。因而实质推理是一种涉及实质内容和价值判断的非形式推理，也是一种结构更加复杂、层次更高的推理，远不是单纯采用形式逻辑方法就能给以研究和刻画的推理。因此，对实质推理的研究和刻画就不宜采用形式逻辑的形式化方法，而应吸收和采纳各种非形式化方法。

必须指出，把法律推理分为形式推理和实质推理，只是出于研究和分析的需要，并不意味着在实际适用法律过程中存在着两种互相排斥的推理。事实上，在适用法律的推理活动中，这两种推理经常是交互运用、相互渗透、密不可分的。只不过，在有着不同法律制度和法律传统的国家（或地区），在不同的法律适用（刑事、民事或行政法律适用）领域，对形式推理和实质推理的运用有所偏重而已。一般说来，在以成文法为主要法律渊源的大陆法系国家，法律适用以形式推理为主，以实质推理为辅；而在以判例法为主要法律渊源的英美法系国家，实质推理的运用范围要广泛得多。在刑事法律适用中，由于实行"罪行法定"和"法无明文不罚"的法治原则，因此，一般以形式推理为主要的推理形式，基本上没有单纯运用实质推理的情形；而在民事法律适用、经济法律适用（尤其是仲裁适用）中，运用实质推理的机会就要多得多。

2. 法律规范推理与个案适用推理

根据法律推理是否涉及具体案件的事实问题，可以把法律推理分为法律规范推理和个案适用推理。

（1）法律规范推理，又称为法律规范命题之间的推导，是指由一个一般性（普遍性或全称）法律规范命题（即"制定法规范"），推导出另一个一般性（普遍性）法律规范命题（即"裁判规范"）的推理。这种推理亦可称为"由规范推导规范"的推理。有些学者所说的"法律推理"或"审判推理"，实际上指的就是这种法律规范推理。

法律规范推理主要表现为：根据某个一般性、普遍性、综合了多种假定情况的法律规范命题（即立法者制定的法律规范），推导出它所包含的、可适用于某个具体案件的法律规范命题（即裁判规范——法官进行裁判时所遵循的法律规范）。

国家制定法律条文（款），往往都表现为比较复杂的命题结构，可以将其视为一个法律规范命题组。借助于对这样的条文命题结构的分析，并根据其规范模态词（如"必须""允许""禁止"等）与各个肢命题间的逻辑关系，就可以由这一规范命题组，推导出若干个结构简单的、可适用于具体案件的法律规范命题（裁判规范）。下面以《刑法》第236条第1款为例，来说明规范的推导过程，该款规定："以暴力、胁迫或者其他手段强奸妇女的，处3年以上10年以下有期徒刑。"把这一条款中省略的"词语"补充出来，就可以将其恢复为完整的语句表达式，即："如果以暴力手段强奸妇女的，或者以胁迫手段强奸妇女的，或者以（类似暴力、胁迫手段的）其他手段强奸妇女的，那么，就应处3年以上10年以下有期徒刑。"

刑法条文是立法者给司法者发出的、对犯罪者予以制裁的指令，因而一般都可以将其视为一种命令规范。如果我们以相应的符号表示这一规范命题中的规范模态词、肢命题以及肢命题之间的逻辑联结词，则上述《刑法》第236条第1款就可以"翻译"为命题逻辑的语言（公式）。

设：

P_1＝"以暴力手段强奸妇女的"；

P_2＝"以胁迫手段强奸妇女的"；

P₃="以其他手段强奸妇女的"；

q="处 3 年以上 10 年以下有期徒刑"。

则《刑法》第 236 条第 1 款的命题结构形式为：

$$O\ ((P_1 \lor P_2 \lor P_3) \to q)$$

根据形式逻辑中介绍的命题形式之间的等值转换规律（即命题演算规律），由上述规范模态词制约的命题结构，可推演出下面这样的命题形式：

$$O\ ((P_1 \to q) \land (P_2 \to q) \land (P_3 \to q))$$

再根据规范模态词与其肢命题间的逻辑关系，就可得出下面这样一个法律规范命题组：

（R1）$O (P_1 \to q)$

（R2）$O (P_2 \to q)$

（R3）$O (P_3 \to q)$

再将上述三个结构比较简单的法律规范命题形式转换成自然语言表达式，则可以得到下述一般性（普遍性）的、可适用于某个具体的强奸案件的三个法律规范命题，即裁判规范：

（Ra）"如果以暴力手段强奸妇女的，那么，就应处 3 年以上 10 年以下有期徒刑"；

（Rb）"如果以胁迫手段强奸妇女的，那么，就应处 3 年以上 10 年以下有期徒刑"；

（Rc）"如果以（类似于暴力、胁迫手段的）其他手段强奸妇女的，那么，应处 3 年以上 10 年以下有期徒刑"。

换言之，根据《刑法》第 236 条第 1 款之规定，运用法律规范推理，我们就能推出上述（Ra）（Rb）（Rc）这样三个可以适用于某个具体强奸案件的"裁判规范"。

以上的法律规范推理表明，如果作为前提的法律规范命题（制定法规范）是法律上有效的，则经过逻辑推导所获得的结论，即推出的法律规范命题（裁判规范）也同样是法律上有效的。

由以上分析不难看出，这个法律规范推理，就是波兰的齐姆宾斯基所说的"以规范的逻辑推导为基础的（审判）推理"。

然而，法律规范推理并不只限于"以规范的逻辑推导为基础的推理"一种，它还包括"以规范的工具推导为基础的推理"和"以立法者评价一贯性的假定为基础的推理"。法律规范推理不仅要涉及命题逻辑规律，也同样要涉及立法者制定法律规范时的价值理由，但它不涉及具体案件的事实。可见，法律规范推理涉及法律推理大前提的构建活动，有关问题请参见后文"法律推理大前提的构建"。

（2）个案适用推理，就是指根据一般性（普遍性）法律规范命题和确认的某个具体案件的案件事实，从而推导出该待决案件的裁决、判处结论的推理。这种推理必然要涉及具体的、个别的案件事实。也就是说，它必须根据确实、充分的证据去确认具体案件的事实，并将认定的该具体案件的事实归属到一般性法律规范的假定条件（即法律构成要件）中去，从而得出该待决案件的裁决、判处结论。这种个案适用推理的总体推理模式就是人们通常所说的演绎推理。它是法律适用推理中最基本、最典型、也是最常用的推理形式，并因此成为法律逻辑重点讨论的法律推理。

例如，甲公司为了促销产品，未经某乙（著名女影星）同意，擅自在其产品包装上使用了某乙的肖像。某乙诉至法院，法院依《民法通则》的有关规定判决甲公司应停止使用某乙肖像，并赔偿某乙的损失。

上案的审判中，该法院运用了如下个案适用推理：

［大前提］R：如果未经他人同意，以营利为目的使用他人肖像的，那么，应当停止使用，并赔偿肖像权人的损失；

［小前提］F：本案被告甲公司未经原告某乙同意，以营利为目的使用了原告某乙的肖像；

［结论］D：所以，本案被告甲公司应当停止使用原告某乙的肖像，并赔偿某乙的损失。

在这里，我们暂不分析由规范推导规范的过程，也暂时撇开规范模态词以及法律条款不同于法律规范命题的复杂结构，而将该个案适用推理的形式结构简单表示为下列形式：

R：如果 p，那么 q

F：p
_____

D：所以，q

该推理属于充分条件假言推理的肯定前件式，其结论是由两个前提合乎逻辑地推导出来的。因此，只要作为大前提的法律规定（裁判规范）具有法律效力（即合法、有效），小前提确认的案件事实真实可靠，其结论就必然合法、有效。在刑事法律适用和民事法律适用过程中，作为法律推理的个案适用推理又可以分为法律责任划归推理和法律责任量裁推理。

　　所谓法律责任划归推理，又称为个案裁处定性推理，就是指根据法律条文（款）所规定（或推导）的、可适用于某个具体案件的法律规范命题，对照行为人的行为事实，得出案件定性结论的推理。这种推理，在刑事法律适用中习惯上称为"定罪推理"，而在民事法律适用中则叫做"民事责任划归推理"。

　　所谓定罪推理，就是根据刑法分则条文（款）规定（或推导）的罪名概念的定义，对照被告人的行为事实，得出对案件事实定性结论的推理。

　　民事责任划归推理，则是指法官（法院）在审理民事案件中，针对已经查明的、案件当事人实施的违反民事法律规范行为引起的法律后果，确定民事责任主体的推理。也就是针对已经查明的案件当事人之间的权利义务争议，根据民事法律规范，解决由两方当事人中的哪一方承担民事法律责任的法律推理。

　　所谓法律责任量裁推理，亦称为个案裁处定量推理，就是在法律责任划归推理所得结论基础上，进而确定负有法律责任的当事人应承担法律责任的具体方式和内容的法律推理。这种推理在刑事法律适用中通称为"量刑推理"，即在定罪推理所得结论的基础上，根据相关的刑法条文（款）的制裁规定，得出对犯罪人判处结论的推理。

　　在民事法律适用中，这种推理叫做"民事责任量裁推理"。民事责任量裁推理的职能有两个：一是决定责任人承担何种方式的民事责任。我国《民法通则》第134条规定了十种承担民事责任的主要方式（即：①停止侵害；②排除妨碍；③消除危险；④返还财产；⑤恢复原状；⑥修理、重作、更换；⑦赔偿损失；⑧支付违约金；⑨消除影响、恢复名誉；⑩赔礼道歉）和五种民事制裁的方式（即：①予以训诫；②责令具结悔过；③收缴进行非法活动的财物和非法所得；④依照法律规定处以罚款；⑤依照法律规定处以拘留）。二是决定当事人承担民事责任方式的具体内容，即承担民事责任的范围和幅度。

　　法律责任划归推理，实际上是确立某一法律规范命题承受者的思维过程，即法学上所谓的"涵摄"或"归摄"，或称为"司法归类活动"。就法律规范命题而言，它关于行为规定的描述，只是一种假定或预见的条件（或可能），它的承受者是潜在的。比如，对于"禁止故意杀人"这样一个规范命题来说，一般公民只是该规范潜在的、可能的承受者。一旦有人实施了"故意杀人"这样的行为，这个人就由潜在的、可能的承受者变成了现实的承受者，就成了"违禁者"或"犯法者"。而"禁止p"，就意味着要"制裁实施p行为者"，"违禁者"就要承担相应的法律责任。因此，确定某个人是否是某一法律规范的承受者，其实也就是确定他是否要承担法律规范所假定的法律责任，也就是对其进行法律责任划归。

法律适用过程中，法律责任划归推理和法律责任量裁推理是两个密切联系、不可分割的思维环节或阶段。法律责任划归的目的和归宿是法律责任量裁，而要进行法律责任量裁，就先要进行正确的法律责任划归。不通过法律责任划归推理，不进行司法归类活动，就谈不上适用哪一项法律规范，当然，也就无法确定需要何人承担何种方式和内容的法律责任。

在具体的法律适用活动中，特别是在对某个具体案件的裁决或判处结论的论证活动中，法律责任划归和法律责任量裁这两种推理往往是结合起来运用的。譬如有这样一起刑事案件，经查证并运用证据证明了下列事实：某甲确实以口头传播的方法，凭空捏造并散布了某种虚构的事实，损害了某乙的人格，破坏了某乙的名誉，并且情节严重。

根据上述事实，可以确认某甲的行为属于情节严重的诽谤行为，而这种行为可归类于《刑法》第246条第1款所假定或预见的"诽谤罪"行为。因此根据"诽谤罪"的定义，运用法律责任划归推理（此即定罪推理），可得出"某甲的行为已构成诽谤罪"的结论。在此基础上援用该项《刑法》条款，再运用法律责任量裁推理（量刑推理）得出如下裁判结论："判处某甲有期徒刑1年6个月。"我们可将上述定罪推理与量刑推理结合运用的情形用文字表达如下：

R：根据《刑法》第246条第1款之规定："以暴力或者其他方法公然侮辱他人或者捏造事实诽谤他人，情节严重的，处3年以下有期徒刑、拘役、管制或者剥夺政治权利"；

F：本案被告某甲以口头传播的方法，捏造事实诽谤某乙，并且情节严重；

D：被告某甲犯诽谤罪，判处有期徒刑1年6个月。

上面这一量刑推理，实际上是与定罪推理结合运用的。其大前提（R）包括两部分，可将其分析为：以暴力或者其他方法公然侮辱他人或者捏造事实诽谤他人，情节严重的行为是诽谤罪；对构成诽谤罪的人应当处三年以下有期徒刑、拘役、管制或者剥夺政治权利。小前提（F）确认本案被告某甲以口头传播的方法，捏造事实诽谤某乙，并且情节严重，属于以暴力或者其他方法公然侮辱他人或者捏造事实诽谤他人、情节严重的行为。由此，先用定罪推理得出本案被告某甲犯诽谤罪，再用量刑推理得出判处被告某甲有期徒刑1年6个月的结论。可见，在这一量刑推理的运用中就包含了定罪推理的运用，它们两者是互相结合、紧密相连的。但就法官等人的思维活动来说，法律责任划归推理（如定罪推理）与法律责任量裁推理（如量刑推理）却是法律适用推理中两个不同环节或阶段，并且两个环节或阶段前后相随，不能截然割开，更不能跳过第一阶段，直接进行第二阶段的推理。

三、法律推理小前提的建立

1. 对案件事实的确认

为了正确适用法律，首先必须确认案件事实，并对事实进行法律评价，将其归于法律规范构成要件之下。从逻辑结构上看，这就是建立法律推理小前提的活动，它是进行法律推理的基础和出发点。

所谓案件事实，是指呈现于诉讼主体以及当事人、见证人或知情人感官之前的关于某一案件实际情况（简称案情）的陈述或断定，与之对应的内容则是案件的实际情况（案情）。案件事实除具有一般事实的性质外，还具有以下一些特征：

第一，案件事实必须是与法律规范（或法律规定）相关的事实。它必须是受法律制约或法律评价的事实。凡与法律规定无关即不为法律制约、规范或评价的事实，仅是生活事实而非案件事实。

第二，案件事实通常必须是已进入诉讼程序的事实。凡未进入诉讼程序的事实，即使其与法律规范相关，也不自动成为案件事实。

第三，案件事实必须是经验事实即直接经验或间接经验的事实。对于案件当事人、见证人而言，案件事实基本上是直接经验的事实。而对于法官、检察官、律师来说，案件事实通常都不是他们自己亲身经历或参与过的事实，一般都是间接经验的事实（类似于冲击、扰乱法庭秩序，藐视法庭犯罪这样的案件，在司法实务中总是极少见的），因为他们总是没有机会亲眼看见绝大多数案件的实际情况，而只能依据案件当事人、见证人根据直接看到、听到或者经历的案件实际情况，或者根据案件遗留的过去的痕迹物证等信息媒介来了解和把握案件事实。

第四，案件事实具有不可重复的特性。案件一经发生，便不可重演。因此，某一案件的实际情况不可能在现实中予以重演，只能通过逻辑推理在思维中于以再现。

　　诉讼活动中，案件当事人、检察官、律师或证人对案件事实的反映或陈述，如刑事诉讼中控诉方（检察官或自诉人）依法指控的事实，或者民事诉讼中原告方（或反诉方）依法所主张的事实，诉讼法学上一般称为"诉称事实"或"待证事实"。由于同诉称事实有关的主体，对案件实际情况存在认识上和主张上的差异，同时还有强烈的利己动机和个人好恶等情感因素的干扰，最终可能导致诉辩双方会自觉或不自觉地采用虚假的陈述来夸大或缩小、掩饰或抹杀案件的实际情况，以致诉称事实或待证事实真伪不明，使得诉称事实已经不是或者不完全是现实中案件本身形态的事实。因此，诉称事实或待证事实，同案件事实本身不是一回事。

　　所谓对案件事实的确认，又叫做认定案件事实，是指法律适用过程中，法官、检察官或律师运用证据确认关于某一具体案件情况的陈述是否真实，从而认定某一法律规范所假定的情况已经发生或者没有发生。

　　2. 在确认事实基础上的司法归类

　　案件实际情况得到确认后，并不能自动构成法律推理的小前提。因为已确认的案件事实还无法与法律推理的大前提即相应的法律规范联结起来。因此还必须对已经确认的案件事实以某种形式作出法律评价，表明该案件事实已在某个法律规范中被假定或预见到。也就是说，该案件所具有的特定情况属于某个法律规范的适用范围。这一活动过程就是所谓的"司法归类活动"，亦即法学上所说的"涵摄"或"归摄"，也有学者称之为"法律事实的解释"。

　　司法归类活动是以逻辑学上所说的"归类"作为基础的。逻辑学上的"归类"，就是将种概念所反映的较小的类归入属概念所反映的较大的类的思维过程。比如，根据蝙蝠也分泌乳汁喂养新生的后代等属性，生物学上将其归入哺乳动物而不是归入鸟这一类中，这就是归类。归类有自然归类和人为归类两种。

　　所谓司法归类，是指法官等法律工作者以法律规范为标准，对案件事实进行法律评价或衡量，分析出某个案件事实本身所具有的法律意义。具体说，也就是当某个案件事实被确认后，通过逻辑分析，弄清该法律事实在法律上的意义，如它产生、变更或消灭了哪些法律关系等问题。概括说来，司法归类具有三方面含义：

　　第一，司法归类是由法官等法律工作者，根据法律规范可能的涵盖范围，对案件事实所作的说明或法律评价。这种说明或评价尽管是在法律规范所涵盖的范围内进行的，但并不完全以法定情形为限。因为对案件事实进行说明和评价，虽然具有逻辑分析的成分，但也不排除有时会依据经验法则加以判断，或依据价值观念进行解释。司法归类需要凭借法律概念的内涵对案件事实加以说明和评价，因而不可避免地需要作出法律上的判断，当然也包括根据立法宗旨和法律精神所作出的主观判断。

第二，法官等进行司法归类，实际上是对生活事实进行法律化解释和评价的过程，也是法官等通过法律思维来剪裁生活事实，从而得出相关法律结论的过程。在司法活动中，适用法律是把具体案件事实与有关法律规范相结合的思维活动过程，其中的司法归类则是将法律规范与案件事实联结起来的中介和桥梁。

第三，司法归类也是法官在裁决文书中说明案件裁判理由时应当详细说明的内容。法官裁判案件应当说明判决理由，且应在裁判文书中充分展示。判决理由既包括认定事实和适用法律的内容，也应包括司法归类的内容。在具体的诉讼活动中，某个案件事实往往能引申出多个法律结论，法官根据认定的事实和适用的法律，如何得出这一结论而非别的结论，这都需要加以说明，如不加以说明，很可能导致主观擅断或任意裁判。

在司法归类活动中，司法人员对法律规范的理解或解释不同，常会导致对同一案件事实作出不同的法律评价，并得出不同的法律适用结果。因此，司法归类活动即对确认的案件事实进行法律评价，必然依赖于对法律规范的理解、分析和选择，即司法归类活动必然要同构建法律推理大前提的活动联系起来。

四、法律推理大前提的构建

1. 寻找法律

在进行三段论法律推理过程中，确认了案件事实、建立了法律推理小前提之后，还必须寻找、发现可供援用的法律规范。这一寻找、发现可供援用的法律规范的活动，也就是构建法律推理大前提的活动。能够充当法律推理大前提的法律规范，必须是一个具体的、逻辑结构完整的法律规范，即兼具行为模式和法律后果的法律规范。这样的法律规范一般很难在法律文本中直接找到。通过分析法律规范与法律条文之间的关系，不难看出，"很少有法条是完全的，它们通常必须通过组合才能形成完全的法条"。同时，充当法律推理大前提的法律规范，不能是笼统的、模糊的法律原则、法典文件或其他形式，而只能是那些具体的、完整的法律条款，或者由这些法律条款推出的、具有明确指令的、解决具体案件的法律规则，正如黄茂荣所说的，"只有完全法条才具有完整的构成要件与完整的法律效果"，"只有完全的法条才能成为法律之适用上的大前提，因此在法律的适用上首先必须通过法律解释或法律补充进行法条的组合，以获得该当的完全法条"。就是说，为了获得法律推理大前提，必须寻找、发现可供援用的、具体的法律规范。所以，构建法律推理大前提的活动，也就是寻找、发现可供援用的法律规范的活动。

构建法律推理大前提活动的第一步，乃是根据案件事实去寻找法律。找法的结果，通常有三种可能情形：

其一，有可供适用的法律规范；

其二，没有可供适用的法律规范，即存在法律漏洞；

其三，法律虽有规定，却因过于抽象而无法予以直接援用，还须加以具体化。

若出现第一种情形，则应对可供适用的法律规范进行狭义的法律解释，以明确其意义内容，区分其构成要件及其法律效果之后，方可直接援用；若出现第二种情形，则应对所存之法律漏洞进行补充，以获得可供适用的具体法律规范，方可援用；若出现第三种情形，则应对其加以具体化之后方可获得供援用之法律规范。

这一找法活动过程，在法学方法论上被称为广义的法律解释。在具体适用法律过程中，通过上述法律解释活动（即找法活动）获得可供适用的法律规范之后，还必须援用体现这些法律规范的具体法律条款，并使确认的案件事实与援用的法律条款联结起来，借助于这样的联结，从所援用的法律条款中演绎推导出可靠的、合法的和妥当的裁决、判处结论。这是法律推理结论具有合法性、妥当性和可接受性的法律依据。

2. 解释和援用法律条款

找到法律条款之后，还必须对法律条款进行解释（理解）和援用。因此构建法律推理大前提活动的第二步，便是对法律条款的解释（理解）和援用。

法律规范是兼具构成要件和法律效果的行为规范，它只能借助于法律条款才能表达出来。但法律条款与法律规范往往不是一回事。通常情况下，一个法律规范要借助于几个法律条款才能表达出来，有时一个法律规范的构成要件与法律效果，甚至会出现在不同的法律部门中。但是在构建法律推理大前提活动中，所援引的只能是相关法律条款（或条文），而法律推理所需要的却是相应的法律规范。这里面就有许多问题值得研究。这里仅讨论对法律规范（或法律条款）的解释（理解）和援用问题，暂不考虑法律规范同法律条款的区别，而将它们都看作找法活动所找到的"法"，并用"法律规范（条款）"来笼统称呼。

法律规范（条款）本身，就其内容而言无所谓真假，即规范本身不具有逻辑学意义上的真假。但法律规范（条款）本身和对法律规范（条款）的援用，并非一回事，后者还要涉及援用者对被援用的法律规范（条款）的理解和解释问题，就有正确与否的问题，即有真假的问题。从逻辑上说，法律规范（条款）本身是外在于法律规范（条款）的援用者而客观存在的，而援用者在援用法律规范（条款）时，已加进了援用者的主观理解。这种理解（或解释）未必与客观存在的法律规范（条款）完全吻合。尽管从表面上看，两者的文字表述在多数情况下是一致的，但当法律条款被援用时，不可避免地会掺入援用者的理解成分乃至评价因素，实际上已经加入了司法人员就有关法律规范（条款）的司法解释。如果把外在于援用者的法律规范（条款）表述为"规范 N"，则被司法人员所援用（理解）的法律规范（条款）就应表述为"援用者所理解的'规范 N'"。

由此可见，作为法律元语言的"规范 N"自身虽然无所谓真假，而作为司法语言的"援用者所理解的'规范 N'"，因掺入了援用者的理解成分，它相对于"规范 N"自身表述的意思来说，存在理解是否正确的问题，即有真假的问题。从这个意义上，我们可以说法律推理的大前提也同样存在是否真实的问题。

对法律推理大前提的真假，可从以下三个方面来确定：

首先，所依据的大前提，是否属于具有法律效力的法律条款。

其次，具有法律效力的条款是否是制定得良好的普遍规则，即它是"善法"还是"恶法"。

最后，援用者所理解或解释的法律条款是否符合立法者所确立的或可推知的含义（即立法真意），或者是否符合法律的价值目的（即是否符合正义和人类理性）。

可见，进行法律推理时，如果大前提确系相应的法律条款，并且援用时理解正确，这样的大前提就是真实可靠的，也是具有法律效力的，由此演绎推导出的裁决、判处结论，也就具有法律的权威性和强制性；反之，如果大前提不真实，或者真实性不可靠，那么由此而推导出的裁决、判处结论，当然也就不具有合法性和正当性，这样的结论就不具有说服力，也难以被人接受。

五、实质法律推理的必要性

法律推理可分为形式推理和实质推理。形式推理是法律适用中，尤其是刑事法律适用中，最基本、最常见的法律推理形式。形式推理的特点是，依据同样的前提就应得出相同的结论。

但是，在实际运用法律推理过程中，纯粹运用形式推理的法律推理实际上是不存在的，否则，法官就可以进行机械的操作，成为"自动售货机"式的判决机器。果真如此，法官的作用就确如"复印机"或孟德斯鸠所言的"仅仅是宣告国家法律的嘴巴"。这样，或许就真可以像某些人所设想的那样，由电子计算机代替法官，即由电脑代替人脑来进行判案。然而事实上，这是不可能做到的。而且，我们所说的法律推理尤其是刑事法律适用中的推理，不是完全没有法官的价值判断和自由裁量权的运用，而只是说，在形式推理（严格地说，是以形式推理为主的法律推理）中，法官判案的主要依据不是与案件事实及法律内容相关的价值判断，而仅仅涉及形式要件。也就是说，形式推理一般仅适用于那些法律规则明确、具体而完备，案件事实清楚、案情简单的简易案件。同时，运用形式推理必须满足两个条件：一是国家制定了完备且明确的法律规范，假如法律不完备，法官找不到与案情相关的法律规范，即无法获得大前提，自然也就不能进行形式法律推理；二是确认的案件事实完全符合法律规范做出的预见，即能够将事实归于某个法律规范的构成要件之下，否则，没有小前提也无法进行形式法律推理。然而，西方近现代法律发展的历史表明，要使法律完美无缺，从而对所有情况均有明确的法律规定，这根本不可能。实践中总会不断有新型案件和疑难案件出现，它们一般都难以靠主要运用形式推理来做出妥当处理。例如关于基因保护、人体克隆、网上购物纠纷、网上侵权纠纷以及网上犯罪等现象，目前还没有制定出明确的法律规范。又如，司法实践中经常遇到的一些疑难案件，也很难找到明确的可以适用于它们的法律规范。所以无论从现有法律规定本身还是从案件事实与法律条款的联结方式看，这些案件都不是单纯依靠形式推理就可以作出妥当处理的。那种认为依据法律条款仅仅运用形式推理就足以得出唯一正确裁判结论的想法,只能是空想。在司法实践中,要正确适用法律并得出妥当的裁判结论,不仅要运用形式推理,还必须运用涉及实质内容和价值判断的实质推理,以创造性地解决实践中新的疑难法律问题。

第四节　规范命题

一、规范命题概述

规范命题即表达行为规范的语句。了解规范命题,先要对行为规范及法律规范作一简单介绍。所谓行为规范,就是约束人们行为的规则,它要求特定的人在假定的某种情况出现时以某种方式作出或不作出什么样的行为,例如:

"医生进入手术室前必须严格消毒。"

"任何人不得在学校附近燃放烟花爆竹。"

行为规范包括三方面内容:(1)规范的承受者,表明规范是对谁发出的指令;(2)承受者应有的行为,表明要求作出或不作出的是何种行为;(3)履行行为的条件,表明何种情况出现时履行行为。

根据一个完整的行为规范所必须包括的三方面内容,可将其结构概括为如下表达式:

如果某人具有特征 T,并且出现情况 W,那么必须(允许或禁止)履行 C。

或者用公式表示为:$(T \wedge W) \rightarrow NC$

公式中的"C",既可指作为,如"严格消毒",也可指不作为,如"不燃放烟花爆竹"。"N"是规范模态词,代表自然语言中的"必须""允许"和"禁止"这类语词。实际生活中,行为规范的三个部分通常并不完整表达出来,"T"和"W"经常省略。但应注意,若省略"T",即没有指明规范承受者,则有两种可能,或者通过语境已经明确,或者对所有人都适用;若省略"W",即没有指出行为的条件,则表明在任何情况下都得按指令行事。

任何行为规范包括法律规范,都必然表达为一个个具有命题结构形式的语句,而且,作为规范,是给特定对象发出的指令,因而既要有对行为的表达,还要有对行为执行方式的说明。逻辑学中将"必须""允许""禁止"这类表达行为执行方式的语词称为规范模态词,并将包含规范模态词的语句称为规范模态命题或规范模态判断，简称规范命题或规范判断。

规范模态命题属于广义模态命题。对规范命题一般依模态词不同而分为三类，此即法理学所采用的分类，即将规范命题分为授权性规范命题、义务性规范命题和禁止性规范命题。

逻辑学对规范命题的分类，通常先根据命题中是否包含其他规范命题，将规范命题分为两类：基本规范命题和复合规范命题。

基本规范命题就是不包含其他规范命题的命题，通常由规范模态词加上非模态命题（简单命题或复合命题）构成，亦称规范命题的基本形式。例如：

"合议庭成员人数必须是单数。"

"对于从犯，应当从轻、减轻处罚或者免除处罚。"

它们都具有"必须p"这样的形式，所以是规范题的基本形式。

复合规范命题就是包含其他规范命题的命题，通常由联结词加上基本规范命题构成，亦称规范命题的复合形式。例如：

"对于应当判处死刑的犯罪分子，如果不是必须立即执行的，可以判处死刑同时宣告缓期二年执行。"

其形式为"如果并非必须p，那么允许q并且r"，因而是复合规范命题。

二、规范命题的基本形式及其逻辑关系

1. 规范命题的基本形式

关于基本规范命题，一般分为必须命题和允许命题两类。

（1）必须命题

必须命题，又称义务性规范命题，也就是含有"必须""应当"这类模态词的命题。它表明对承受者给出的相关行为规定是被命令强制履行的，也就是说，假定的情况一旦出现，承受者就得履行行为，不履行行为的做法是遭到禁止的，并有可能导致惩罚或其他不利后果。例如：

"公民必须履行宪法和法律规定的义务。"

"搜查妇女的身体，应当由女工作人员进行。"

"汽车进入居住区不得鸣笛。"

"在公共场所不应当抽烟。"

以上都是必须命题，若把模态词抽取出来，可获得必须命题的一般形式，即"必须p"或"应当p"。规范命题变项部分可以是肯定的，也

可以是否定的。若用"P"代表变项部分为肯定，用"﹁P"代表变项部分为否定，并用"O"表示"必须"，则前两例的形式为"Op"，后两例的形式为"O﹁P"。

现代汉语中表达必须命题，除了"必须"和"应当"外，通常还用"有义务""有……的义务""有……责任"等来表示。例如：

"人民法院有义务保证被告人获得辩护。"

"凡是知道案件情况的人，都有作证的义务。"

"附带民事诉讼的当事人对自己提出的主张，有责任提供证据。"

（2）允许命题

允许命题，也叫授权性规范命题。它表明承受者有做出或不做出某种行为的权利，也就是说，允许承受者做出或不做出某种行为。它表明，当假定的情况出现时，按照规范指令履行行为是承受者的权利，任何人都不得非法干涉，否则便是侵犯他人权利。

现代汉语中表达允许命题，除了"允许"外，还常用"可""可以""准予""准许""有权""有……的权利""有……的自由"等来表示。例如：

"允许外国公司、企业同中国合营者共同举办合营企业。"

"被告人可以为自己辩护。"

"公民有不发表言论的权利。"

"公民有不信仰宗教的自由。"

以上都是允许命题，若把模态词抽取出来，可获得允许命题的一般形式，即"允许p"或"可以p"。规范命题变项部分可能为肯定，也可能为否定。若用"p"代表变项部分为肯定，用"﹁p"代表变项部分为否定，并用"P"表示"允许"，则前两例的形式为"Pp"，后两例的形式为"P﹁p"。

法律规范中，关于权利性的法律条文（如宪法中规定公民基本权利的条文），一般也都属于允许命题。

自然语言表达的规范命题，除必须命题和允许命题两种基本形式外，还有禁止命题即包含"禁止"模态词的规范命题。它与禁止性规范相对应。在自然语言中，除了"禁止"一词外，含有"严禁""不得""不许""不准"等模态词的规范命题也属于禁止命题。但从逻辑学角度考虑，我们没有将禁止命题单独列出，主要理由有两点：第一，在规范逻辑中，"允许"被定义为"不禁止"，"禁止"被定义为"不允许"，可见，"禁止"这样的规范模态，实际上可以通过对"允许"进行否定而得到。即使从语词涵义考虑，"禁止"的涵义其实就是"必须不"，所以，禁止命题其实并不是一种独立的规范命题基本形式，它只不过是必须否定命题的另一种表达方式或者简称。第二，将规范命题归结为必须命题和允许命题两种基本形式，就可以与真值模态命题中的必然命题和可能命题两种基本形式相对应，这样做便于我们研究和把握不同规范命题之间的逻辑关系。因此，可将禁止命题看作必须命题或允许命题的某种变形，而不必将禁止命题作为规范命题的基本形式单独列出。

基于上面对规范命题的分类，规范命题存在两种基本形式，即必须命题和允许命题，又由于规范命题中的变项可以是肯定的命题形式（用"p"表示），也可以是否定的命题形式（用"┐P"表示），仿照真值模态命题的分类方式，规范命题亦可分为以下四种形式，即：

（1）必须肯定命题，形式为"必须 p"，或者写成"Op"；

（2）必须否定命题，形式为"必须非 p"，或者写成"O┐P"；

（3）允许肯定命题，形式为"允许 P"，或者写成"P┐P"；

（4）允许否定命题，形式为"允许非 p"，或者写成"Pp"。

关于禁止命题与必须命题和允许命题之间的等值转换，应主要掌握以下几对重要关系：

（1）Fp↔O┐p（"禁止 p"等值于"必须不 p"）；

（2）Fp↔P┐p（"禁止 p"等值于"不允许 p"）。

2. 规范命题间的逻辑关系

素材相同的四种规范命题"Op""O┐p""Pp""P┐p"之间，也有着类似于真值模态命题"Lp""L┐p""Mp""M┐p"之间的逻辑关系。只是它并非完全意义上的真假制约关系，而是有关权利和义务的逻辑推演关系。这种关系也可借用如下逻辑方阵图来表示：

规范命题间的逻辑推演关系，不同于真值模态命题间的对当关系。严格说来，规范命题之间不具有逻辑上的真假关系，它们之间只是一种妥当或不妥当、合理或不合理的推演关系。这些关系虽然借用模态对当关系来称呼，但要注意它们之间存在的差异。

（1）反对关系

"Op"与"O¬p"之间为反对关系。就是说，在同一规范体系中，"p"与"¬p"两种行为不可能同时都是义务，但可以同时都不是义务。这意味着同一规范体系中，"p"与"¬p"不能同时设立为义务，否则，规范本身就不协调。同时，由于"Op""O¬p"之间为反对关系，因此若在一个规范体系中已明确规定"p"是义务，则可推知"¬p"并非义务，反之亦然。但是，假如规范中明确规定"p""¬p"不是义务，不能由此推出"¬p"（或"p"）就是义务，有可能"¬p"与"p"都不是义务。

（2）差等关系

"Op"与"Pp"、"O¬p"与"P¬p"间均为差等关系。就是说，"必须"蕴涵"允许"，"允许"的否定蕴涵"必须"的否定。即义务蕴涵权利，否定权利也就意味着否定此义务。

这意味着，在制定规范时，由于权利与义务可能同时成立（义务蕴涵权利），也可能同时不成立（否定权利蕴涵否定义务），因此，当某种行为可设立为义务时，亦可设立为权利；若某种行为不能设立为权利，或设立为权利不妥当，也就不能设立为义务。但是，某种行为可以设立为权利，不等于也可以设立为义务；当某种行为只是与人的自由相联系而不是与职责或职权相联系时，就只能设立为权利而不能设立为义务。例如，宪法规定公民言论自由，即公民有言论的权利，但不能推出公民有言论的义务，因为公民具有沉默权。此外，否定某种行为是义务，不意味着也能否定这种行为是权利。但如果否定某种行为是权利，也就否定了该种行为是义务。例如，新的《婚姻管理登记条例》将"接受婚前检查"由强制性规定修改为建议性规定，这意味着"接受婚前检查"已经不再是义务，但是否定了"接受婚前检查"是义务，不等于也否定了"接受婚前检查"的权利，虽然法律没有将此明确规定为权利，但显而易见，公民是具有这项权利的。再如，教师在考试前没有将试卷内容透露给学生的权利，因而教师也就必定没有将试卷内容透露给学生的义务。

（3）下反对关系

"Pp"与"P￢p"之间为下反对关系。就是说，在同一规范体系中，"Pp"与"P￢p"两者可同时成立，但并非必然同时成立。换言之，"P"与"￢p"可同时设立为权利，但并非必然同设为权利。因此，若规定承受者有"￢p"权利，并不意味着就否认他有"￢p"之权利，也不意味着肯定他有"￢p"之权利。这就是说，由允许"￢p"不能推出不允许"￢p"，也不能推出允许"￢p"。因为在有些情况下，比如"P"与"￢p"都没有规定为义务时，规定"Pp"，则意味着"p￢p"。例如宪法既没有将信仰宗教规定为义务，也没有将不信仰宗教规定为义务，此时，若规定公民有信仰宗教的权利，也就意味着公民有不信仰宗教的权利。但在另外情况下，比如"P"既被设为权利，又被设为义务时，"Pp"成立，而"P￢p"则不成立。这时，"Pp"就不意味着"P￢p"。例如，宪法规定公民有受教育的权利和义务，在此情况下，公民有受教育的权利，显然并不意味着"公民可以受教育，也可以不受教育"。可见，根据下反对关系，不能由"可以怎样"推出"不可以怎样"或"可以不怎样"。另外，在同一规范体系中，若"Pp"（或"P￢p"）不成立，则"P￢p"（或"Pp"）必定成立，即由不允许"￢p"可以推出允许"￢p"，由不允许"￢p"可以推出允许"P"。换言之，在规范体系中若不承认承受者有作出"p"（或"￢p"）的权利，就得承认他有作出"p"（或"￢p"）的权利。否则，既不承认有"p"的权利，又不承认有"￢p"的权利，就会使得承受者动辄得咎，无所适从。这样的规范肯定是不合理的。

（4）矛盾关系

"Op"与"P￢p"、"O￢p"与"Pp"之间分别为矛盾关系。也就是说，在同一规范体系中，"Op"与"P￢p"（"O￢p"与"Pp"）既不能同时成立，也不能同时不成立。换言之，在规范中若将"￢p"设立为义务，就不能同时将"￢P"设立为权利；若将"￢p"设立为权利，就不能将"￢p"设立为义务。同理，在规范中若否定了承受者有"￢p"这样的权利，就等于设立了他有"￢p"这样的义务；若否定了有"p"这样的义务，就等于设立了有"￢p"这样的权利。

因此，由对"Op"的否定（即"不必须￢p"），可以推出"P￢p"；由对"Pp"的否定（即"不允许非P"），可以推出"O￢p"。同理，由对"O￢p"的否定（即"不必须非p"），可以推出"P￢p"；由对"Pp"的否定（即"不允许非p"），可以推出"O￢p"。

　　基于上述规范模态命题之间的逻辑关系，可概括出如下这样一些推演关系。若以"→"表示由左边公式可推出右边公式，以"←"表示由右边公式可推出左边公式，以"↔"表示左右两边公式可以互推，意即"等值"，则上述推演关系可表示如下：

　　（1）￢Op↔P￢p（矛盾关系）

　　（2）￢O￢p↔Pp（矛盾关系）

　　（3）￢Pp↔O￢P（矛盾关系）

　　（4）￢P￢p↔Op（矛盾关系）

　　（5）Op→Pp（蕴涵关系）

　　（6）O￢p→P￢p（蕴涵关系）

　　在法律中还有不少规范命题是以禁止命题的形式出现的，若以符号"F"表示"禁止"，则禁止命题的一般形式就是"Fp"或"F￢p"。

　　由于"禁止"被解释为"不允许"，"允许"被解释为"不禁止"，"禁止"的含义相当于"必须不"，于是，又可补充如下关于禁止命题的公式：

　　（7）Fp↔Pp

　　（8）F￢p↔p￢p

　　（9）Fp↔O￢p（因为Fp↔￢Pp↔O￢p）

　　（10）F￢p↔Op（因为F￢p↔￢P￢p↔Op）

　　上面这些公式，表明必须命题、允许命题和禁止命题之间的相互关系。同时，由于禁止命题又同制裁性规范相联系，规定"Fp"就意味着要制裁作出"p"者，因而也表明了这些规范命题同制裁性规范的关系。从上面这些关系可以看出，只有当"p"（或"￢p"）被设立为义务，亦即规定"Op"（或O￢p）时，才可作出"F￢p"（或"Fp"）这样的规范命题，也才能设立制裁作出"￢p"者（或制裁作出"￢p"者）这样的规范。

　　从以上分析不难看出，规范模态词不同，就会导致命题结构不同（如由"禁止"变换为"必须"，则变项"￢p"就要相应地变为"￢p"，等等），而变项"p"既可以是简单命题又常常表现为复合命题。当受规范模态词制约的行为规定即变项"p"为复合命题时，规范模态词的不同如何影响命题的结构，以及由联结词结合规范命题基本形式所形成的复合规范命题与各肢命题间存在何种关系，下面略做介绍。

三、复合规范命题之间的逻辑关系

复合规范命题就是包含其他规范命题的命题，通常由联结词加上基本规范命题构成，亦称规范命题的复合形式。例如：

"公民可以依照本法规定立遗嘱处分个人财产，并可以指定遗嘱执行人。"

"律师应当在一个律师事务所执业，不得同时在两个以上律师事务所执业。"

上面两例都是复合规范命题。对它们可以进行以下分析，如前者可变形为："允许公民依照本法规定立遗嘱处分个人财产，并且允许公民指定遗嘱执行人。"

该复合规范命题的形式可表示为：允许 p 并且允许 q。

也可用符号语言表达为：$Pp \land Pq$。

前面讲过，基本规范命题就是不包含其他规范命题的命题，通常由规范模态词加上肢命题（简单命题或复合命题）构成，亦称规范命题的基本形式。而肢命题即变项，可以是简单命题，也可以是复合命题。如果变项是复合命题，则称为规范命题复杂形式（注意：它有别于规范命题的复合形式即复合规范命题）。规范命题复杂形式与复合规范命题，两者在形式结构方面有明显的区别。例如 $P（p \land q）$ 与 $Pp \land Pq$ 就有区别，前者是基本规范命题的形式，即非模态命题变项部分是复合命题，后者是复合规范命题的形式，由真值联结词联结的是两个基本规范命题。从逻辑结构方面分析，这两种形式是逻辑性质根本不同的命题形式，应加以区分。但是，规范逻辑告诉我们，这两种命题形式之间存在着一定的逻辑推演联系，主要表现为逻辑上的等值关系和蕴涵关系。具体可用以下公式表示：

（1）$O（p \land q）\leftrightarrow Op \land Oq$

（2）$P（p \lor q）\leftrightarrow Pp \lor Pq$

（3）$Op \lor Oq \leftrightarrow O（p \lor q）$

（4）$O（p \lor q）\leftrightarrow Op \lor Pq$

（5）$P（p \land q）\leftrightarrow Pp \land Pq$

（6）$F（P \lor q）\leftrightarrow Fp \land Fq$

规范逻辑将上面这些公式所刻画的重要关系称为规范模态词的分配与概括，例如，（1）式从左边推出右边，称为对规范模态词的分配，而从右边推出左边，称为对规范模态词的概括。应注意的是，上述公式中，（1）（2）（6）是等值关系，其余皆是蕴涵关系。

第五节　法律概念

法律概念是法律的基本构成要素，一些中外法学家将法律概念形象地称为法律的"砖石"。从适用法律的角度看，法律概念又是对具体案件进行司法归类并在此基础上适用法律规定、进而通过法律推理得出裁决、判处结论的中介和支柱。在司法实践中，许多案件的争议往往是由于双方当事人对某个法律概念的不同理解所造成的。因此从研究法律推理的角度出发，我们不仅要讨论法律推理和法律规范命题，还必须对法律概念进行必要的分析。

一、法律概念的含义及特点

1. 法律概念的含义

所谓法律概念是指出现在法律规范中用以指称那些应由法律规范调整的事件或行为的法律专门术语。

例如，法律文本中的"公民""法人""合同""遗嘱""债""财产所有权""起诉""答辩""故意""过失""自首""不可抗力""民事法律行为"等概念就是法律概念。

掌握法律概念，必须注意它与法学概念之间的区别和联系。

首先，法律概念与法学概念间有着本质区别。法律概念与法学概念虽然都与法律现象有关，但前者存在于法律条文中，是法律的基本构成要素，它是国家意志的体现，具有法律的约束力和强制性；后者主要存在于法学理论研究与教学中，它是法学专家学者的创见，在得到国家法律认可之前，不具有法律的约束力和强制性。例如，"合同""民事权利""不可抗力""犯罪未遂""正当防卫"等，都是存在于我国现行法律条文中并具有法律效力的概念，所以都是法律概念；而如"自然法""正当程序""所有权权能""婚内强奸""性贿赂"等，都是法学专家学者在法学的教学和研究中创立的反映社会法律现象的概念，它们虽与法律有关，但是并不存在于法律条文中，因而不具有法律上的效力，不属于法律概念，而仅仅是法学概念。

其次，法律概念与法学概念的区别也不是绝对的，二者之间存在着密切联系：（1）有不少概念既是法律概念又是法学概念，如"自然人""法人""诚实信用""时效""善意""刑事责任"等；（2）法学概念一旦得到国家认可即可转化为法律概念，如"法人犯罪"，原本只是个法学概念，但现已纳入我国《刑法》条文中，成为法律概念。

2. 法律概念的特点

法律概念的特点是相对于普通概念而言的。具体说，可概括为以下几方面：

（1）法律概念的内涵和外延一般是国家以法律形式加以规定的，因而具有主观规定性。

在法律中，几乎所有的法律概念，特别是刑法中的罪名概念，其内涵都是通过规定方式确立的。在形成法律概念的过程中，立法者并非要掌握该对象的一切特征，故仅把该对象中某些重要的、对法律规定有意义的特征摄入概念内涵，舍弃其余特征，或者对法律规定来说，其余特征都被视为不重要。如我国《民法通则》第11条规定："18周岁以上的公民是成年人。"该条"成年人"概念的设定其内涵只包含两个特征：第一，所涉及者仅是自然人；第二，必须年满18周岁。这两个特征必须纳入法律概念的内涵，至于"成年人"的其他特征，法律通常不予考虑。

（2）表达法律概念的语词是约定的，并与法律概念保持一一对应关系。

一般情况下，概念与语词之间不是一一对应关系。但在法律中，考虑到概念与语词之间的这种并非一一对应的复杂关系可能会给严肃的法律文本的理解造成困难和歧义，立法者在立法过程中对法律概念的表达问题一般都会给予特别关注，尽可能选择没有歧义的语词用来表达法律概念，如我国诉讼法中相当多的法律概念选用了单义性的语词作为其表达形式，这样的概念或语词如"公诉""自诉""起诉""申诉""抗诉""拘传""原告人""被告人""公诉人""财产保全""先予执行""取保候审""监视居住""移送管辖""指定管辖""诉讼中止""诉讼终结"等。由于这类语词不是日常语言中的通用语词，进入法律领域中才被赋予一定涵义用来表达确定的法律概念，这些概念或语词已经成为法律中的专门术语。这样的法律专门术语其实类似于现代逻辑中的符号语言，其语词与它表达的概念之间实际上是一一对应的关系。

二、法律定义的种类及特殊形式

法律概念的精确性，要求立法者必须通过各种方法对法律概念加以明确，而定义是立法者明确法律概念最常用的逻辑方法。

根据不同的标准，定义可以区分为不同的类型。例如，概念都有内涵和外延，明确概念可从内涵着手，也可从外延着手，于是根据定义的目的

（明确概念内涵或是明确概念外延），可将定义分为内涵定义和外延定义；另外，被定义项可以是某个语词或概念所代表的事物，也可以仅仅是该语词本身，也就是说，通过定义可以揭示概念的内涵，也可以仅仅说明该语词的字面含义，因此根据定义是否涉及概念的内涵，可将定义分为真实定义和语词定义。

下面结合法律文本中的实例，对内涵定义、外延定义和语词定义做一简要说明。

1. 内涵定义，就是明确法律概念内涵的定义。例如："未成年工是指年满16周岁未满18周岁的劳动者。"

2. 外延定义，就是明确法律概念外延的定义。例如："近亲属是指夫、妻、父、母、子、女、同胞兄弟姐妹。"

3. 语词定义，只涉及表达概念的语词的含义而不涉及概念的内涵。例如："本法所称的著作权即版权。"

在法律定义中还常能见到不少特殊的定义形式。法律定义的特殊形式可概括为如下形式：

（1）析取型定义

如果被定义概念指称的对象包括两种以上的不同特征又不能作总的概括，在定义项中就只能分别列出其种差项。这样各个种差项之间就具有"或者"一词表示的逻辑关系，即析取关系。这样的法律定义，称为析取型定义。例如："应当预见自己的行为可能发生危害社会的结果，因为疏忽大意而没有预见，或者已经预见而轻信能够避免，以致发生这种结果的，是过失犯罪。"

（2）合取型定义

如果被定义概念指称的对象共同具有若干种差项表明的性质且又不能作总的概括，这样各个种差项之间就具有"并且"一词表示的逻辑关系，即合取关系。这样的法律定义，称为合取型定义。例如："本条所称商业秘密，是指不为公众所知悉，能为权利人带来经济利益，具有实用性并经权利人采取保密措施的技术信息和经营信息。"

（3）内涵外延型定义

如果对某个法律概念既要明确其内涵又要明确其外延，这时通常采用内涵外延型定义。由于法律对概念的确定性有较高要求，所以在法律文本及法律解释中，常会见到这种内涵外延型定义。例如："本法所称票据权利，是指持票人向票据债务人请求支付票据金额的权利，包括付款请求权和追索权。"

（4）肯定否定型定义

定义一般不能采用否定形式，但由于法律要求释义精确、缜密、精细，因此常采用肯定、否定相结合的形式给法律概念下定义。例如："正当防卫明显超过必要限度造成重大损害的（属于防卫过当），应当负刑事责任。对正在进行行凶、杀人、抢劫、强奸、绑架以及其他严重危及人身安全的暴力犯罪，采取防卫行为，造成不法侵害人伤亡的，不属于防卫过当，不负刑事责任。"

（5）复合型定义

在需用法律加以规范的事物或现象中，经常会出现主体、客体及行为等相互之间错综复杂的情况，对这些复杂情况立法者有必要加以综合概括，从而形成概括性的定义。这时种差项之间既非单纯的析取亦非简单的合取，而是既有合取又有析取的复合型关系。若一个法律概念的种差项之间存在着合取与析取的复合关系，这样的定义称为复合型定义。例如："本法所称合同是平等主体的自然人、法人、其他组织之间设立、变更、终止民事权利义务关系的协议。"

（6）省略型定义

在刑法中，有时为了考虑行文的简洁紧凑，常用省略形式将几个相互之间有联系的罪名合成一个罪名，并用一个定义的表达形式来概括表达，这样形成的定义称为省略型定义。例如，依照《刑法》第363条的规定，可以给出如下定义："制作、复制、出版、贩卖、传播淫秽物品罪就是以牟利为目的，制作、复制、出版、贩卖、传播淫秽物品的行为。"很明显，这一定义的被定义概念其实包含有五个罪名，而定义概念也分别揭示了这五个罪名各自不同的构成性质。从语句形式上看，好像是一个定义，而从逻辑上分析，其实包含了五个定义。这种省略形式的定义，除法律行文外，在其他场合是难以见到的。

三、法律中的模糊概念

1. 模糊概念在法律中存在的必要性

在法律文本中，随处可以见到诸如"情节轻微""数额巨大""手段恶劣""诚实信用""合理期限"等内涵和外延都不十分确定的概念。它们就是人们通常所称的模糊概念。

例如，表示时间的"傍晚"、表示年龄的"老年"、表示性质的"高""矮""快""慢"、表示数量的"多数""巨大"等，就其内涵而言，具有模糊性；就其外延而言，其外延的边缘部分极其模糊，因而属于模糊概念。

模糊概念在日常生活中有其独特的作用。法律中也大量运用模糊概念。

2. 模糊概念在法律中的作用

模糊概念在法律中的作用大致有以下几方面：

（1）用于列举事物。当法律要列举的事物很多，又无法一一列举或无须一一列举时，常常使用"其他……"或"以及其他……"等模糊概念来表示。

（2）用于表示事物的数量。由于法律中有相当一部分数量（数额）不必也不能采用具体数字予以明确，所以往往要用"数额较大""数额巨大""数额特别巨大"等模糊概念来表示。

（3）用于表示犯罪情节与后果的轻重程度。由于犯罪情节与后果的轻重程度是无法量化的，所以法律中常常用"情节轻微""情节严重""情节特别恶劣""重大伤害""重大损失""严重后果""严重危害""重大伤亡事故""后果特别严重"等模糊概念来表示。

（4）用于表示时间和空间。因为法律所提及的时间和空间范围大多是不确定的，所以常用"必要时""在一定时期内""在特定时期内""部分地区""个别地区""合理期限内"等模糊概念来表示。

（5）用于表示事物的状态。由于事物的状态各式各样，难以确切刻画，所以法律常用"感情破裂""危急情况""紧急状态"等模糊概念来表示。

（6）用于表示处分、制裁的情态。由于处分、制裁的情态不能量化，也难以确切刻画，所以法律常用"酌情给予行政处分""酌情处罚""从轻处罚""减轻处罚""从重处罚""严厉惩处"等模糊概念来表示。

（7）用于表示犯罪的动机和目的。由于犯罪的动机各式各样，难以划一，所以法律常用"以营利为目的""为他人谋取利益""为谋取不正当利益"等模糊概念来表示。

（8）用于表示那些性质相近或界线不明的事物（现象）。这类模糊概念在法律中最普遍。如"伤害""欺诈""胁迫""善意""恶意""过错""侮辱""诽谤""剽窃"等。可以毫不夸张地说，法律中多数条文都是由这些模糊概念构成的。离开了模糊概念，成文法律就根本无法制定出来。

法律中运用模糊概念的情况当然远不止这些，但主要的则是以上 8 个方面。

第十三章

逻辑在论辩中的应用

逻辑是一门工具性的科学，尤其是普通逻辑对日常思维具有指导作用。因此，不仅在学习时要理论联系实际，更重要的是将知识应用于实践。逻辑的应用领域十分广泛，众多的应用逻辑分支正是在逻辑应用的基础上发展起来的。因为论辩与教学是人们交际的重要方式，我们这里主要介绍逻辑在论辩与教学中的应用。在论辩中的应用有针对性地侧重于对谬误的识别与批判，在教学中的应用侧重于知识的理解与讲授。

第一节　论辩与谬误

论辩是人们通过说服与被说服使一方接受另一方观点的言语交际方式。它不仅要运用证明，也要运用反驳，既破又立。例如，《庄子·秋水》里生动地记载了"濠梁之辩"：

庄子与惠子游于濠梁之上，庄子曰："儵鱼出游从容，是鱼之乐也。"惠子曰："子非鱼，安知鱼之乐？"庄子曰："子非我，安知我不知鱼之乐？"惠子曰："我非子，固不知子矣；子固非鱼矣，子之不知鱼之乐全矣。"庄子曰："请循其本，子曰"汝安知鱼之乐，云者，既已知之而问我，我知之濠上也。"

论辩显然应遵守逻辑规则、逻辑规律，否则就会产生逻辑错误，使论辩难以为继或步入歧途，这种逻辑错误称之为谬误。也有人将谬误用于统称人们在思维和语言表达中所产生的一切逻辑错误。我们所讲的谬误主要指前一种谬误。

谬误产生的原因有两种：不自觉的、无意识的与自觉的、有意识的。

前一种是普通谬误，后一种被专称为诡辩。不仅如此，诡辩往往还进行似是而非的论证，具有欺骗性，危害更大。

谬误又有形式谬误、非形式谬误两大类型。形式谬误是由于逻辑形式不正确而形成的谬误，如运用充分条件假言推理否定前件式来进行诡辩。非形式谬误是与思维内容相关的谬误，如以真假未知的判断作为论据来进行论辩。

普通谬误与诡辩的区分不是单纯的逻辑问题，需要结合具体情况分析。对形式谬误，我们前面已进行了大量讨论，非形式谬误也有所涉及，这里只讲其他一些常见的非形式谬误。

第二节　谬误的种类

一、意义上的谬误

1. 不当强调：指对语言表达式的某些部分不正当地予以强调，而使其产生不当意义的谬误。例如，"学生不应欺骗老师"这句话，如将重音不正当地放在"学生"上，意味着除学生外其他人可以欺骗老师；不正当地放在"欺骗"上，意味着除欺骗外，其他行为如辱骂可以实施；不正当地放在"老师"上，意味着除老师外，其他人可以被学生欺骗。再如，有则故事说一艘远洋货轮船长与大副不和。大副经常酗酒，船长多次批评都不见效，便于某日在航海日志上记道："大副今日酗酒。"次日大副值班，看到航海日志大怒，心生一计，在当天的航海日志上记道："船长今日未酗酒。"这句话表面上看是如实记载，但由于"今日"实际上起了不正当强调作用，可使人误解为船长在此前一直酗酒，只不过今日没有酗酒而已，否则就没有必要特别记到航海日志上了。结果由于航海日志不能修改和撕毁，船长与大副都被认为酗酒而受处分。

2. 歧义混同：指语言表达式有不同含义而不加区分使用的谬误。例如："事物的极点是事物的完美，死是生命的极点，所以，死是生命的完美。"其中第一个"极点"指最高峰，第二个"极点"指完结，意义不同，而在这里却混为一谈，推出了错误的结论。又如"阅览室里有 50 个人在读书和看报，所以，阅览室里有 50 个人在看报"，由于前一语句有歧义，可指阅览室有 50 个人，其中一部分人读书，一部分人看报，也可指 50 个人都既读书又看报，所推出的结论只有在第二种意义下才正确，如果不加区分，就会产生错误。

3. 不当合分：指误将语言表达式相对的意义绝对化套用到合述与分述上的谬误。例如"任何一只大象都比任何一只老鼠重，因此，总而计之，大象比老鼠重"是不成立的。同样，"某县人均收入 3000 元，因此，该县某乡人均收入也为 3000 元"亦不成立。

这是因为有些语词的意义具有相对性，在分述使用时成立，而在合述使用时不一定成立；或者在合述使用时成立，而在分述使用时不一定成立。

4. 含糊其辞：指故意使用不具体、不明确的语言表达式来误导他人的谬误。第一次世界大战刚爆发时，德国向俄、英、法国宣战，同时颁布法令禁止对外国供应军火。当时还未表明在战争中站在哪方的日本，为了取得早就在德国预订好的军火，派大使拜会德国首相贝特曼，说要消除"误会"，表示日本已准备"与某一大国"交战。贝特曼没有穷究其确切含义，误以为日本要进攻俄国，就满足了日本大使的要求。然而，日本在军火到手后随即向德国这一大国宣战。算命先生也惯用此伎俩来使人相信其灵验，如竖起一指摇摇，以预示三位赴考者的结果，并说："天机不可泄露，日后自然灵验。"实际上这手势有一个也考不上、除一个外其余考不上、只有一个考不上、一个也不会落榜等含义，穷尽了所有的可能。

5. 断章取义：指在引用时故意摘取只言片语，把它与所在的语境割裂开来，使本意被改变的谬误。据说有位主教到纽约访问，刚下飞机，就有记者迎上来不怀好意地问："您想去夜总会吗？"主教知道对这个问题无论是作肯定的还是否定的回答，都将落入陷阱，便故作惊讶地反问道："纽约也有夜总会吗？"不料第二天记者在报纸上作了这样的报道："主教走下飞机，提出的第一个问题是：纽约有夜总会吗？"本来主教的话是以记者的提问为背景的，但见报时记者断章取义，恶意删去背景，使得原本是以反问作答的话变成了急于寻找夜总会的话。

二、论据上的谬误

1. 诉诸人身: 又称为以人为据, 指论辩中以有关人身的因素作为根据, 因人立言或因人废言的谬误, 主要包括诉诸权威、人身攻击。

诉诸权威指不分时间、地点、条件, 一切以权威言论为准来判断是非, 即使错了, 也坚持不改的谬误。例如, 伽利略《关于托勒密和哥白尼的两大世界体系的对话》中所讲的一个经院哲学家, 因迷信教条, 认为人的神经是在心脏里会合的。当他应邀到解剖室里参观, 亲眼看到人的神经确实是在大脑中会合的之后, 还顽固地说: "您这样清楚明白地使我看到了这一切, 假如在亚里士多德的著作中没有与此相反的说法, 即神经是从心脏产生出来的, 那我一定会承认这是真理了。"该经院哲学家盲从权威已经到了无以复加的地步。

人身攻击指在论辩中反驳对方时, 不是针对对方的观点发表意见, 而是针对对方的出身、职业、相貌、年龄、地位、品行等等与论题并没有直接关系的方面进行攻击, 污辱人格的谬误。例如, 德国哲学家黑格尔曾举过这样个例子: 在市场上, 一位女顾客对女商贩说: "喂, 老太婆, 你卖的是臭蛋呀!"这个女商贩恼火了, 大声谩骂起来: "什么? 我的蛋是臭的? 我看你才臭呢? 你敢这样来说我的蛋? 你? 要是你爸爸没有在大路了给虱子吞掉, 你妈妈没有跟法国人跑掉, 你奶奶没有在医院里死掉, 你就该为你花里胡哨的围脖儿买件合适的衬衫呀! 谁不知道, 这条围脖儿和你的帽子是从哪里搞来的。要是没有军官, 你们这些人现在才不会这么打扮呢? 要是太太们多管管家务, 你们这些人该蹲班房了。还是补补你们袜子上的窟窿吧!"

2. 诉诸强力: 指在论辩中凭借权力、势力等, 用言辞威胁对方, 甚至诉诸暴力, 以迫使对方在种种威胁之下表示屈服的谬误。它又叫做"棍杖谬误", 比喻这种谬误犹如在论辩中挥舞着棍杖来威胁对方。《狼与羊》的故事就是"强权即公理"的典型事例: 狼与小羊在小溪边相遇。狼非常想吃小羊, 又想找个借口, 就故意挑起事端: "小羊, 你怎么敢到我的小溪边喝水? 把水弄脏, 害得我不能喝!"小羊说: "狼先生, 你在上游, 我在下游, 怎么可能把你那里的水弄脏呢?"狼又恶狠狠地说: "我听说去年你在背地里说我坏话。"小羊辩驳说："去年我还没有出世呢！"狼蛮横地说："不是你，就是你爸爸，反正都一样。你也是个坏家伙。"说着便向小羊扑过去，把小羊吃掉了。

3. 诉诸情感：指论辩中煽惑对方或他人感情，以使自己的论证被相信或接受的谬误。它主要包括诉诸怜悯、诉诸激愤等。诉诸怜悯是以其他方面的困厄、悲苦等情况来求得人们怜悯，使人相信并接受自己论证的谬误。《水浒传》第四十三回"假李逵剪径劫单人，黑旋风沂岭杀四虎"中，强盗李鬼冒充李逵劫路，不料遇上真李逵，眼看就要死于斧下，慌忙叫道："爷爷杀我一个，便是杀我两个。……小人本不敢剪径，家中因有个九十岁的老母，无人赡养，因此便提爷爷大名唬吓人，夺些单身的包裹，赡养老母；其实不曾敢害一个人。如今爷爷杀了小人，家中老母，必是饿杀。"李鬼这番话里充满了谎言，但他之所以这样说谎，就是为了诉诸怜悯。

诉诸激愤又称为诉诸听众，是假借他人利益的名义来激起听众的愤怒，以令听众相信并支持自己论证的谬误。例如现代京剧《龙江颂》中，为了支援旱区农民抗旱，县委决定牺牲龙江村的局部利益，在九龙江筑坝堵江。李志田看到本村的局部利益受到损失，在群众面前大为不满地指责党支书江水英说："不行！现在我不能不说了！当初，淹三百亩的时候，你说是丢卒保车，我依了你；牺牲一窑砖，你说是顾全大局，我又依了你。本来，你说是堤外损失堤内补。可你，说了不做，竟然不顾劳力紧张，抽调人力跑上后山！这且不说。现在，你又要开足闸门，提高水位。社员房子进水，你看也不看；三千亩大田要淹，你想也不想。你只知一个劲儿丢、丢、丢，却不管社员愁、愁、愁。你，对得起广大的社员群众吗？！对得起同甘共苦的战友吗？！对得起生你养你的龙江村吗？！"李志田的这番话就犯了"诉诸听众"的谬误。

4. 诉诸无知：指以不知道或尚未证明的命题为依据，以此确定论题真假的谬误。前一种涉及个人无知，其模式为"某事是不存在的，因为我从来不知道"。例如，"哪里会有老鼠吃猫的事？我从来都没有听说过"。后一种涉及群体无知，其模式有："A是真的，因为尚未证明A假"，"A是假的，因为尚未证明A真"。例如，以尚没有人能证明外星人不存在作为理由，认为外星人存在，或者以尚没有人能证明外星人存在作为理由，认为外星人不存在。

5. 诉诸人众: 指以人数众多的意见为根据,而不论其对错的谬误。例如,《韩非子》里有则"三人成虎"的故事: 庞恭陪魏国太子去赵国作人质,临行前为避免魏王日后听信旁人谗言,特意问魏王: "现在有一个人说闹市上有虎,您信吗?"魏王说: "当然不信,闹市里怎么有虎呢?"又问: "如果两个人说有,您相信吗?"魏王仍表示说不信。再问: "那么,有三个人说闹市上有虎,您信不信呢?"魏王答道: "要是有三个人说,那我就信了。"

三、方式上的谬误

1. 非黑即白: 将相容的或有多种可能的事物情况人为规定为不相容的两种情况的谬误。黑、自在此比喻两个极端,走极端是这种谬误的典型体现: 任何东西不是好的, 就是坏的; 不是美的, 就是丑的, 如此等等, 无视中间事物及状态的存在。"四人帮"曾提出"要社会主义的草, 还是要资本主义的苗"这种问题,其谬误就在于本来不止存在两种选择,却硬要人们在这二者中择其一, 企图搞乱人们的思想。

2. 扎稻草人: 指虚构或歪曲对方观点, 再以此为目标加以驳斥的谬误。由于虚构或歪曲的观点并不是对方的, 就好像自己扎了个稻草人, 再把这稻草人当作对方来攻击, 因此而得名。例如: 一篇名为《雄辩症》的小说就刻画了各种不同的这类谬误, 这里节录一段如下:

一位医生向我介绍, 在门诊时接触了一位雄辩症病人。

医生说: "请坐!"

病人说: "为什么要坐呢? 难道你要剥夺我站的权利吗?"医生见状, 便倒了一杯水给他, 说: "那么请喝水吧!"

病人说: "这样谈问题是片面的, 因而是荒谬的。并不是所有的水都能喝。例如, 你如果在水里放了氰化钾, 就绝对不能喝。"

其中, 病人以没有说的就是要反对的虚构了医生"不能站"的论点, 又以夸大的手法将医生"喝水"的话歪曲为"喝任何水"。

3. 回避问题: 指有意避开话题, 以摆脱对自己不利情况的谬误。

据 1994 年 6 月 18 日《羊城日报》报道, 一位"中国当代著名易经现代化应用专家"到珠海举行记者招待会时，有记者问这位"专家"怎样运用易经摆脱当时中国经济所面临的困难，"专家"推说题目太大，不便预测。一位记者请他预测一下自己的生活情况，"专家"说这种场合不便谈论私人问题。又有位记者请他预测一下世界杯足球赛的结果，"专家"说易经不是预测这些鸡毛蒜皮的小事的。不难看出，这位"专家"一直是运用回避问题的方法来搪塞的。

4. 文过饰非：指以似是而非的理由作为冠冕堂皇的借口来掩盖事物实质的谬误。例如一起行贿案败露后，在有关讯问中包工头诡称："我是看熊专员整日为我们地区操劳，瘦得皮包骨头，心疼得很，就支援他几个营养费，想让他滋补滋补身体，好多为我们地区干几年，并没有其他意思。"办案人员说："不对！在行署没有确定熊专员主抓五号工程之前，你为什么没有想到关心他，支援他几个营养费？你在送所谓的'营养费'时，为什么说希望在工程招标时给予照顾？"几句话就戳穿了包工头行贿的实质。

5. 强词夺理：指完全不讲道理，一味胡搅蛮缠的谬论。如鲁迅小说《阿Q正传》中的阿Q，跳进静修庵内偷萝卜吃，被老尼姑发现了。老尼姑说："阿Q，你怎么跳进园里来偷萝卜？"阿Q抵赖说："我什么时候跳进你的园里来偷萝卜？"老尼姑指着他的衣兜说："现在……这不是？"阿Q无理便开始强辩："这是你的？你能叫得它答应吗？"

第三节　谬误的防范与破斥

国外一位逻辑学家指出："如果每一种花招都有一个简短、明白、恰当的名字，使得在某个人使用这个花招时，就会马上因此受到反驳，那么，这将是一件大好事。"前面对谬误进行的分类，正是从事这一工作，以帮助我们更好地识别谬误，并进一步予以防范和破斥。

谬误尤其是诡辩，常常在外表上着意打扮，以求一逞。可是，尽管它们伪装得很巧妙，但不可能十分彻底，总会在某个环节或某个方面露出破绽。因此，我们完全能够揭穿谬误的伎俩。而另一方面，谬误的成因与表现又是极其复杂、多种多样的，有逻辑的、心理的、语言的等等多方面因素，要防范并破斥谬误，又必须用心去研究它们，针对不同的情况，采取不同的对策。

谬误在本质上是以唯心主义、形而上学尤其是相对主义作为其认识论基础的。因此，我们首先要坚持辩证唯物主义，在其指导下从根本上防范与破斥谬误，使之无立足之地。逻辑是研究思维形式及其规律的科学，自产生以来就把谬误作为重要的反面对象。

我们要学懂并用好逻辑的规则、规律，在理性思维中力戒干扰，充分显示逻辑的力量。但仅有逻辑知识还不够。亚里士多德认为，"在某个特殊领域里有知识的人，其职责就是避免在自己的知识范围内进行荒谬的论证，并能够向进行错误论证的人指出错误所在"。这就告诉我们，还应健全自身的知识结构，从而具备更强的战斗力。

对于意义上的谬误，要注意自然语言的多义性、模糊性。一方面回归语境，将其与所在的语言环境、社会背景结合起来，一方面要深究本意，透过语言表层形式去把握其逻辑形式与意义。对于论据上的谬误，要注意从复杂的陈述中概括出论据的要点。紧紧抓住论据与论题联系这一关键，判明论据是否真实、是否支持论题，由此排除一切错误论据，即使它们披着漂亮的外衣。

对于方式上的谬误，要注意从目的、基础、手段等方面入手，以防范与破斥；始终围绕论题或话题，不为所动；明确出发点是什么，不为所惑；针对其"文""武"两手，或一针见血，或义正词严。